A_{the}CTRESS

여배우들 The Actress

초판 1쇄 발행 | 2015년 12월 28일

지은이 | 한창호
펴낸이 | 이원범
편집 진행 | 김은숙, 김경애
마케팅 | 안오영
표지 및 본문 디자인 | 강선욱

펴낸곳 | 어바웃어북 about a book
출판등록 | 2010년 12월 24일 제2010-000377호
주소 | 서울시 마포구 서교동 394-25 동양한강트레벨 1507호
전화 | (편집팀) 070-4232-6071 (영업팀) 070-4233-6070
팩스 | 02-335-6078
ISBN | 978-89-97382-96-5   03680

The
[타자의 자리] 여배우들
ACTRESS

한창호 지음

어바웃어북

타자의 자리

2003년 늦여름이었다. 아직 가을은 오지 않았고, 이탈리아의 볼로냐엔 여름의 햇볕이 여전히 뜨거웠다. 나는 물을 한 잔 마시려, 볼로냐오페라극장 맞은편에 있는 대학가의 어느 야외 카페에 앉았다. 탁자 위엔 누가 무심히 두고 간 신문이 있었다. 그날 문화면에 실린 부고 기사에 시선이 멈췄다. 에드워드 사이드의 죽음이었다. 이상한 기분이 들었다. 수많은 석학들의 죽음을 봐왔지만, 말 그대로 상실감의 애도를 느낀 것은 그때가 처음이었다. 나와는 직접적인 관계가 없는 어느 외국인의 죽음인데, 마음이 그렇게 복잡할 수가 없었다. 누군가 말이 잘 통하는 사람이 있으면, 두서없이 이야기라도 나누고 싶었다. 나는 혼자 앉아 있었다.

먼저 고백하자면 나는 사이드의 학문적 골수팬은 아니다. 그의 저서 두 세권 정도 읽었을 뿐이다. 하지만 『오리엔탈리즘』의 첫 장을 넘겼을 때의 흥분은 지금도 잊지 못한다. 칼 마르크스의 말을 인용한 "그들(동양인)은 스스로 대변할 수 없고, 다른 사람에 의해 대변되어야 한다"는 문장은 가슴과 눈을 찔렀다. 그 흥분 그대로 달려, 책을 읽어내려 갔다. 아무래도 백인들 일색인 볼로냐에서의 유학 조건이 독서의 집중도를 더욱 높였을 것이다. 사이드가 문제 삼는 오리엔트는 좁혀 말하면 중동지역이다. 하지만 오리엔트라는 단어에 내포된 의미는 비백인 지역 전부라고 봐도 된다. 유럽인들이 그 지역에 대해 어떤 상상을 갖고 있는지가 사이드의 연구대상이다. 마르크스 같은 진보적인 학자도 동양인의 자결권을 무시하고 있으니, 보통 사람들의 인종적 편견이 어떤지는 상상이 가능할 것이다.

말하자면 사이드는 미셸 푸코의 '시선이 곧 권력'이란 말을 인종적으로, 지정

학적으로 바꿔 쓰고 있다. 유럽이 시선의 주체라면, 오리엔트는 그 대상인 셈이다. 시선의 대상이 된다는 것은 권력 앞에 노출되는 것과 비슷하다. 왠지 누군가의 앞에서 자의와 관계없이 발가벗겨지는 것 같고, 자결권이 없는 것 같고, 그래서 처음엔 주눅이 드는 게 자연스런 일이다. 사이드의 생각은 그런 입장에 있던 나의 정체성을 더욱 분명하게 인식케 했다. 그의 글쓰기는 그런 편견을 뚫어가는 투사의 간절한 노력으로 보였다. 나는 그의 글쓰기를 지지했고, 흠모했다. 그의 부고 기사를 봤을 때의 슬픔은 아마 그렇게 쌓여 있던 사이드에 대한 사랑의 표현일 테다.

오리엔탈리즘은 자연스럽게 영화 속 이방인들의 정체성에 남다른 관심을 갖게 한다. 다수의 시선은 어떻게 폭력을 행사하고, 편견을 심고, 사람을 대상화시키는지를 더욱 분명하게 인지하게 만든다. 그럴 때쯤 자연스럽게 여배우들을 다시 보기 시작했다. 일반적으로 시선의 대상으로 한정지어진 여배우들의 입장들이 과거와는 다르게 보였다. 여배우가 서 있는 '자리'는 과연 그녀가 원한 곳일까? 내가 그들에 대해 알고 있는 것들이 사실일 수 있을지 의심이 들기 시작했다.

말하자면 나는 여성 캐릭터의 정체성을 성적으로 접근하기보다는 오리엔탈리즘의 인종주의로 접근하는데 더 민감했다. 아무리 아름다운 금발 백인도 '스스로를 대변하지 못하는' 오리엔탈리즘의 이방인처럼 보였다. 많은 경우 여배우들은 남성들이 원하는 이미지를 연기한다. 마릴린 먼로는 그렇게도 하기 싫었던 '금발 백치' 역을 경력 내내 반복해야 했다. 그것이 남성들은 물론 많은 여성들까지도 원했던 먼로의 자리, 곧 그녀의 스타 이미지이기 때문이다. 먼로는 자기가 원치 않았던 위치에 있을 때, 더욱 사랑받았다. 나는 그것을 '타자의 자리'라고 봤다. 푸코가 말한 시선의 대상으로, 곧 자의에 관계없이 그냥 주어진 자리다. 여배우들은 보통 타자의 자리에 머물기를 강요받는다. 먼로는 약물 과용으로 죽었는데(아직도 자살 여부에 대해 많은 이견들이 있다), 그 죽음의 원인 중에는 원치 않는 위치, 곧 다수의 시선이 원하는 위치에 서있어야만 했던 억압도 적지 않게 작동했을 것이다. 나는 소위 '1세계'의 남성 주체를 제외한 사람들은, 특히 동양인들은 타자의 자리를 강요받는 여배우의 주체화 과정과 별로 다를 게 없는 과정을 밟는다고 봤다. 할리우드에 진출한 동양배우의 '자리'가 왠지 어색하지 않은가? 여성 캐릭터에게 남다른 관심을 갖게 된 이유인 것이다.

이 책은 '다른 사람에 의해 대변되어야 하는' 여성 스타들에 대한 기록이다. 그들이 어떻게 시선의 대상이 되는지, 다수에 의해 소비되는지 돌아봤다. 철저하게 '대변되었던' 마릴린 먼로부터 '스스로 대변'하려고 안간힘을 썼던 제인 폰다까지 50명의 스타를 모았다. 그럼으로써 동양인인 우리 자신의 정체성을 반추해보려 했다.

스타를 선정하는 데는 세 가지 원칙을 정했다. 이것은 『스타-이미지와 기호』의 저자인 리처드 다이어의 입장을 참조하여 정리한 것이다. 그러면서 스타와 배우를 구분하려 했다. 세 가지 원칙은 이렇다.

1. 스타는 영화계를 넘어 사회적 현상이다. 1970년대 히피세대를 상징하던 제인 폰다 같은 경우다. 폰다는 그 시대, 그 사회의 상징이다. 말하자면 스타는 그 시대를 함께 살아낸 사회적 자국을 몸에 새긴 배우들이다.
2. 스타는 노출된 삶을 산다. 잔인하지만, 사적인 삶을 보장 받는 스타는 거의 없다. 그들의 일상은 낱낱이 공개된다. 여기서 종종 스캔들이 터진다. 하지만 그 스캔들은 결국 사회의 고정관념을, 편견을 깨는 밑거름이 된다. 백만장자 '남자들'처럼 결혼과 이혼을 반복했던 리즈 테일러를, 또는 남북한 모두에서 영화 경력을 쌓았던 최은희를 기억해보라. 스타는 스캔들과 함께 살 운명이다.
3. 가장 중요할 수 있는데, 스타는 영화사에 빛나는 필름목록을 갖고 있다. 스타는 배우라는 직업을 탁월하게 실천한 인물들이다.

이 책에 실린 스타들은 세 가지 조건을 대체로 충족시키는 배우들이다. 그들은 사회적인 현상이고, 스캔들의 주인공이며, 영화의 역사의 증인들이다. 시선의 대상에 서 있기를 강제 당하는 여배우로서는 쉽지 않은 일이다. 그것이 스타와 배우를 가르는 경계라고 봤다.

여기 실린 글은 「씨네21」에 2013년 4월부터 약 2년 간 격주로 연재했던 '한창호의 오! 마돈나'를 묶은 것이다. 모두 49편의 글을 썼고, 이번의 출간을 위해 마릴린 먼로를 하나 더 추가했다. 여배우에 관한 책을 내면서 먼로를 빠뜨릴 수는 없었다. 그래서 전부 50명의 스타에 대한 기록이 됐다. 빠뜨린 스타가 어디 먼로뿐이겠는가. 특히 한국 배우로는 최은희와 문정숙 밖에 쓰지 못해서 많은 아쉬움이 남는다. 다음 기회에 다른 스타들도 소개할 수 있기를 기대한다.

연재물을 기획한 「씨네21」의 이영진 전편집장과 편집을 책임진 이다혜 기자에게 감사의 마음을 전하고 싶다. 이들의 노고로 부족한 글이 더욱 빛날 수 있었다. 그리고 그냥 지나칠 수 있는 연재물을 꼼꼼히 읽고, 애정과 지지를 표명해준 어바웃어북의 이원범 대표에게 감사한다. 잊힐 수 있는 글들이 그의 주목으로 다시 빛을 보게 됐다.

무엇보다도 편견을 뛰어넘는 삶을 보여준 여배우들이 가장 고맙다. 그들이 있었기에 이 글이 시작될 수 있었다. 여배우를 바라보는 시각에 조금이라도 변화를 줄 수 있다면, 저자로서 더 이상의 영예는 없을 것이다.

2015년 11월 30일
한창호

| 머 리 글 |
타자의 자리   004

Chapter 1 : 악녀의 탄생 _1940년대

욕망하라 대낮에도

바버라 스탠윅   016

나쁜 여자의 역설

베티 데이비스   022

소리에 놀라지 않는
사자와 같이

캐서린 헵번   028

여장부, 홀로 서다

조앤 크로퍼드   034

뮤지컬 같은 삶,
삶 같은 뮤지컬

주디 갈런드   040

남자를 피우다

로렌 바콜   046

아일랜드의 들꽃

모린 오하라   052

마네킹의 아름다움,
필름누아르의 요정

베로니카 레이크   058

스크린을 찢고
뛰쳐나온 팜므파탈

조앤 베넷   064

Contents

여신의 관능,
매혹의 화신

리타 헤이워스 070

두개의 별 할리우드
그리고 네오리얼리즘

잉그리드 버그먼 076

불안과 우울

비비안 리 082

우는 여자

안나 마냐니
088

Chapter 2 : 관능의 시대 _ 1950년대

세상에서 가장 아름답고,
가장 슬픈 여자

마릴린 먼로 096

아프리카의 밤과
이국정서

에바 가드너 104

스캔들과 스크린 사이

라나 터너 110

관능의 화신에서
죽음의 상징으로

실바나 망가노 116

흠모와 혐오 사이의
스타덤

엘리자베스 테일러 122

뮤지컬계의 흑조

시드 채리스 128

신데렐라에서
선행의 천사까지

오드리 헵번 134

중성의 아름다움

시몬느 시뇨레 140

정치를 넘어
전설이 되다

알리다 발리 146

히치콕 '금발 계보'의 정점

그레이스 켈리 152

고통 받는 사람들의 연인

줄리에타 마시나 158

원시적 관능,
순수한 마음

지나 롤로브리지다 164

유령처럼 비너스처럼,
신비한 이중 이미지

킴 노박 170

태양은 가득히

소피아 로렌 176

신화가 된 스타의 삶

하라 세쓰코 182

Chapter 3 : 시대와의 불화 __1960년대

이탈리아의 이미지를
바꾸다

모니카 비티 190

정치 부조리의 희생양,
누벨바그의 스타

진 세버그 196

청춘의 초상,
꽃의 영광

내털리 우드 202

순식간에 타오른
누벨바그의
불꽃

안나 카리나

208

성과 속의
야누스

실비아 피날

214

누벨바그 세대 지성과
퇴폐의 아이콘

잔 모로 220

지적인 품위,
그리고 외설의 긴장

잉그리드 툴린 226

북아프리카의
이탈리아 '표범'

클라우디아 카르디날레 232

모든 남성의 판타지,
모든 여성의 이상형

카트린느 드뇌브 238

'인형의 집'을
뛰쳐나온 노라

리브 울만 244

누벨바그의 스타,
데탕트의 상징이 되다

마리나 블라디 250

성 역할을 부정한 암사슴

스테판 오드랑 256

'국민배우'의 초상

최은희 262

바바리코트의
로맨티스트

문정숙 268

Chapter 4 : 배우의 이름으로 _1970년대

외설로 치른 스타의 영광

미아 패로 276

영국 뉴웨이브의
신데렐라에서 '배우'로

줄리 크리스티 282

'뉴할리우드'의 초상

페이 더너웨이 288

배우가 '작가'라는
말을 들을 때

지나 롤랜즈 294

차가운 지성,
페미니즘의 상징

델핀 세리그 300

낮은 데로 임하소서

제인 폰다 306

뉴 저먼 시네마의 아이콘

한나 쉬굴라 312

'미친 사랑'의
낭만주의 연인

이자벨 아자니 318

인명·작품 찾아보기

324

일|러|두|기

1. 인명은 처음 등장하는 부분에서만 한글과 영문을 동시에 표기하고, 사망한 자는 생몰연도를 함께 표기하였다.
   이 책에서 다룬 50명의 여배우가 본문 중에 등장하는 경우에는 영문을 표기하지 않았다.
   (한글과 영문 및 생몰연도 표기 예 : 그레타 가르보 Greta Garbo, 1905~1990)
2. 영화는 〈 〉, 단행본은 『 』, 정기간행물은 「 」로 묶었다.
   (예 : 영화 〈현기증〉, 단행본 『오리엔탈리즘』, 정기간행물 「시네21」)
3. 글이 끝나는 부분에는 'The Only One' 코너를 마련하여 해당 여배우가 출연했던 영화 가운데 저자가 꼽은 작품의
   포스터를 수록했다. 따라서 'The Only One'에 소개된 영화는 그 여배우의 일반적인 대표작과 반드시 일치하지 않는다.

Chapter 1

악녀의 탄생

1940년대

남성들은 더욱 독해진 스탠윅의 위험한 유혹에 여전히
스릴을 느꼈다. 결과적으로 남성들은 그녀와의 나쁜 로맨스를,
여성들은 그녀처럼 위험한 여성을 꿈꿨다.

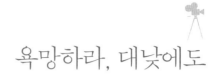

욕망하라, 대낮에도

바버라 스탠윅
Barbara Stanwycsk

바버라 스탠윅^{1907~1990}은 '나쁜 여자'다. 빌리 와일더^{Billy Wilder, 1906~2002}의 〈이중배상〉(1944)에서 보인 독한 여성의 이미지가 워낙 강렬했다. 돈을 위해 남편과 애인을 이중으로 배신하는 금발의 요부로 나와 남자들의 순진한 환상을 무참하게 깼다. 나이 많고 돈 많은 남편이 집을 비웠을 때, 젊은 안주인과의 스릴 있는 모험이라는 남성의 백일몽은 결과적으로 목숨을 요구하는 메두사의 공포였다. 스탠윅이 연기한 '필리스'라는 여성은 방금 전 샤워한 젖은 금발에, 몸에 끼는 치마를 입고, 발찌 낀 다리를 까닥거리며 처음 본 세일즈맨을 유혹하는 태도로, 필름누아르 시대의 못된 요부의 전형으로 각인됐다.

'나쁜 여자'를 누가 발명했나

'못된 여성' 스탠윅의 이미지는 프랭크 카프라^{Frank Capra, 1897~1991}의 발명품이다. 사운드 시대의 도래를 맞아 새로운 환경에 적응하지 못하는 배우들이 속출하는 가운데, 스탠윅은 브로드웨이의 댄스걸 경력밖에 없었지만 발성을 할 수

있는 능력으로 선배 배우들의 빈자리를 차지할 수 있었다. 스탠윅의 허스키한 목소리에서 관능과 타락을, 그리고 금발에 가는 눈매를 가진 인상에서 강인함을 읽고, 주연으로까지 발탁한 감독이 카프라다.

첫 주연작 〈한가한 여성들〉(1930)부터 스탠윅은 '나빴다.' 파티걸(부자들의 파티에서 춤추는 여성)로 나오는 스탠윅은 제멋대로 살아온 처녀의 역할을 맡았다. 그러나 카프라의 계몽주의적 드라마들이 늘 그렇듯, 이런 못된 여성의 마음에는 사실 누구보다 맑은 양심이 숨어 있다. 카프라는 도덕적 타락을 개인의 책임으로 묻기보다는 공황 같은 시대적 상황에서 찾는 사회파다. 못된 여성도 어쩔 수 없이 양심을 잊었다고 믿는다. 결국 그녀는 구원되는데, 구원자는 남성이며 그가 양심을 잃지 않은 정직한 남자라는 건 카프라 드라마의 공식이다. 카프라와의 협업으로 스탠윅은 이중적인 스타 이미지를 갖게 됐다. 겉보기에는 못된 여성이지만, 내부에는 더없이 맑은 양심이 숨어 있는 인물이다. 그래야 남자들 마음이 편한 것 아닌가.

카프라는 스탠윅과 작업하며 컬럼비아영화사의 독보적인 감독이 된다. 상대적으로 소규모였던 컬럼비아는 당시에 B급영화들을 주로 제작했는데, 카프라의 작품을 통해 메이저 스튜디오로 도약하는 기반을 마련했다. 한편 컬럼비아처럼 소규모 스튜디오였던 워너브라더스는 더욱 과감한 제작으로 관객의 주목을 끌고자 했다. 곧 '섹스와 폭력'이었고, 이때 동원된 배우도 바버라 스탠윅이었다. 스탠윅의 요부 이미지를 전면에 내세운 감독은 〈공공의 적〉(1931)으로 갱스터 장르의 전환점을 가져왔던 윌리엄 웰먼William A. Wellman 1896~1975이다. 워너브라더스의 범죄영화 시리즈의 포문을 연 〈야간 간호사〉(1931)에 스탠윅을 주연으로 발탁했다.

당시는 아직 자체 검열제도인 제작규약(Production Code)이 만들어지기 전이고, 속칭 'Pre-Code 시기'(규약 이전 시기)에 워너브라더스는 범죄영화와 여배우의 관능을 내세워 스튜디오의 브랜드를 세워나갔다. 지금 제목을 보면 무슨 포르노영화 같은 것들, 예를 들어 〈야간 간호사〉, 〈아주 큰!〉(1932), 〈아기 얼굴〉(1933), 〈그들이 수군대는 여자들〉(1933) 같은 '못된' 영화들을 연이어 쏟아냈다. 여기서의 주인공은 단연 바버라 스탠윅이다. 웰먼 감독의 〈야간 간호사〉에서 스탠윅은 알몸이 거의 다 드러나는 속옷을 입고 등장하여 단번에 관객의 주목을 끌었다. 〈아기 얼굴〉에서는 성공과 부를 위해 거리낌 없이 섹스를 이용하는 뻔뻔한 여성을 연기했고, 결국 이 작품의 영향으로 제작규약이 1934년에 예정보다 빨리 만들어졌다. 〈그들이 수군대는 여자들〉의 광고 카피는 스탠윅의 스타 이미지를 정의하는 것이나 마찬가지였다.

"나에게 남자들은 '아름답다'(Beautiful)고, 여성들은 '나쁘다'(Bad)고, 경찰들은 '위험하다'(Dangerous)고 말한다. 당신은 '멋있다'(Wonderful)고 말할 것이다."

나쁜 여자에서 독립 여성으로

스탠윅은 훗날 거장이 되는 카프라와 웰먼이라는 두 감독을 만나며 스타로 발돋움할 수 있었다. 카프라가 악녀와 성녀라는 이중성을 이용하며 구원자 남성을 통해 미국의 전통적인 가치를 옹호했다면, 웰먼은 스탠윅의 공격적이고 성적으로 방종한 이미지를 노골적으로 우려먹은 셈이다. 순결의식을 무시하는, 그래서 종종 헤픈 이미지의 스탠윅은 남성 관객에게는 은밀한 판타지의 대상이었다. 결과적으로 범죄와 관련된 여성의 이미지가 강한 탓에 스탠윅의 사적인 삶에 대한 팬들의 관심도 증폭됐는데, 스튜디오가 방어한 전략은 '현모양처'였다. 스크린에서는 악녀이지만 실제로는 전통적인 여성이라는 것이다.

여성 스타에 대한 사회적 억압을 짐작할 수 있는 대목인데, 스탠윅도 "가족과 함께 집에 있을 때가 가장 행복하다"는 말을 수시로 해야 했다. 그런데 제작규약이 만들어진 뒤, 다시 말해 '섹스, 폭력, 마약'에 대한 특별한 감시가 시작된 뒤, 스탠윅의 악녀 이미지는 역설적으로 더 큰 인기를 끌었다. 외부의 검열이 있자, 오히려 제도 검열을 위협하는 이미지를 가진 스탠윅은 더 사랑받았다. 이유는 나쁜 여자이기보다는 제도에 반항적인, 혹은 남자들을 압도하는

〈군중 속의 얼굴〉

새로운 여성으로 수용됐기 때문이다. 스탠윅 자신도 더 이상 현모양처인 척하지 않고, 아버지뻘 되는 첫 남편과 이혼한 뒤, 특히 여성들에게 "사랑을 위해 경력을 포기하지 말라"는 메시지를 활기차게 전달했다.

바버라 스탠윅은 결국 악녀이기보다는 독립적이고 강한 여성의 전형으로 수용됐다. 남자들에게 고분고분하지 않으니 악녀 이미지가 강해 보였다는 것이다. 이미지의 변화가 있은 뒤, 스탠윅은 킹 비더King Vidor, 1894~1992의 〈스텔라 댈러스〉(1937), 하워드 혹스Howard Hawks 1896~1977의 〈교수와 미녀〉(Ball of Fire, 1941), 프랭크 카프라의 〈존 도를 만나요〉(1941) 같은 독립적인 여성 이미지가 강조된 작품들로 영화사에 남게 됐다.

〈이중배상〉의 '필리스'는 할리우드 최고의 악녀인데, 이런 부정적인 이미지에도 불구하고 스탠윅이 스타덤에 머물 수 있었던 것은 바로 시대를 대변하는 독립적인 여성이라는 새로운 이미지 덕분이었다. 게다가 남성들은 더욱 독해진 그녀의 위험한 유혹에 여전히 스릴을 느꼈다. 결과적으로 남성들은 그녀와의 나쁜 로맨스를, 여성들은 그녀처럼 위험한 여성을 꿈꿨던 것이다.

The Only One
〈이중배상〉

킴 칸스의 노래처럼 베티 데이비스의 눈동자(Bette Davis Eyes)는
유난히 크고, 날카롭고, 신경질적이며,
무엇보다도 색기가 넘쳤다. 바로 그런 '위험한' 이미지가
데이비스의 페르소나가 됐다.

나쁜 여자의 역설

베티 데이비스
Bette Davis

여성에게 '나쁜'이란 말은 무엇보다도 성적 일탈에 대한 비유법이다. 형용사는 판단의 수사(修辭)인데, 그 판단의 언어적 주체가 대개 남성이란 점을 고려한다면, '나쁜 여성'은 곧 남자(아버지)의 성적 명령을 무시하고 윤리의 한계를 넘어가는 여성들이다. 그러니 나쁜 여성(Evil Woman)은 종종 중세의 마녀처럼 취급되기도 한다. 베티 데이비스[1908~1989]가 첫 아카데미 주연상을 받은 〈위험한〉(Dangerous, 1935)은 제목대로 '위험한 여성'의 이야기인데, 얼마나 연기가 실감났던지, 몇 백 년 전이라면 데이비스는 화형에 처해졌을 것이란 비평도 나왔다. 말하자면 베티 데이비스는 할리우드의 전형적인 악녀다. 그런데 바로 그 점 덕분에 데이비스는 영화사에 기록되는 특별한 경력을 쌓았다.

크고, 날카롭고, 색기 넘치는 눈동자

예술사에서 여성이 행위의 주체가 되는 경우는 무척 드물었고, 후발 주자인 영화의 경우는 더 심하면 심했지 결코 덜하지 않았다. 그런 사정은 지금도 별

〈검은 우유들〉

로 다르지 않다. 곧 영화는 통념의 확산에 효과적인 매체이며, 통념의 은유인 남성이 스토리를 끌어가고, 여성은 그 뒤를 따라가는 게 일반 영화의 공식이다. 여기에 본격적으로 균열을 낸 형식이 영화사가 몰리 해스켈 $^{Molly\ Haskell}$에 따르면 "어두운 멜로드라마"(Dark Melodrama)이다. 나쁜 여성이 주인공으로 나와서 드라마의 대부분을 끌고 가는 1930년대 말과 1940년대 할리우드영화들을 말한다. 멜로드라마의 여주인공들은 대개 마조히스트들인데, 어두운 멜로드라마에서의 주역은 반대로 사디스트들이다. 필름누아르와도 다르다. 누아르의 여성이 남성 영웅의 상대역이라면, 어두운 멜로드라마의 여성은 자신이 주역이다. 베티 데이비스는 이 '어두운' 영화들에서 단연 돋보였다.

〈위험한〉에서 데이비스는 기혼녀임에도 불구하고 자신의 새로운 사랑을 위해 일방적으로 이혼을 요구하는데, 그 뜻이 거부되자 남편과 함께 차를 몰고 나가 가로수를 정면으로 들이받으며 동반자살을 기도한다. 여성이 차를 몰고 가로수로 돌진하는 장면도 아찔하고, 사랑이 실현되지 않는다면 차라리 죽어버리겠다는 광기도 공포스러울 정도다. 바로 그런 '위험한' 이미지가 데이비스의 페르소나가 됐다. 사실 이런 역할, 여배우라면 별로 하고 싶지 않을 것 같다. 그리고 한번 해서 아카데미상까지 받았다면 적당히 변신을 꾀하는 게 영리한 처신이지 싶다. 데이비스는 그러지 않았다. 사실 〈위험한〉 바로 전에, 데이비스는 서머싯 몸Somerset Maugham, 1874~1965 의 원작을 각색한 〈인간의 굴레〉(1934)에서 다른 여배우들이 하기 싫어했던 악녀 밀드리드 역을 맡으면서 이름을 알렸다. 순진한 의대생과의 악연, 곧 '인간의 굴레'를 질기게 이어가서 한 남자를 파탄 직전까지 몰고 가는 역할이다. 그 유명한 '베티 데이비스의 눈동자'는 이 영화를 통해 알려졌다. 유난히 크고, 날카롭고, 신경질적이고, 무엇보다도 색기가 넘쳤다.

〈베티 데이비스의 눈동자〉(Bette Davis Eyes)는 킴 칸스Kim Carnes의 노래로도 유명한데, 남성을 자기 마음대로 갖고 노는 당돌한 여성에 대한 가사를 담고 있다. 당신(남성)을 힘들게 하는 그녀는 진 할로Jean Harlow, 1911~1937의 금발에, 그레타 가르보Greta Garbo, 1905~1990의 냉담함, 그리고 무엇보다도 베티 데이비스의 눈동자를 갖고 있다고 노래한다. 히트곡의 가사에 소개될 만큼 데이비스의 눈동자는 외관의 아름다움은 물론, 남성을 압도하는 강렬한 이미지로 인상을 남긴다.

윌리엄 와일러와 전성기 열어

데이비스의 사악한 이미지가 사회적인 맥락으로 발전하기 시작하는 건 멜로드라마의 거장인 윌리엄 와일러William Wyler, 1902~1981와 협업하면서부터다. 말하자면 악녀는 전통에 도전하는 상징이 됐다. 두 사람은 함께 세 작품을 연달아 만들었고, 첫 출발은 〈제저벨〉(Jezebel, 1938)이다. 제목은 신의 뜻을 거역한 성

서의 악녀 이름에서 따왔다. 짐작할 수 있듯, 그 제목은 허구 속 인물은 물론 베티 데이비스를 설명하는 데 매우 적절한 것이다. 19세기 중반이 배경인 〈제저벨〉에는 루키노 비스콘티^{Luchino Visconti, 1906~1976}의 〈레오파드〉(1963)와 비교될 정도로 유명한 춤장면이 나온다. 무도회에 참가하려면 여성들은 반드시 흰색 드레스를 입어야 한다. 말하자면 여성들은 흰색 드레스처럼 순결해야 한다는 사회의 명령이다. 그런데 제저벨은 혼자 붉은색 드레스를 입고 등장한다. 파트너인 헨리 폰다^{Henry Fonda, 1905~1982}는 그녀에게 '올바른' 옷을 입히려고 부단히 노력하지만 전통과 관습을 업신여기는 제저벨을 설득할 수 없었다. 춤은 시작되고, 사람들은 하나둘 이들 커플과 어울리지 않으려고 무대에서 퇴장하고, 결국 두 사람만 남아 춤을 추고 있다. 남성들에 의해 전혀 길들여지지 않는 악녀의 이미지는 더욱 굳어졌고, 데이비스에게는 '붉은 옷을 입은 여성'이라는 주홍글씨가 낙인처럼 찍혔다.

와일러와 협업한 두 번째 작품은 〈편지〉(1940)다. 기혼녀가 남편 몰래 다른 남자를 사랑했고, 그 사랑이 받아들여지지 않자, 총으로 그 남자를 죽이는 비정한 여인 역이다. 〈제저벨〉에서 악녀는 결말부에서 참회라도 하지만, 〈편지〉에서는 그런 완충장치도 없고 끝까지 제멋대로 행동하다 결국 살해되는 잔인한 여성을 연기한다.

당시 데이비스와 와일러는 연인 사이였는데, 남성 편력이 화려했던 데이비스는 1962년 발간한 자서전 『외로운 인생(The Lonely Life)』에서 자신의 유일한 사랑은 윌리엄 와일러였다고 고백하기도 했다. 이 관계의 마지막 작품이고, 데이비스의 최고작이 바로 〈작은 여우들〉(The Little Foxes, 1941)이다. 이른바 심도촬영(Deep Focus)으로 유명한 촬영감독 그레그 톨랜드Gregg Toland, 1904~1948 와 함께 빚어낸 보석 같은 작품으로, 20세기 초를 배경으로 한 시대극이다. 거울, 피아노, 그림, 지팡이 같은 상징적인 소품들에 대한 집착과 화려한 실내장식은 여전히 비스콘티의 작품과 비교되고, 복잡한 세상을 풍부한 깊이의 기품 있는 화면으로 잡아내는 솜씨는 톨랜드에게 많이 빚지고 있음을 알 수 있다.

여기서 데이비스는 남자들이 독점했던 권력의 수단, 곧 '돈'을 놓고 한판 승부를 벌인다. 돈 앞에 고결한 여성이 아니라, 그 돈을 손에 쥐기 위해 악착같이 머리를 쓰는 금력의 화신으로 나왔다. 돈 앞에서 마치 중세의 귀족부인처럼 관심 없는 듯 행동하는 데이비스의 위선적인 모습은 악녀의 정점을 보는 듯했다. 데이비스와 비교할 때, 돈을 손에 쥐기 위해 안절부절 못하는 남자들은 경망스런 소인배였다.

배우가 주어진 역할을 훌륭하게 소화해내는 것도 대단히 어려운 일이다. 그런데 데이비스는 주어진 역할을 하기보다는 전통에 도전하여 새로운 역할을 찾아냈고, 그럼으로써 여배우의 역할과 영화의 세상을 확장했다. 의미 있는 창의력이란 이런 걸 두고 하는 말일 테다.

The Only One
〈작은 여우들〉

아카데미 주연상을 받고 스타로의 등극이 눈앞에 있을 때,
오히려 그녀는 추락의 길을 걷기 시작했다.
수직상승과 급전직하의 사례를 꼽자면 헵번의 경우가
가장 유명할 것이다.

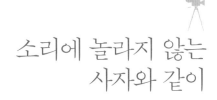

소리에 놀라지 않는
사자와 같이

캐서린 헵번
Katharine Hepburn

좀 이상한 일인데, 주위에 캐서린 헵번¹⁹⁰⁷⁻²⁰⁰³ 하면 떠오르는 작품이 뭐 있느
냐고 물으면 선뜻 대답하는 사람이 드물다. 한참 뜸을 들인 뒤, 중년에 출연했
던 〈아프리카의 여왕〉(1951) 정도를 떠올린다. 그런데 캐서린 헵번은 미국영
화협회(AFI)가 1999년 발표한 '전설적인 여배우 베스트 50' 리스트에서 1위에
오른 배우다. 그녀를 이어 베티 데이비스, 오드리 헵번, 잉그리드 버그먼, 그레
타 가르보 등이 뒤따른다. 그리고 현재까지 아카데미 주연상을 네 번 받아, 남
녀 통틀어 최다 수상자라는 영예도 누리고 있다. 그런데 관객의 기억에는 상
대적으로 먼 배우로 남아 있다. 그럴 만한 이유가 있을 것이다.

분신을 만나고 독배를 마시다

영화계의 신인일 때, 캐서린 헵번은 억세게 운이 좋았다. 불과 스물여섯의 나
이에 출연한 데뷔 세 번째 작품인 〈모닝 글로리〉(1933)로 아카데미 주연상을
받았다. 그리고 바로 그해에 자신의 페르소나를 각인시켜주는 작품인 〈작은

아씨들〉에도 출연했다. 헵번은 네 딸 가운데 둘째, 곧 왈가닥이고, 호기심 넘치고, 운동신경이 뛰어나고, 작가를 꿈꾸는 몽상가인 조(세핀) 역을 맡았다. 바로 이 역할로 헵번은 사랑받았지만, 동시에 그런 이미지 때문에 오랜 기간 관객의 미움을 받기도 했다. 관객은 헵번이 여성평등의 아이콘처럼 행동하는 데 거부감을 느낀 것이다.

〈작은 아씨들〉의 감독은 조지 쿠커George Cukor, 1899~1983다. 멜로드라마와 로맨틱코미디의 장인인 조지 쿠커는 당시 할리우드 내 동성애 영화인들의 보스 같은 존재였다. 그의 주변에는 남자들이 들끓었다. 그의 집에서 파티가 열릴 때면 친한 친구들, 이를테면 서머싯 몸 같은 유명 인사들이 넘쳐 났다. 그래서 인지 쿠커는 여배우들과는 동지 같은 관계를 유지했다. '여배우의 감독'이라는 별명이 붙을 정도로 여성들과 호흡을 잘 맞췄다. 특히 여성의 불리한 사회적 위상에 주목하는 예민한 감각이 돋보였다. 이때 쿠커가 발굴한 배우가 바로 캐서린 헵번이다. 조세핀 역의 헵번은 영화 속에서 웬만한 계단은 거의 뛰어다닐 정도로 운동신경이 좋았고, 남자들과 달리기를 해도 더 빨랐고, 어린 이들을 위해 연극을 연출하는데, 자신은 수염을 기른 기사 역할을 맡았다. 말하자면 조세핀은 남자 같은 여성이었다. 한편에서는 이런 활기찬 모습을 독립적인 여성의 미래로 수용하며 지지도 보냈지만, 다른 한편에서는 남성의 영역을 침범하는 듯한 이미지라며 거부감을 드러냈던 것이다.

조지 쿠커는 연이어 〈실비아 스칼렛〉(1935)에서 헵번을 캐스팅하고, 상대역으로 캐리 그랜트 Cary Grant, 1904~1986를 내세워 다시 한 번 히트를 노렸다. 그러나 이 영화는 지금은 페미니즘의 어떤 전범으로 평가받지만, 당시에는 흥행에서 참패했다. 여기서 헵번은 경찰의 추적을 피해 어쩔 수 없이 남장을 하는 여성으로 나온다. 짧은 머리에 양복차림의 헵번은 선이 얇은 미소년처럼 보였다. 다른 여성과 키스(해야)하는 장면까지 나와서인지, '헵번은 레즈비언'이라는 소문도 돌았고, 그러면서 관객은 점점 더 그에게서 등을 돌렸다. 아카데미 주연상을 받은 배우이고 〈작은 아씨들〉로 스타로의 등극이 눈앞에 있을 때인데, 헵번은 추락의 길을 걷기 시작했다. 수직상승과 급전직하의 사례를 꼽자면 헵번의 경우가 가장 유명할 것이다.

1930년대가 끝날 때까지 그의 불운은 계속됐다. 역시 지금은 고전으로 평가받는 하워드 혹스의 〈베이비 길들이기〉(1938)에서 헵번은 상대인 캐리 그랜트를 쥐락펴락하는 역할을 맡았는데, 이런 이미지는 여전히 거부감을 몰고 왔다. '건방지고, 목소리 크고, 남자를 깔본다'는 불만들이 쏟아졌다. 어느덧 헵번은 제작자들로부터 '흥행의 독약'이라는 오명을 들었다. 특히 〈바람과 함께 사라지다〉의 주역에 지원할 때, 제작자 셀즈닉 David O. Selznick, 1902~1965은 "레트 버틀러(남자주인공)가 당신을 12년간 따라다닐 것 같지 않다"며 거절했다. 건방지고 여성미라곤 없는 배우라는 고정관념이 생길 정도였다. 당시는 뭘 해도 엎어질 때였다.

독립 여성의 아이콘으로 비상하기까지

헵번의 독립적이고 여성주체적이며 지적인 이미지가 지지를 받기 시작한 것은 제2차 세계대전이 발발한 뒤, 여성들이 사회로 진출하면서부터다. 그 전환점은 역시 조지 쿠커가 감독한 〈필라델피아 스토리〉(1940)이다. 헵번은 여전히 독립적인 캐릭터로 나온다. 그런데 전략이 좀 바뀌었다. 영화는 헵번이 남편인 캐리 그랜트에게 한방 얻어맞고 바닥에 쓰러지며 시작한다. 예전에는 헵번이 남자들을 윽박질렀는데, 이번에는 남자들이 그녀를 골탕먹인다. 감독 쿠커의 말에 따르면 "사람들은 헵번이 당하는 걸 보고 싶어 했다"는 것이다. 쿠커는 헵번이 사람들의 동정을 받을 정도로 충분히 당하게 한 뒤, 개성을 발휘하도록 내러티브를 짰다고 밝혔다.

사회에서 남성들과 경쟁해야 하는 입장에 놓인 여성들이 늘어나면서, 독립적인 이미지가 강한 헵번의 인기와 지지는 점점 높아졌다. 그런 페르소나를 발전시키는 데 큰 공헌을 한 게, 파트너인 스펜서 트레이시 Spencer Tracy, 1900~1967 와 공연한 코미디들이다. 출발은 〈올해의 여성〉(1942)이었고, 이런 협업관계는 트레이시의 유작인 〈초대받지 않은 손님〉(1967)까지 이어졌다. 두 사람의 관계는 이런 식이다. 이를테면 조지 쿠커의 〈아담의 갈비뼈〉(1949)가 대표적인데, 헵번은 바람피운 남자를 죽이려던 살인 혐의 여성의 변호사로, 또 트레이시는 그 여성을 고소하는 변호사로 나온다. 법정물에서 변호사 연기를 능숙하게 해내는 여배우가 흔치않을 때였다.

〈필라델피아 스토리〉

특히 상대가 노련한 변호사로는 적역인 트레이시라면 더욱 탐나는 역이다. 헵번은 처음에는 형편없이 밀리다가, 점점 전세를 역전시키는 여성 역할로 각광받았다.

두 배우는 결혼하지 않은 채 27년간 동거하며, 모두 아홉 편의 작품을 함께 만들었다. 트레이시는 기혼남이고 헵번은 처녀 신분이었다. 헵번의 독립적인 여성 이미지가 현실로까지 이어진 셈이다. 헵번은 〈초대받지 않은 손님〉을 만들 때는 사실상 죽어가는 트레이시와 마지막으로 공연했다. 트레이시는 자기 분량을 모두 찍은 며칠 뒤 죽었다. 이 작품으로 헵번은 무려 34년 만에 아카데미 주연상을 다시 받았다(나머지 두 번은 1968년의 〈겨울의 사자〉, 1981년의 〈황금 연못〉). 트레이시의 장례식에서 헵번은 '초대받지 않은 손님'이었다. 트레이시의 가족들은 그녀의 참석을 거부했다.

캐서린 헵번은 의사 부친과 페미니즘 운동가 모친 사이의 진보적인 가정에서 태어났다. 모친은 여성의 참정권 획득을 위한 피켓시위를 할 때 딸을 데리고 다니기도 했다. 이런 성장 배경이 독립적이고 자유로운 헵번의 캐릭터를 형성하는 데 큰 영향을 미쳤다. 스크린에서도 그 개성이 유감없이 발휘됐다. 잊혀질 위기의 시련도 있었지만 자신의 개성을 끝까지 유지한 덕분에, 결국 지금은 최고의 여배우로 대접받고 있는 것이다.

The Only One
〈베이비 길들이기〉

크로퍼드는 성공을 위해 물불 안 가리던 모던 걸 이미지에서
가부장과 같은 권위와 투지를 가진 여성으로 변모했다.
곧 크로퍼드는 남자의 역할을 남자보다
더 훌륭하게 해내는 슈퍼우먼으로 각인됐다.

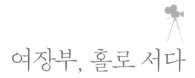

여장부, 홀로 서다

조앤 크로퍼드
Joan Crawford

니콜라스 레이Nicholas Ray, 1911~1979의 〈자니 기타〉(1954)에서 조앤 크로퍼드1905~1977는 서부의 남자들을 부하처럼 부리는 여장부 비엔나로 나온다. 비엔나의 기가 얼마나 센지, 서부 최고의 총잡이 자니 기타(스털링 헤이든Sterling Hayden, 1916~1986), 그리고 무법자 댄싱 키드(스콧 브래디Scott Brady, 1924~1985)도 그녀 앞에선 왜소한 부하처럼 보일 정도다. 비엔나는 여성이기보다는 불패의 서부 사나이처럼 행동한다. 단호하고 용기 있고 거침없다. 하지만 지독하게 외로워 보인다. 비엔나라는 캐릭터에는 모든 난관을 혼자 헤쳐 나가는 여장부의 이미지가 뚜렷하지만 동시에 주위에 사람이 너무 없는 고립된 분위기가 덧씌워져 있다. 조앤 크로퍼드의 삶이 바로 그랬다.

'길거리 캐스팅' 신화로 유명

영화이론가 리처드 다이어Richard Dyer에 따르면, 소위 말하는 '길거리 캐스팅'은 1920년대 할리우드가 개발한 홍보 전략이다. 영화계와 전혀 관계없는 순진한

〈밀드레드 피어스〉

처녀(특히 하층민 출신)가 우연히 영화인의 눈에 띄어 연기자가 됐고, 졸지에
스타가 됐다는 이야기는 '아메리칸 드림'의 할리우드판 해석이란 것이다. 그
럼으로써 할리우드는 전국(세계)의 여성들을 영화의 소비자로 묶어둘 수 있었
다. '당신도 스타가 될 수 있다!', 이것이 얼마나 유혹적인 전략인지는 현재의
수많은 오디션 프로그램을 떠올리면 금방 이해가 된다. 말하자면 '길거리 캐
스팅'이란 영화소비자들을 붙잡아두기 위해 꾸며낸 이야기이고, 성공의 비결
은 노력 혹은 행운에 달려 있다는 것이다.

조앤 크로퍼드는 전형적인 길거리 캐스팅의 신화를 가진 배우다. 최하층 출
신인데 우연히 영화인의 눈에 띄어 재주를 발휘할 기회를 얻었고, 운 좋게 스
타가 됐다고 선전됐다. 그러니 '팬 매거진을 읽고 있는 당신! 방에서 뛰쳐나와
크로퍼드처럼 할리우드에 도전하라'는 유혹은 강력한 설득력을 갖는다. 실제
로 크로퍼드는 지독하게 가난한 집안 출신이고, 친부의 얼굴은 보지도 못했고,
초등학교 이외에는 변변한 학업도 이어가지 못했다. 계부가 조그만 유랑극단
의 주인이었는데, 여기서 무용수들의 동작을 보고 따라하며 자신도 댄서로서
의 꿈을 키웠다. 춤 솜씨가 좋아 지역의 경연대회에서 상을 받기도 했다. 그러

036·

니 이 정도 경력이라면 누구라도 도전해볼 만한 자신감이 생기지 않을까?

춤 실력 하나로 할리우드에서 단역을 전전하던 크로퍼드가 일약 스타로 발돋움할 수 있었던 건 당시 MGM 대표였던 루이스 메이어Louis B. Mayer, 1884~1957의 눈에 띄면서부터다. 어빙 탈버그Irving Thalberg, 1899~1936와 더불어 할리우드 스튜디오 시스템을 발전시킨 전설적인 제작자다. 당시 MGM에는 그레타 가르보와 훗날 어빙 탈버그의 부인이 되는 노마 시어러Norma Shearer, 1902~1983 같은 스타들이 있었는데, 크로퍼드는 시어러의 대역(Body Double)을 하면서 스크린 경험을 시작했다. 그런데 영화사가 데이비드 톰슨David Thompson에 따르면 운 좋게도(?) 크로퍼드는 메이어의 정부(情婦)가 됐고, 그때부터 MGM의 대표 배우로 성장하기 시작한다(『할리우드 영화사』). 말하자면 제작자와의 흔해빠진 '섹스 스토리'로 크로퍼드는 행운을 잡았다는 것이다.

그러나 크로퍼드는 메이어에 의해 조종만 당하는 인형이 아니었다. 그는 메이어의 연인이면서, 동시에 조셉 케네디Joseph Kennedy, 1888~1969 (존 F. 케네디John F. Kennedy, 1917~1963 대통령의 부친)라는 정치 거물과 '특별한' 관계였고, 또 스타 패밀리의 일원인 더글러스 페어뱅크스 주니어Douglas Fairbanks Jr., 1909~2000의 아내였다. 게다가 콤비로 출연했던 클라크 게이블Clark Gable, 1901~1960과도 염문을 뿌렸다. 크로퍼드는 한번 잡은 스타의 지위를 잃지 않으려고 악착같이 인맥을 확장한 셈이다.

'모던 걸'에서 여성 가부장까지

1930년대에 클라크 게이블과는 모두 여덟 편의 영화를 함께 찍었다. 여기서 크로퍼드는 도시의 '모던 걸'(flapper) 이미지로 인기를 얻는다. 그녀는 화려한 삶을 꿈꾸는 도시 직장여성의 상징처럼 보였다. 최신 유행의 섹시한 드레스를 걸치고 남성들과 스스럼없이 술 마시고 담배 피우고 재즈에 맞춰 춤추고 부자 애인의 고급 차를 탄 모습은, 공항시대 여성들의 도피주의를 자극하는 것이었다. 당당한 크로퍼드의 상대역으로 주로 클라크 게이블이 나왔다. 이를테면 〈포획된〉(Possessed, 1931)에서처럼, 제멋대로 살았던 신여성 크로퍼드는 신사 게이블을 만나 새로운 삶에 눈뜨고 또 사랑에도 성공하는 식이다.

두 배우는 실제로 아주 친했는데, 서로에게 연민을 가진 것으로 해석됐다. 이들은 모두 하층민 출신으로, 가난 때문에 소프트포르노에 출연했다는 의심까지 받을 정도로 불우한 성장기를 보냈다. 크로퍼드의 초창기 출세작 가운데 하나인 〈그랜드 호텔〉(1932)에서 그녀는 오직 돈을 벌기 위해 섹스도 이용하는 비서로 나오는데, 그것이 허구의 이미지로만 보이지 않았던 것이다.

공항시대 모던 걸의 이미지로 크로퍼드는 베티 데이비스, 바버라 스탠윅 등

<그녀는 거의>

과 경쟁하는 인기 배우였다. 그런데 1930년대 후반부터, 말하자면 30대가 되면서 내리막길을 걷기 시작했다. 게이블과 마지막으로 공연한 〈이상한 화물〉(Strange Cargo, 1940)이 그나마 주목받는 정도였다. 이때 끝날 것 같은 경력을 연장했을 뿐만 아니라, 크로퍼드를 진정한 스타로 기억하게 할 작품이 발표됐는데, 바로 마이클 커티스^{Michael Curtiz, 1886~1992} 감독의 〈밀드레드 피어스〉(1945)이다. 필름누아르로서는 독특하게 여성이 주인공으로 나온 사실 하나만으로도 유명한 작품이다. 과장하자면 험프리 보가트^{Humphrey}

Bogart, 1899~1957의 역할을 여성인 그녀가 맡은 셈이다.

주인공 밀드레드는 성공하기 위해 모든 희생을 감수하는 억척 여성인데, 그것은 크로퍼드의 스크린 이미지가 압축된 캐릭터였다. 강인하고 단호하고 집념이 있었다. 여기서 크로퍼드는 아카데미 주연상을 받았다. 성공을 위해 과감했던 모던 걸 크로퍼드는 〈밀드레드 피어스〉를 통해 가부장과 같은 권위와 투지를 가진 여성으로 변모했다. 곧 크로퍼드는 남자의 역할을 남자보다 더 훌륭하게 해내는 슈퍼우먼으로 각인됐다.

슈퍼우먼의 이미지가 더욱 강조된 것이 〈자니 기타〉이다. 필름누아르에 이어 이번에는 웨스턴에서 주인공이 됐다. 허리에 총을 차고 긴 다리로 느릿느릿 걸으며 남자들을 내려다보는 여유 있는 태도는 헨리 폰다가 떠오를 정도였다. 그만큼 권위가 묻어났다. 하지만 그런 권위가 가족관계까지 행복하게 만들지는 못했다. 크로퍼드는 네 번 결혼했고 입양한 자녀만 네 명 있는데, 특히 큰딸과는 사이가 아주 나빴다. 딸에겐 단 한 푼의 유산도 남기지 않았고, 딸은 모친이 죽자마자 전기를 발간하여, 크로퍼드는 자녀들을 권위로 학대한 악녀라고 폭로했다. 사실 여부를 떠나 크로퍼드의 불행한 가족관계가 짐작되는 사건이었다. 크로퍼드는 남자 같은 카리스마로 스크린의 스타가 됐는데, 그런 성격이 개인적인 행복까지 보장하진 못한 것이다.

The Only One
〈밀드레드 피어스〉

〈오즈의 마법사〉를 통해 운명적으로 뮤지컬계의 스타가 된 뒤,
갈런드의 삶 자체가 뮤지컬처럼 진행됐다.
동시에 그런 화려한 영화적 경력은 현실의 삶을 갉아먹기도 했다.
〈스타 탄생〉은 바로 그 성공과 추락의 자서전이다.

뮤지컬 같은 삶,
삶 같은 뮤지컬

주디 갈런드
Judy Garland

주디 갈런드¹⁹²²⁻¹⁹⁶⁹는 뮤지컬을 위해 태어난 배우 같다. 뮤지컬 스타에게 요구되는 기본적인 덕목인 춤과 노래 두 종목 모두에서 발군의 실력을 보여서다. 할리우드에서 뮤지컬이 장르로 발전할 때, 다른 뮤지컬 스타들은 대개 춤 하나에 뛰어난 솜씨를 보였다. 이를테면 진저 로저스ᴳⁱⁿᵍᵉʳ ᴿᵒᵍᵉʳˢ, ¹⁹¹¹⁻¹⁹⁹⁵, 시드 채리스 등이 그렇다. 그런데 갈런드는 춤도 잘 췄고, 특히 노래를 아주 잘 불렀다. 뮤지컬의 보석이자 할리우드영화의 보석으로 남아 있는 〈오즈의 마법사〉(1939)가 발표될 때, 갈런드는 불과 열일곱 살이었는데, 이런 행운이 결코 우연히 찾아온 것은 아니었다. 이미 춤과 노래에서 숨길 수 없는 재능을 드러냈다. 그때부터 갈런드의 실제 삶은 뮤지컬을 닮아갔고, 뮤지컬 경력의 끝은 결국 자신의 삶을 뮤지컬에 반영한 것이었다. 〈스타 탄생〉(1954)을 통해서다.

〈오즈의 마법사〉에서 '노란 벽돌 길'을 걷던 소녀

〈오즈의 마법사〉는 판타지 뮤지컬의 대표작이다. 도로시(주디 갈런드)라는 소

녀가 애견을 지키기 위해 집을 나서다 폭풍을 맞아 정신을 잃었는데, 그때 소
녀는 길고 긴 꿈을 꾼다. 영화의 대부분은 결국 이 소녀의 판타지인데, 차이코
프스키Pyotr Il'yich Tchaikovsky, 1840~1893의 〈호두까기 인형〉처럼 순수한 소녀가 비현실
적인 공간('에메랄드시티')에 가서 소원 성취의 모험에 도전하는 내용이다. 그
판타지의 세상으로 가는 길목이 '노란 벽돌 길'(Yellow Brick Road)이다. '노란
색'은 이 영화를 본 관객이라면 영원히 기억 속에 각인될 색깔인데, 이를테면
순수한 환상에 대한 신호 같은 것이다. 노란 길을 따라가면 꿈이 이뤄지는 환
상의 세계를 만날 것 같은 두근거림이 〈오즈의 마법사〉의 큰 매력이다. 그 길
위를 춤추고 노래하며 걸어가는 도로시의 천진난만한 모습은 주디 갈런드의
영원한 스타 이미지가 됐다(엘튼 존Elton John의 싱글 〈굿바이 옐로 브릭 로드〉는 이
영화에서 제목을 가져왔다).

사실 갈런드는 〈오즈의 마법사〉에서도 이미 순수한 소녀 역을 하기에는 성

숙한 외모를 갖췄다. 그러나 스튜디오 쪽은 여전히 갈런드의 소녀 이미지가 필요했다. 어릴 때부터 갈런드는 미키 루니Mickey Rooney, 1920~2014와 짝을 이뤄 10 대 커플로 명성을 쌓았는데, 스튜디오는 그 대중성을 계속 이용해야 했다. 그 래서 지독한 다이어트를 강요했고, 몸을 조여 매는 코르셋으로 나이보다 어려 보이게 만들었다.

소녀였던 갈런드를 처녀로 탈바꿈한 데는 뮤지컬 장르의 거장인 빈센트 미 넬리Vincente Minnelli, 1903~1986와의 만남이 전환점이 됐다. 갈런드는 1944년 미넬리 감독의 〈세인트 루이스에서 만나요〉를 통해 비로소 성인배우로 대접받기 시 작했다. 환상의 나라의 소녀 혹은 시골의 이웃집 소녀 같은 이미지의 갈런드 는 이제 남성과 사랑을 나누는 성숙한 여성으로 변했다. 미넬리와 갈런드는 이 영화를 찍으며 사랑에 빠졌고, 곧 결혼했다(이들 부부의 딸이 뮤지컬 배우인 라이자 미넬리Liza Minnelli이다). 최고의 뮤지컬 감독과 최고의 뮤지컬 배우의 결혼 은 두 사람 모두에게 빛나는 미래를 약속할 것만 같았다. 미넬리에겐 그랬지 만, 불행하게도 갈런드에겐 그렇지 못했다.

갈런드의 자전적 뮤지컬 〈스타 탄생〉

주디 갈런드는 연예인 부부의 딸이다. 어릴 때부터 부모에게서 춤과 노래를 배 웠고, 언니들과 팀을 이뤄 일찌감치 무대에 섰다. 어린 소녀의 노래와 춤 솜씨 는 소문이 났고, 당시 MGM의 사장이자 할리우드의 거물인 루이스 메이어의 눈에 띄어 10대 초반부터 배우 생활을 시작했다. MGM은 뮤지컬 장르에 특화 된 스튜디오였는데, 당대 최고의 뮤지컬 감독이던 버스비 버클리Busby Berkeley, 1895~1976는 어린 소녀를 배우로 거듭 성장시켰다. 배우가 되고 싶은 소녀라면 누구나 꿈꾸는 조건 속에서 갈런드는 생활했는데, 문제는 '과로'였다. 촬영현

장에서의 불규칙적인 작업 조건 때문에 소녀 갈런드는 잠을 자지 못해 수면제를 먹었고, 또 밤샘 작업을 위해 각성제를 먹었다. 일은 몰려왔고, 갈런드는 매일 약을 달고 살았다. 미넬리와 결혼할 때는 약물과용뿐 아니라 술 때문에도 종종 문제를 일으켰다. 현장에 늦게 나오는 일이 반복됐고, 이미 약 혹은 술 때문에 정신을 잃은 상태로 오는 일도 잦았다.

할리우드의 스튜디오가 참 신기한 게, 그런 와중에도 걸작들은 계속 만들어낸다는 것이다. 갈런드는 미넬리 감독의 〈해적〉(1948)에선 처녀를 뛰어넘어 요부에 가까운 성적 매력을 뽐내기도 했다. 진 켈리Gene Kelly, 1912~1996와 짝을 이뤄 힘찬 동작의 춤을 출 때는 이들이 1930년대의 '프레드 아스테어Fred Astaire, 1899~1987와 진저 로저스' 처럼 1940년대의 대표적인 뮤지컬 커플이 될 것만 같았다. 만약 갈런드가 술과 약에서 조금만 멀었으면 충분히 그럴 수 있었을 것이다. 진 켈리의 자유분방하고, 힘차고, 열정적인 남자의 파트너로선 갈런드만 한 배우가 없었다. 만약 그랬다면 '아스테어-로저스 커플'과 '켈리-갈런드 커플'은 1930/1940년대, 귀족적/서민적, 우아함/자유로움, 유럽적/미국적 등의 특징으로 끝없이 비교되며 뮤지컬 장르를 더욱 윤택하게 만들었을 것이다.

갈런드는 프레드 아스테어와 공연한 〈부활절 행진〉(1948)을 마지막으로 배우 생활을 끝낼 것만 같았다. 그녀는 더욱더 알코올에 의존했고, 두 번 자살을 시도했고, 요양원에 입원하기도 했다. 그러자 영화사들은 더 이상 갈런드와 일을 하지 않으려 했다. 남들은 데뷔하기도 쉽지 않은 나이에 이미 정상에서 내려오기 시작했다. 이때쯤 미넬리와 이혼한다. 불과 스물아홉 살이었다.

갈런드의 이런 굴곡진 삶을 모티브로 삼은 뮤지컬이 그녀의 마지막 히트작인 조지 쿠커감독의 〈스타 탄생〉이다. 무명의 가수 지망생이 남자 스타의 도움으로 일약 스타가 되는 반면, 남자는 추락한다는 이야기는 너무나 유명해서 다 알 것이다. 흥미로운 점은 제임스 메이슨James Mason, 1909~1984이 연기한 추락하는 남자 스타는 사실 갈런드의 이야기라는 것이다. 그는 한때 날렸지만 지금은 술에 절어 촬영을 펑크 내고, 그래서 결국 할리우드로부터 버림받는 남자인데, 갈런드의 삶이 바로 그랬다. 〈스타 탄생〉에는 결국 두 가지의 갈런드 이야기가 들어 있는 셈이다. 갈런드가 연기하는 스타로의 출세는 바로 자신의 어릴 적 성장기이고, 메이슨이 연기하는 스타의 추락은 불과 몇 년 전에 겪었던 자신의 쇠퇴기이다. 말하자면 〈스타 탄생〉은 갈런드 자신의 두 가지 정체성을 두 배우에게 투사한 자전적인 작품이었다.

〈오즈의 마법사〉를 통해 운명적으로 뮤지컬계의 스타가 된 뒤, 갈런드의 삶 자체가 뮤지컬처럼 진행됐다. 말하자면 신데렐라의 해피엔딩이었다. 동시에 그런 화려한 영화적 경력은 현실의 삶을 갉아먹기도 했다. 〈스타 탄생〉은 바로 그 성공과 추락의 자서전이다. 천재들이 종종 그렇듯 '너무 빠른 삶'을 산 갈런드는 결국 자신의 인생 전체를 뮤지컬로 통합한 셈이다.

The Only One
〈오즈의 마법사〉

빛을 쏘는 듯한 눈빛에, 남자를 정면으로 쳐다보며,
낮고 허스키한 목소리로 담뱃불을 요구하는
당돌한 바콜의 모습은 웬만한 중견 배우의 포스 그 이상이었다.

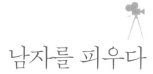

남자를 피우다

로렌 바콜
Lauren Bacall

"누구 성냥 가진 사람 있나요?"

스무 살짜리 배우라고는 믿어지지 않게 성숙한 로렌 바콜^{1924~2014}이 입에 담배를 물고 영화에 처음 등장하는 순간이다. 하워드 혹스 감독의 〈소유와 무소유〉(1944)에서다. 데뷔작이고, 상대역은 필름누아르에서는 당대 최고였던 험프리 보가트였다. 그런데 빛을 쏘는 듯한 눈빛에, 남자를 정면으로 쳐다보며, 낮고 허스키한 목소리로 담뱃불을 요구하는 당돌한 바콜의 모습은 웬만한 중견 배우의 포스 그 이상이었다.

험프리 보가트와 담배는 떼려야 뗄 수 없는 관계다. 온갖 인상을 쓰고 담배를 피우는 모습은 그의 아이콘이 됐다. 세상의 얼마나 많은 남자들이 그 모습을 흉내 냈을까. 제임스 딘^{James Dean, 1931~1955}도 보가트를 흉내 낸 것 아닐까. '보가트처럼 대마초 피우지 마'(《Don't Bogart That Joint》)라는 노래가 있을 정도다 (영화 〈이지라이더〉의 삽입곡 중 하나). 보가트와 담배의 관계가 얼마나 깊었으면, 이 노래에서는 스타의 이름이 동사가 됐다.

〈다크 패시지〉

데이비스의 눈동자, 로렌의 시선

여배우와 담배와의 관계를 꼽자면 아마 로렌 바콜이 가장 먼저 떠오를 것 같다. 이는 전적으로 〈소유와 무소유〉의 강렬한 인상 때문이다. 담배 한대 피우는 행위 하나가 순식간에 남자와의 관계를 수평으로, 그리고 보기에 따라서는 여성상위로 만드는 순간이었다. 게다가 프로이트 Sigmund Freud, 1856~1939의 '구순기'(Oral Phase, 口脣期)라는 용어를 기억한다면, 바콜의 담배 피우는 모습에서 성적인 이미지를 떠올리는 것도 어렵지 않을 것이다. 말하자면 '바콜의 담배'는 남녀 관객 모두에게 각자가 전유할 수 있는 매혹적인 의미를 풍부하게 제공했던 것이다.

〈소유와 무소유〉에서 두 배우는 담배를 피우며 첫눈에 사랑에 빠졌는데, 이런 허구의 상황은 실제에서도 그대로 반복됐다. 영화를 찍으며 두 배우는 진짜 사랑에 빠졌고, 1년 뒤인 1945년 결혼했다. 바콜은 스무 살, 보가트는 마흔다섯 살이었다. 나이 차이가 많이 났음에도 불구하고, 아버지 같은 남편과 칭얼대는 딸 같은 아내처럼 보이지 않았다면, 바콜의 담배 연기에 각인된 성숙한 이미지의 덕을 봤기 때문일 터다. 결혼과 함께 두 배우의 인기는 더욱 치솟았고, 하워드 혹스는 다시 두 배우를 캐스팅하여 〈빅 슬립〉(1946)을 만들었다. 역시 필름누아르인 이 영화는 시작하자마자 보가트와 바콜의 담배 피우는 모습을 보여준다. 〈소유와 무소유〉의 담배 장면을 우려먹은 것인데, 그만큼 두 배우와 담배와의 관계는 운명적이었다.

로렌 바콜은 베티 데이비스 같은 배우가 되고 싶었다. 데이비스의 남성들을 압도하는 강렬한 열정에 매혹됐다. 바콜이 눈을 위로 치켜뜨며 남자들의 간담을 서늘하게 만드는 시선은 별다른 형용사 없이 그냥 '시선'(The Look)이라고 부른다. 그 시선은 누구의 것도 아닌 바로 바콜의 것이란 뜻이다. 사실 이 시선도 데이비스를 흉내 내는 과정에서 생겼다. '베티 데이비스의 눈동자'는 모두들 잘 알 것이다. 그리고 담배도 데이비스에게서 영향 받았다. 데이비스는 〈이브의 모든 것〉(1950)에서처럼 실제로도 담배를 입에 달고 살았다. 남성들과의 사이에서 거칠 것 없이 행동하고 말하는 데이비스의 개성은 담배로 보완됐는데, 그 담배를 영화적 이미지로 먼저 전용한 것은 후배인 바콜이었다.

허리케인에 맞서다

하워드 혹스와 험프리 보가트라는 두 거물과 두 번에 걸친 협업을 통해 로렌 바콜은 순식간에 스타가 됐다. 밝은 미래만 있을 것 같을 때 할리우드에 암운이 드리워졌는데, 바로 매카시즘의 도래다. 종전과 냉전을 맞아 민주주의의 기사 역할을 자임하던 미국이 불행하게도 급격하게 우경화되면서, 이른바 '마녀

사냥'을 시작했다. 할리우드 내의 공산주의 동조자들을 전부 영화계에서 축출하려는 움직임이었다.

바콜은 보가트와 함께 공개적으로 정부의 이런 행위를 비판했다. 종교, 언론, 출판, 집회 등의 자유를 보장한 미국수정헌법 제1조(The First Amendment)를 근거로 내세웠다. 이들은 존 휴스턴^{John} Huston, 1906~1987, 윌리엄 와일러, 캐서린 헵번, 스펜서 트레이시 등과 '미국수정헌법 제1조를 위한 위원회'라는 조직을 만들어, 워싱턴의 의회를 항의방문하기도 했다. 존 휴스턴은 "적들보다 더 나쁜 것은 아무나 적으로 만드는 마녀들이다"라며 미 의회의 활동을 비판했다.

존 휴스턴, 험프리 보가트, 로렌 바콜, 이들 세 명이 팀을 이뤄, 매카시즘을 비판한 영화가 〈키라르고〉(1948)이다. 부부가 함께 출연한 네 작품 가운데 마지막 작품이다(세 번째는 〈다크 패시지〉(1947)). 플로리다의 남단, 아름답고 평화로운 키라르고 섬의 작은 호텔에서 일어나는 이야기다. 허리케인이 불어와 호텔은 고립되는데, 하필이면 이때 여기를 찾아온 불청객이 갱스터들이다. 이들이 선량한 사람들을 볼모로 잡고, 폭력을 행사하는 게 주요 내용이다. 전쟁 같은 허리케인, 무력으로 사람들을 겁주는 깡패들, 그런 가운데에도 존엄성을 잃지 않으려고 노력하는 주인공들(물론 보가트와 바콜)의 태도를 통해 동시대를 비유한 필름누아르다. 말하자면 불행한 시대를 맞은 자신들의 이야기를 극화한 것이다.

남편인 보가트와 연속으로 출연한 필름누아르 네 편을 통해 바콜의 페르소나는 굳어졌다. 보가트 같은 남성영웅을 한순간에 서늘하게 만들어버리는 '시선', 그리고 보가트와 오래된 친구처럼 담배를 나눠 피우는 남녀 사이의 수평적인 관계, 그런 데서 전달되는 중성적인 이미지 등이 복합적으로 바콜의 개성을 만들었다. 상대가 여성들을 압도했던 보가트였기에, 바콜의 이미지는 더욱 효과적으로 형성됐을 것이다. 그래서인지 필름누아르를 떠나서는 과거와 같은 주목을 받지 못했다. 기억에 남을 작품으로는 더글러스 서크Douglas Sirk, 1897~1987의 〈바람에 쓴 편지〉(1956)가 있는데, 바콜의 이미지는 멜로드라마의 마조히스트로는 어색해 보였다.

〈키라르고〉이후 부부는 함께 출연한 작품이 없다. 여러 이유가 있지만, 한 가지 흥미로운 것은 보가트가 현장에서 아내와 함께 있는 것을 불편하게 느낀 점이다. 이유는 자기만큼이나 자유분방한 바콜의 이성관계 때문이었다. 니콜라스 레이의 〈고독한 영혼〉(1950)을 찍을 때, 보가트와 레이는 자신들의 아내들(니콜라스 레이의 아내는 여배우인 글로리아 그레이엄Gloria Grahame, 1923~1981)의 남성편력 때문에 서로에게 고민을 털어놓곤 했다. 영화 속에서 남자들과 동등한 위치에서 행동하던 로렌 바콜의 이미지는 결코 허구에서만의 현실이 아니었던 것이다. 그럼에도 불구하고 두 사람은 보가트가 담배 때문에 식도암으로 죽을 때까지 대중 앞에선 별 문제 없는 부부로 함께 살았다. 그 영웅에 그 여걸이었던 셈이다.

The Only One
〈소유와 무소유〉

존 포드의 영화에선 여배우의 비중이 상대적으로 작고,
존 웨인과 헨리 폰다처럼 연속하여 여러 작품에
출연하는 배우도 거의 없다.
단 한 명의 예외가 있는데, 그가 바로 모린 오하라다.
만약 존 포드 영화가 여성의 이야기라면,
그것은 모린 오하라의 이야기다.

아일랜드의 들꽃

모린 오하라
Maureen O'Hara

존 포드^{John Ford, 1894~1973}의 영화는 헨리 폰다와 존 웨인^{John Wayne, 1907~1979}의 이야기다. 정의와 존엄을 지키기 위한 숭고한 용기(주로 헨리 폰다 주연의 작품들), 그리고 희생과 의무를 위한 불굴의 투지(주로 존 웨인 주연의 작품들) 들이 전면에 나와 있다. 이런 '존 포드의 미덕'을 실현하는 두 남자, 곧 헨리 폰다와 존 웨인의 그림자가 너무 커서, 그의 영화에서 여성의 이미지를 기억하는 건 쉽지 않은 일이다. 포드의 영화에선 여배우의 비중이 상대적으로 작고, 또 두 남자 배우처럼 연속하여 여러 작품에 출연하는 배우도 거의 없다. 단 한 명의 예외가 있는데, 그가 바로 모린 오하라^{1920~2015}다. 포드의 영화에서 다섯 번 주연으로 나왔다. 만약 존 포드 영화가 여성의 이야기라면, 그것은 모린 오하라의 이야기다.

존 포드의 여성 스타

모린 오하라와 존 포드는 〈나의 계곡은 푸르렀다〉(1941)에서 처음 만났다. 소

〈나의 계곡은 푸르렀다〉

위 '포드의 절정기' 때 발표된 작품이다. 포드는 '경이의 연도'로 불리는 1939
년에 〈역마차〉, 〈젊은 날의 링컨〉, 〈모호크족의 북소리〉 등 세 작품을 한꺼번
에 내놓았다. 최소한 두 작품은 걸작이고, 다른 하나도 수작이다. 나이도 40대
중반이고 감독 경력도 20년쯤 됐을 때다. 바로 이어 발표한 두 작품이 사회비
판극인 〈분노의 포도〉(1940)와 〈나의 계곡은 푸르렀다〉이다. 말하자면 〈나의
계곡은 푸르렀다〉는 연출가로서 최절정기를 맞았을 때 나온 작품이다.

웨일스 지방의 광산이 배경인 이 영화에서 모린 오하라는 아들 여섯 명을
둔 광부 집안의 유일한 딸로 나온다. 포드 고유의 테마인 아버지와 아들간의
충돌, 이것이 비유하는 과거와 미래, 전통과 도전, 정주와 이주의 테마들이 극
의 긴장을 물고 온 작품이다. 은밀하게는 오이디푸스의 근친상간 테마도 들어
있다. 웨일스 지역의 신화와 같은 '달콤한 풍경'을 배경으로 오하라는 노래를
부르며 등장하는데, 특유의 소프라노 목소리가 얼마나 청아한지 그 순간만은
마치 천사처럼 보일 정도였다(모친은 한때 오페라 가수였다).

오하라는 늘 웃음을 잃지 않으며, 포드의 여느 여성들처럼 건강하고 용기도 갖고 있다. 그녀는 마을의 목사를 사랑한다. 그리고 그 마음도 그녀가 먼저 보여준다. 뭐랄까, 헨리 폰다의 자존심과 용기를 여성 인물에게서 찾으면 모린 오하라가 될 것 같다. 다른 여성들처럼 수동적이거나 숨어서 수군대는 성격이 아니다. 여성이 먼저 목사를 찾아가고, 그렇지만 품위를 잃지 않기 위해 예의를 갖추려고 무던 애쓴다. 하지만 가족을 위해 광산주의 아들과 결혼하기를 바라는 아버지의 요청은 거절하지 못한다. 결국 원치 않는 결혼을 한 날, 얼음처럼 굳은 그녀의 얼굴은 이 드라마의 비극성을 예고하고도 남았다. 말하자면 오하라는 이 영화를 통해 강인함과 용기 그리고 여성의 체념이라는 전통적인 가치까지 복합적으로 연기해냈다. 오하라는 아일랜드의 더블린 출신인데, 〈나의 계곡은 푸르렀다〉로 할리우드에서도 스타가 됐다. 그녀가 스물한 살 때다.

잘 알다시피 존 포드도 아일랜드계다. 거친 뱃사람을 연상시키는 캐릭터가 아일랜드인의 특성이다. 포드는 그런 점을 자랑스러워했다. 겉으론 야수처럼 거칠지만 속에는 인정이 숨어 있는 인물로 아일랜드 사람을 주로 그렸다. 감독 자신이 그런 남자로 보이기도 했다. 존 웨인이 연기하는 서부 사나이는 전부 '황야의 아일랜드인'이라고 봐도 된다. 〈나의 계곡은 푸르렀다〉에서 오하라가 연기한 딸이 바로 아일랜드 여성의 특성이다.

존 포드는 고국 아일랜드를 다루는 영화를 늘 만들고 싶어 했는데, 그 결과물이 〈아일랜드의 연풍〉(The Quiet Man, 1952)이다. 말하자면 대가 대접을 받을 때에야 비로소 대단히 사적인 작품을 만들 수 있었다. 포드는 아일랜드인 처녀로 당연히(?) 모린 오하라를 캐스팅했다. 그녀의 상대역으로는 존 웨인이 나온다. 그가 맡은 역할도 고국으로 돌아온 아일랜드계 미국인이다. 존 포드가 풍경을 얼마나 솜씨 있게 담아내는지는 아무 웨스턴이든지 한 편만 보면 알 수 있다. 어릴 때 화가를 꿈꿨다는 감독의 고백이 허언이 아님을 확인할 것이다.
그 솜씨를 고국 아일랜드의 풍경을 담는 데 발휘하고 있다. 푸른 들판과 무리
를 지은 흰 양들, 그 사이에서 야생의 들꽃 같은 여성으로 오하라가 나온다.

〈나의 계곡은 푸르렀다〉에 남은 영원한 이미지

연극 무대의 신인이던 오하라가 영화계의 주목을 받은 것은 앨프리드 히치콕
Alfred Hitchcock, 1899~1980이 영국 시절 만든 〈자메이카인〉(1939)에 출연하면서부터
다. 이때 협연했던 대배우 찰스 로튼Charles Laughton, 1899~1962이 오하라의 배우 경력
을 적극 지원했다. 오하라라는 예명도 찰스 로튼이 정했고, 미국 진출도 도왔
다. 이후 두 사람은 장 르누아르Jean Renoir, 1894~1979 감독의 〈이 땅은 나의 땅〉(1943)
등에도 함께 출연했다.

〈리오 그란데〉

존 포드가 오하라를 다시 부른 것은 대략
10년이 지난 뒤였다. 1930년대 말의 '경이
의 연도'와 비교되는 포드의 또 다른 왕성
한 활동기는 1940년대 후반기다. 사실
상 폰다와 헤어지고, 포드가 웨
인을 자신의 주인공으로 내세워
소위 '기병대 3부작'을 만들 때
다. 곧 〈아파치 요새〉(1948), 〈황
색 리본을 한 여인〉(1949), 〈리오 그
란데〉(1950) 등인데, 모린 오하라는 3
부작의 마지막 작품인 〈리오 그란데〉에
나왔다. 배경만 서부로 바뀌었을 뿐 오하라

는 '아일랜드의 여성' 캐릭터 그대로 나온다. 강인하고 품위 있다. 존 웨인이 군인의 의무를 양보하지 않듯 모린 오하라는 가족의 사랑을 양보하지 않는다. 남성의 의무와 여성의 사랑이 충돌하는 드라마인데, 만약 〈리오 그란데〉가 서부극이기보다는 멜로드라마로 기억된다면, 그것은 모린 오하라의 사랑의 폭이 그만큼 크기 때문일 터다. 그래서인지 〈리오 그란데〉에서는 남자들이 밤에 부르는 세레나데가 대단히 매력적으로 표현돼 있다. 〈리오 그란데〉는 서부극의 외피를 입은 멜로드라마이다. 존 포드와 협연한 나머지 두 작품은 〈롱 그레이 라인〉(1955)과 〈독수리의 날개〉(1957)이다. 1950년대 중반은 걸작 〈수색자〉(1956)가 없었다면, 포드의 필모그래피가 빈약해 보일 때다. 두 작품은 그럴 때 나왔고, 지금도 덜 사랑받는 작품들이다.

　모린 오하라가 영화사에 남는다면 〈나의 계곡은 푸르렀다〉에서 원치 않는 결혼을 하고 나올 때, 흰색 면사포가 바람에 휘날리는 짧은 장면 덕분일 터다. 마음은 바람 속의 면사포처럼 흔들리지만, 결혼을 승낙해야만 하는 체념은 얼굴 속에 그대로 각인돼 있다. 이 한 작품, 그리고 이 장면은 영화사라는 게 존재하는 한, 끝없이 반복되며 인용될 것이다. 배우에게 그건 큰 명예이다(존 포드가 죽기 몇 달 전, 후배 감독들은 병상에 누운 그를 방문하여 특별 행사를 준비하는데, 상영을 바라는 작품 하나만 말해 달라고 했다. 대답은 〈나의 계곡은 푸르렀다〉였다).

The Only One
〈나의 계곡은 푸르렀다〉

팜므파탈로서의 베로니카 레이크의 외형은 너무 왜소했다.
대단히 작은 키에, 몸매도 결코 도발적이지 않았다.
그런데 '전쟁 시기 최고의 팜므파탈'로 대접받았다.
한쪽 눈을 거의 가리는 긴 금발로 표현되는
레이크 특유의 '모던하고 범죄적'인 분위기가 그녀의 매력이 됐다.

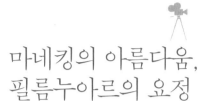

마네킹의 아름다움,
필름누아르의 요정

베로니카 레이크
Veronica Lake

베로니카 레이크^{1919~1973}는 1940년대 필름누아르의 스타다. 당시는 누아르의
팜므파탈들이 스타덤을 형성할 때인데, 이를테면 에바 가드너, 바버라 스탠윅,
리타 헤이워스 등이 대표적이다. 이들은 외형에서부터 남성을 압도하는 매력
을 갖고 있다. 관능적인 몸매 혹은 큰 키는 물론이고, 공격적인 눈빛까지 돋보
였다. 이들에 비하면 팜므파탈로서의 베로니카 레이크의 외형은 너무 왜소했
다. 대단히 작은 키에(1m 50cm 겨우 넘는다), 몸매도 결코 도발적이지 않았다.
그런데 '전쟁 시기 최고의 팜므파탈'로 대접받았다. 한쪽 눈을 거의 가리는 긴
금발로 표현되는 레이크 특유의 '모던하고 범죄적'인 분위기가 그녀의 매력이
됐다. 레이크의 말에 따르면, "남들이 벗었다면 자신은 머리칼만으로 유혹"했
다. 일반적인 팜므파탈들과 다른 개성, 그것이 레이크의 스타성이 됐다.

앨런 래드와 필름누아르의 커플로 유명

베로니카 레이크가 팜므파탈의 스타 대열에 합류한 것은 〈백주의 탈출〉(This

〈푸른 달리아〉

Gun for Hire, 1942)을 통해서다. 프랭크 터틀Frank Tuttle, 1892~1963 감독이 그레이엄 그린Graham Greene, 1904~1991의 원작 소설을 각색한 필름누아르다. 여기서 레이크는 카바레에서 마술을 하며 노래를 부르는 가수로 나온다. 특유의 금발을 길게 늘어뜨리고, 여유 있는 웃음을 띠며, 남성 관객의 시선을 한 번에 빼앗는 여성이다. 터틀 감독에 따르면 레이크의 모습에선 '기계적이고 세련된' 느낌이 났다. 유난히 번쩍거리는 금발은 미끈한 마네킹의 그것처럼 보였고, 부서질 듯 대단히 가는 얼굴선은 과거에는 못 보던 낯선 인상이었다. 그것을 터틀 감독은 '기계적이고 세련됐다'고 설명했다.

여기서 레이크는 자신의 스크린 파트너인 앨런 래드Alan Ladd, 1913~1964를 만난다. 킬러인 앨런 래드는 '까마귀'(Raven)라고 불리는 냉혈한이다. 무표정한 킬러 래드의 모습은 뒷날 알랭 들롱Alain Delon의 그것과 비교된다. 조각처럼 잘생

긴 외모와 납처럼 굳은 표정의 킬러는 래드의 개성이 됐고, 레이크는 그 킬러와 첫눈에 사랑에 빠지는 여성으로 등장한다. 말하자면 레이크는 범죄자를 피하기보다는 왠지 그 어두운 자기장에 끌려가는 '위험한' 캐릭터이다. 레이크는 킬러의 인질이 되지만, 동시에 그와 우정을 나누는 파트너가 된다. 결국 그 우정이 냉정한 킬러를 죽음에 이르게 하지만 말이다.

〈백주의 탈출〉은 대단한 흥행 성공을 거뒀고, 두 배우를 단번에 스타로 만들었다. 할리우드는 두 배우가 주연하는 필름누아르를 연속해서 내놓는다. 이번엔 하드보일드 소설의 대표 작가인 대시엘 해밋^{Dashiell Hammett, 1894~1961}의 〈유리열쇠〉가 각색됐다. 영화 〈유리열쇠〉(감독 스튜어트 헤이슬러^{Stuart Heisler, 1896~1979}, 1942)에서 래드는 부패한 정치거물의 오른팔로, 레이크는 그 정치인과 경쟁하는 상원의원의 딸로 나온다. 말하자면 적대진영의 두 인물이다. 그런데 상원의원 딸인 레이크는 여기서도 갱스터 같은 남자인 래드에게 첫눈에 반한다. 신분의 차이를 뛰어넘어 위험한 관계를 이어가는 레이크의 태도 자체가 누아르에 긴장감을 불러오는데, 나중에는 정치거물마저 레이크에게 반하면서 세 사람은 대단히 위험한 삼각관계를 그려나간다. 이 영화를 통해 폭력과 위험 앞에 냉정함을 잃지 않는 레이크의 여유 있는 태도는 다른 팜므파탈들과는 구별되는 매력으로 각인됐다. 팜므파탈로서의 레이크는 히스테릭하지 않았다.

잠시 각자 활동하던 두 배우는 4년 뒤 다시 만나 〈블루 달리아〉(1946)에 출현했다. 역시 하드보일드 문학의 대표작가인 레이먼드 챈들러^{Raymond Chandler, 1888~1959}의 소설을 각색한 작품으로, 조지 마셜^{George E. Marshall, 1891~1971}이 연출했다. 래드는 종전 뒤의 귀향용사로, 레이크는 비밀 많은 나이트클럽 주인의 아내로 나왔다. 래드는 제대하자마자 졸지에 살인자로 오인돼 경찰의 추적을 받는데, 레이크는 아무 의심 없이 그를 돕는다. 레이크 특유의 여유 있는 태도로 비오는 밤거리를 헤매는 래드를 자신의 차에 태우는 시퀀스는 〈블루 달리아〉

의 명장면으로, 또 두 배우의 영원히 아름다운 순간으로 남아 있다.

오마주의 대상, 금발의 긴 곱슬머리

베로니카 레이크는 억척엄마 덕분에 배우가 됐다. 열 살 때 부친이 바다의 시추선에서 사고로 죽는 바람에 레이크는 심한 충격을 받았고, 이는 결국 평생 그녀를 괴롭히는 정신적 쇼크가 됐다. 스크린에선 여유 있는 배우였지만, 아쉽게도 현실에선 극심한 신경증을 앓았다. 10대 때 모친이 딸의 뛰어난 외모에 주목하여 연기학교에 보냈고, 또 적극적으로 뒷받침했다. 레이크는 열아홉 살 때 〈나는 날개를 원했다〉(1941)에서 클럽의 가수로 나오며 주목받았다. 푸른 눈이 호수처럼 맑다고 하여 '레이크'(Lake)라는 예명을 갖게 됐고, 또 여기서 특유의 긴 금발 곱슬머리가 그녀에 대한 페티시즘의 상징이 됐다.

곧장 코미디의 장인인 프레스턴 스터지스 Edmund Preston Biden, 1898~1959의 눈에 띄어, 〈설리반의 여행〉(1941)에서 조엘 매크레아의 상대역으로 출연했다. 마치 '채플린 Charlie Chaplin, 1889~1977과 키드'처럼 두 남녀는 부랑자 차림으로 미국을 돌며, 하층민의 가난한 현실을 목도하는 내용이다. 거물감독, 스타배우와의 협업과 흥행 성공으로 레이크는 할리우드에 당당히 이름을 알리게 된다. 여기서 발

휘된 코미디 감각은 당시 미국에 망명해 있던 프랑스 감독 르네 클레어 Rene Clair, 1898~1981의 주목을 받아, 〈나는 마녀와 결혼했다〉(1942)에서 주연을 맡게 했다. 과거에 청교도 집안에 의해

화형됐던 마녀가 복수로 그 집안에 불행한 결혼이라는 영원한 저주를 걸었는데, 자신이 인간으로 환생한 뒤 하필이면 그 집안의 남자에게 반하고 마는 희극이다. 그리고 그해부터 앨런 래드와의 '누아르 커플' 시대가 열렸다.

거칠 게 없어 보이던 레이크의 발목을 잡은 건 어릴 때의 충격이 주요 원인이 된 신경증이었다. 레이크는 촬영 도중 갑자기 사라지기도 했고, 극심한 분노에 빠져 동료들과 싸우기도 했다. 술을 퍼붓듯 마시더니 결국 알코올 중독자가 됐다. 결혼과 이혼이 이어졌는데, 그런 반복의 주요 이유도 히스테리와 술이었다. 앨런 래드와의 협업, 특히 두 사람 사이의 3대 누아르로 꼽히는 〈백주의 탈출〉, 〈유리열쇠〉, 〈블루 달리아〉가 없었다면, 배우로서도 잊힐 정도로 활동기간이 너무나 짧았다. 레이크는 필름누아르의 운명처럼 짧게 만발하고 금세 시들었다.

그런데 다른 팜므파탈들과 구별되는 모던한 개성, 그것이 레이크의 이름을 영화사에 남겼다. 〈누가 로저 래빗을 모함했나〉(감독 로버트 저메키스Robert Zemeckis, 1988)에서 애니메이션 캐릭터인 제시카는 바로 레이크에 대한 오마주이며, 또 〈LA컨피덴셜〉(감독 커티스 핸슨Curtis Hanson, 1997)에서 킴 베이싱어Kim Basinger가 연기한 인물도 레이크를 인용한 것이다. 두 영화 모두 레이크의 개성을 시대를 앞선 매력으로 해석하고 있다.

The Only One
〈백주의 탈출〉

우리는 팜므파탈이 스크린이라는 조건 속에서 상상력을
자극할 때 성적 욕망을 느끼지만 그것이 현실의 일이 되면
스캔들로 해석하고 금방 흥미를 잃고 만다. 필름 누아르의 퀸
가운데 한명인 조앤 베넷의 삶은 그런 사실을 입증하고도 남는다.

스크린을 찢고 뛰쳐나온
팜므파탈

조앤 베넷
Joan Bennett

만약 필름누아르의 팜므파탈이 스크린 밖으로 나온다면 우리는 어떤 반응을 보일까? 육감적인 몸을 감싸는 검정색 드레스를 입고, 긴 담배를 입에 문 관능적인 여성이 당신 곁에 와서 담뱃불을 빌려달라고 부탁한다면 말이다. 허구에선 그 여성과의 위험한 관계를 상상할지 몰라도, 현실에선 거의 아무 일도 일어나지 않는다. 아니 오히려 못됐다고 경멸하는 경우가 더 많다. 우리는 팜므파탈이 스크린이라는 조건 속에서 상상력을 자극할 때 성적 욕망을 느끼지만 그것이 현실의 일이 되면 스캔들로 해석하고 금방 흥미를 잃고 만다. 필름누아르의 퀸 가운데 한명인 조앤 베넷^{1910~1990}의 삶은 그런 사실을 입증하고도 남는다.

프리츠 랑의 뮤즈

조앤 베넷은 프리츠 랑^{Fritz Lang, 1890~1976}과 작업하며 누아르의 퀸으로 대접받았다. 출발은 〈맨 헌트〉(1941)였고, 출세작은 〈창가의 여인〉(1944)이었다. 당시 다

른 배우들과 달리 베넷은 서른이 넘어 제대로 된 캐릭터를 찾았는데, 그것이
바로 팜므파탈이다. '어둡고 위험한 여성'이라는 캐릭터를 위해 베넷은 남들
이 부러워하던 금발을 짙은 갈색으로 염색했고, 이 색깔을 평생 유지했다. 이
영화에서 베넷은 검정색 옷에, 담배를 입에 물고, 법학 교수로 나오는 에드워
드 G. 로빈슨Edward G. Robinson, 1893~1973을 함정에 빠뜨린다.

　남자 앞에서 주저하지 않는 성적 자신감, 여유 있는 행동, 상대를 유혹하는
눈웃음, 그리고 지적인 대화술로 그녀는 단번에 노교수(그리고 관객까지)를 자
신의 먹이로 만드는 데 성공한다. 평생 공부만 하던 순진한 교수는 아내와 아
이들이 휴가 간 사이 잠시 일탈의 유혹을 느꼈는데, 그만 돌이킬 수 없는 수렁
에 빠지고 마는 것이다. 희생자 에드워드 G. 로빈슨, 팜므파탈 조앤 베넷, 그리
고 비열한 협박자 댄 더리야Dan Duryea, 1907~1968(당시 비열한 연기의 최고봉이라는 평
가를 받았다)로 이뤄진 이들 3인조의 범죄물은 같은 해에 발표된 빌리 와일더

의 〈이중배상〉과 경쟁하며 누아르의 걸작이 됐다.

　프리츠 랑은 한 번 더 이들을 그대로 캐스팅하여 〈진홍의 거리〉(1945)를 만든다. 여기서 로빈슨은 역시 순진한 회계담당 직원, 조앤 베넷은 팜므파탈, 그리고 더리야는 협박꾼으로 나온다. 스토리는 진부하다. 협박꾼과 팜므파탈이 밤에 길에서 싸우는 척하고, 이를 본 회계직원이 신사도를 발휘하여 여성을 구하는데, 그만 여성의 함정에 빠져 사랑의 노예가 되고 결국 돈을 뜯기며 패가망신하는 얘기다. 그럼에도 불구하고 〈진홍의 거리〉는 전작보다 더 큰 성공을 거둔다. 그림자와 빛의 황홀한 화면을 만드는 프리츠 랑의 연출력도 물론 흥행 성공의 이유가 됐지만, 스타덤에 오른 조앤 베넷의 덕도 컸다. 그런데 영화는 성공도 거뒀지만, 혹독한 시련도 겪는다. 이듬해에 〈진홍의 거리〉는 '외설적이고, 천박하고, 비윤리적이고, 비인간적'이라는 이유로 미국 일부 주에서 상영이 금지된다. 흥미로운 것이, 검열이 내세운 수식어들은 전부 팜므파탈 조앤 베넷의 캐릭터를 설명하는 것이었다.

　이제 베넷의 행보는 거칠 게 없어 보였다. 전후에 또 다른 거장인 장 르누아르를 만나 〈해변의 여인〉(1947)에서 역시 팜므파탈로 출연한다. 얼마나 기세가 등등한지 누아르의 남성 아이콘이자 야생마 같은 배우인 로버트 라이언 Robert Ryan, 1909~1973을 속된 말로 갖고 논다. 폭력적인 로버트 라이언이 순치된 남자로 나오는 매우 드문 경우였다. 조앤 베넷이 죄를 짓고도 당당하게 "그래, 어서 밖에 가서 말해봐. 내가 나쁜 여자라고. 넌 이제야 그걸 알았어"라고 조롱하듯 말하며 라이언을 쏘아볼 때는 '거세 위협자'의 공포가 느껴질 정도였다.

스캔들을 넘어선 영화의 역사

그런데 다시 프리츠 랑을 만나 〈비밀의
문〉(1948)을 발표하며 베넷은 배우로서
의 위기에 놓인다. 앨프리드 히치콕의
〈레베카〉(1940)처럼 '출입이 금지된 방'
의 모티브를 이용한 이 영화는 흥행에
서 참패를 기록했다. 무엇보다 베넷이 어
울리지 않게 〈레베카〉의 조앤 폰테인[Joan
Fontaine, 1917~2013]처럼 순진하게 공포를 연기

〈권총이 거리〉

하는 게 어색해 보였다. 베넷은 공포의 주체이지 동정심을 유발하는 연약한
여성에는 어울리지 않았다.

그러면서 스캔들이 터졌다. 베넷의 남편은 할리우드의 유명 제작자인 월터
웽어[Walter Wanger, 1894~1968]다. 그가 염색도 시켰고, 팜므파탈이라는 캐릭터도 만들
었고, 프리츠 랑을 섭외하여 베넷의 출세작을 모두 제작했다. 나이 차이가 많
이 나는 베넷의 세 번째 남편이었는데, 소유욕이 지나쳐서인지 아내가 다른
남자와 가깝다는 정보를 접한 뒤 곧바로 38구경 권총을 들고 가서 그 남자를
쏴버렸다. 흥분했는지 한발은 허공을 갈랐고, 다른 한발은 바닥에 튀어 하필
이면 그 남자의 사타구니를 맞혔다. 황색저널이 좋아하는 엽기의 복수 드라마
였다. 다행히 남자는 큰 부상을 입지 않았고, 웽어도 총으로 위협만 하려 했는
데 사고가 났다는 식으로 정상참작이 되어 4개월형을 선고받았다(형량에서 그
의 대단한 권력이 짐작될 것이다). 1951년에 일어난 일이었다.

베넷의 연기경력은 사실상 거기에서 끝났다. 당시의 관객은 욕망의 대상이
자 숭배의 대상인 팜므파탈이 스크린이 아니라 '현실'에서 누아르와 같은 막

장 드라마를 만들어내자 곧바로 혐오감을 드러냈다. 팜므파탈의 윤리적 위반이 허구 속에 있을 때, 곧 브레히트^{Bertolt Brecht, 1898~1956}의 '제4의 벽'을 넘지 않을 때, 우리는 책임감에서 해방된 채 쾌락(Guilty Pleasure)을 즐길 수 있다. 하지만 그게 현실로 넘어오면 문제가 달라진다. 말하자면 제4의 벽은 사랑에 필요한 인습적 장벽의 미학적 장치인 셈인데, 그 벽을 넘은 팜므파탈에겐 리비도가 발동되지 않는 것이다. 역시 프로이트의 말대로, 사랑은 장애가 있을 때 더 매력적이다. 스크린의 내부가 아닌 현실의 스캔들은 사람들의 죄의식까지 자극했다. 그래서 사람들은 더 신경질적으로 혐오하고, 있지도 않은 순결을 천명하는 위선자가 된다. 이것은 허구에서 반드시 뒤따르는 팜므파탈에 대한 처벌을 현실에서 수행하는 것과 같다.

베넷은 스캔들로 처벌받았다. 영화배우로서는 더 이상 관객의 사랑을 받지 못했다. 훗날 TV에서 약간 활동했고, 스크린에선 거의 잊혀졌다. 군이 예외를 꼽자면 이탈리아의 호러 감독인 다리오 아르젠토^{Dario Argento}의 〈서스페리아〉(1977)에서 기숙학교 교장으로 나온 적이 있다. 그럼에도 불구하고 영화사는 프리츠 랑, 장 르누아르와 함께 만든 필름누아르를 여전히 그녀의 영광으로 기록하고 있다. 영화의 역사는 스캔들을 넘어서는 것이다.

The Only One
〈창가의 여인〉

영화사는 서른 살 이전에 두 편의 걸작을 남긴
대표적인 여배우로 리타 헤이워스의 이름을 기억한다.
세속적인 행복과는 거리가 먼 삶이었지만, 스크린에서만큼은
그녀보다 더 젊게 빛나는 별은 찾기 어렵다.

여신의 관능,
매혹의 화신

리타 헤이워스
Rita Hayworth

〈길다〉(1946)는 '리타 헤이워스[1918~1987의 모든 것'이다. 오직 헤이워스에 초점을 맞춰 만든 작품이기도 하고, 또 마치 헤이워스의 실제 삶을 암시하듯 비밀스런 과거에, 강박적인 관계의 현재, 그리고 모호한 미래가 섞여 있기 때문이기도 하다. 헤이워스는 당시 '천재 청년' 오슨 웰스[Orson Welles, 1915~1985의 아내였는데, 막 딸을 출산한 뒤 2년여의 공백을 깨고 〈길다〉에 출연했다. 말하자면 스크린으로의 복귀를 알리는 작품이었다. 〈길다〉는 흥행에서 대성공을 거둔다. '여신이 돌아왔다'는 뉴스들이 경쟁하듯 나왔다. 하지만 돌이켜보면 불과 스물여덟 살이었던 그때가 삶의 절정이었고, 이후로는 팜므파탈의 운명을 보듯 탄식과 불안이 교차하는 복잡한 순간들이 이어졌다. '길다'라는 캐릭터와 헤이워스의 운명이 겹쳐 보이는 것이다.

〈길다〉, 관능의 정점

1943년 오슨 웰스와의 시끌벅적한 결혼은 천재와 미녀의 찬란한 결합으로 보

〈길다〉

였다. 〈시민 케인〉(1941)과 〈위대한 앰버슨가〉(1942) 같은 걸작을 이미 발표한 청년은 스물여덟 살이었고, 당시 최고의 핀업 걸이던 헤이워스는 스물다섯 살이었다. 영화사에 명감독과 스타배우의 결합은 종종 있었지만, 결혼 당시 부부가 20대이고 이미 스타의 위치에 있었던 경우는 매우 드물다. 천재 연출가를 남편으로 둔 헤이워스의 앞날이 어떻게 펼쳐질지, 말 그대로 이들의 미래는 스릴러처럼 호기심을 자극했다.

배우로서 헤이워스의 성공은 프레드 아스테어를 만나며 시작된다. 어릴 때부터 익힌 춤 솜씨 덕분에 뮤지컬의 코러스 걸로 가끔 출연하던 헤이워스는 1941년 루벤 마물리언Rouben Mamoulian, 1897~1987 감독의 고전 〈혈과 사〉에서 조연 댄서로 나오며 영화계의 주목을 끌었다. 이때의 춤 실력으로 헤이워스는 당시 최고의 뮤지컬 스타였던 아스테어의 파트너가 된다. 그가 뮤지컬 콤비였던 진저 로저스와 막 결별한 뒤, 새로운 파트너를 찾을 때였다. 〈당신은 부자가 될 수 없어〉(1941), 〈당신은 이렇게 사랑스런 적이 없어〉(1942) 등 두 히트작에 연이어 아스테어의 파트너로 출연하며, 헤이워스는 어릴 적부터의 꿈이었던 뮤지컬영화의 스타가 된다.

아스테어 옆의 헤이워스는 건강한 젊음이 넘치는 신성이었다. 힘이 넘치는 발동작, 동시에 가볍고 우아한 몸동작, 그리고 한 번씩 쓸어 넘기는 긴 머리칼은 관능의 표상이었다. 전쟁 중에 미군들에게 가장 인기가 높은 배우는 단연 헤이워스였다. 하지만 그런 대중성과는 좀 거리가 느껴지는 '괴짜' 감독의 아내가 됐으니, 헤이워스가 너무 급격한 변화를 겪지는 않을지 염려가 되기도 했다.

할리우드의 장인 찰스 비더Charles Vidor, 1900~1959가 연출한 〈길다〉는 헤이워스에 대한 이런 염려를 불식시킨 작품이다. 아니 헤이워스의 대중적 관능미를 최대한 이용했다. 〈카사블랑카〉(1942)처럼 이국정서를 이용한 〈길다〉는 부에노스아이레스에서 전개된다. 길다는 이 지역의 불법 카지노 클럽의 주인인 재벌 남자의 아내다. 궁전 같은 집에서 모피를 휘감고 살고 있는데, 늘 외로워 보인다. 길다는 과거 뉴욕에서 댄서로 일했고, 지금 남편과는 사실 돈 때문에 결혼했다. 그런데 어느 날 밤, 남편이 새로 고용한 카지노 지배인을 집으로 데려오며 드라마는 점점 '어두워'진다. 조니(글렌 포드Glenn Ford, 1916~2006)라는 그 남자는 하필이면 길다의 과거 애인이었다. 〈길다〉는 이 세 인물의 사랑, 질투 그리고 범죄에 관련된 전형적인 누아르이다.

남미 특유의 라틴음악은 헤이워스의 관능미를 더욱 매력적으로 보이게 했는데, 이를테면 검정색 드레스에 검정색 팔 장갑을 끼고, 마치 스트립을 하듯 춤을 추는 〈모두 메임 탓으로 돌려요〉(Put the Blame on Mame)는 헤이워스를 페티시의 화신으로 기억하게 했다.

짧지만 긴 영광

길다가 화면에 처음 등장하는 장면은 얼마나 유명한지, 이를테면 〈쇼생크 탈출〉(1994)에서 죄수들이 영화를 보며 괴성을 지르는 순간이기도 하다. 남편이 그 지배인을 침실로 데려가 아내를 부르며, "길다, 제대로 입었어?"(Are you decent?)라고 묻자, 탈의실 뒤에서 머리칼을 뒤로 젖히고, "네, 제대로 입었어요"(I am decent)라며 나타나는 순간이다. 이는 중의적인 질문인데, 옷차림이 제대로 됐냐는 뜻이기도 하고, 또 '당신 바른 사람이냐'는 뜻이기도 하다. 물론 이 순간에 관객은 그녀가 절대 바른(decent) 여성이 아니라는 사실을 한눈에 알 수 있다. 현재는 물론이고 과거까지 말이다.

'제대로'(decent)라는 말은 헤이워스와는 무척 거리가 먼 단어이다. 그녀는 다섯 번 결혼했는데, 어느 것 하나 세속적 행복을 느낄 수 있는 경우는 없었다. 첫 남편은 아버지뻘 되는 할리우드의 프로모터였는데, 그 덕분에 배우는 됐지만 운 없는 신인에게 상상되는 안 좋은 일들을 너무 많이 겪었다. 오슨 웰스가 두 번째 남편인데, 그때 헤이워스는 자연스럽지 않은 관계에 구속된 인형처럼 비쳤다. 〈길다〉에서 그녀가 지금의 남편에게서 '빠져나오고 싶다'라고 말할 때 많은 관객은 웰스와의 관계를 떠올리기도 했다. 하지만 약 5년간 이어졌던 웰스와의 결혼 시기가 배우 헤이워스의 전성기였다. 이때 그녀의 두 대표작, 곧 〈길다〉와 웰스 연출의 〈상하이에서 온 여인〉(1947)이 발표된다.

〈상하이에서 온 여인〉

〈상하이에서 온 여인〉은 시네필들에게는 걸작이지만 헤이워스의 팬들에게는 저주였다. 짧은 금발로 바뀐 외모, 남편과 연인을 배신하는 이 기적 팜므파탈은 흠모는커녕 미움의 대상이 됐다. 남성 판타지의 대상으로 인기를 얻은 스타배우가 천재를 만나 '억지로' 이미지 변신에 안간힘을 쓰는 것처럼 비치기도 했다. 흥행은 실패했고, 헤이워스는 '도저히 천재의 요구에 맞출 수 없다'는 말을 남기며 웰스와 이혼했다.

헤이워스는 찰스 비더 감독과 글렌 포드와 다시 3인조를 만든 뒤, '길다'의 이미지로 돌아가서 〈카르멘의 연인들〉(1948)에 출연했다. 곧이어 역시 글렌 포드와 공연한 필름누아르 〈트리니다드의 정사〉(1952)로 헤이워스는 대중적 인기를 회복하는 데 성공한다. 두 작품 모두 〈길다〉의 이미지를 반복하는 것인데, 특히 인상적인 춤 장면은 빠지지 않고 써먹었다. 그러나 두 번의 반복까지는 관객도 좋아했지만, 그 이상으로 관심이 이어지진 않았다. 사실상 여기서 헤이워스의 스타로서의 삶은 끝난다. 게다가 이후 세 번의 결혼생활도 전부 불행의 연속이었다.

헤이워스는 〈길다〉를 통해 스타덤에 올랐고, 그 이미지를 수차례 반복하며 정상에서 내려왔다. 그러나 영화사는 서른 살 이전에 두 편의 걸작을 남긴 대표적인 여배우로 헤이워스의 이름을 기억할 것이다. 세속적인 행복과는 거리가 먼 삶이었지만, 스크린에서만큼은 헤이워스보다 더 젊게 빛나는 별은 찾기 어려울 것이다.

The Only One
〈길다〉

"로셀리니씨. 만약 스웨덴 여배우가 필요하다면,
그녀는 영어는 아주 잘하고, 독일어는 아직 잊지 않았고,
프랑스어는 썩 잘하지는 않고, 이탈리아어는 오직
'당신을 사랑해'만 알고 있는 배우인데요,
저는 당신과 함께 일하기 위해 이탈리아로 갈 준비가 돼 있습니다."

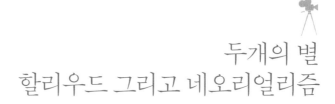

두개의 별
할리우드 그리고 네오리얼리즘

잉그리드 버그먼
Ingrid Bergman

잉그리드 버그먼[1915~1982]에게는 성녀의 이미지가 있다. 〈잔 다르크〉(1949) 같은 영화의 역할 때문만은 아니다. 흥행작인 〈카사블랑카〉(1942) 혹은 〈누구를 위하여 좋은 울리나〉(1943)에서 보여준 청순한 이미지의 영향이 컸다. 상대방이 험프리 보가트 같은 터프가이이든 또는 게리 쿠퍼[Gary Cooper, 1901~1961] 같은 신사이든 영화 속 버그먼의 순결성은 절대 보호받아야 할 남성 판타지의 대상이다. 말하자면 남성들은 대개 보가트의 자리에서, 여성들은 버그먼의 자리에서 나르시시즘에 빠진다. 스타는 이 관계를 유지하는 허상이고, 그래서 배우들은 그런 허상을 만들려고 애쓴다. 그런데 버그먼은 신화의 자리, 곧 많은 배우들의 꿈인 나르시시즘의 초상이 됐을 때, 그 자리를 스스로 깬다. 바로 로베르토 로셀리니[Roberto Rossellini, 1906~1977]에게 보낸 연서(戀書)가 발단이다.

히치콕의 배우에서 로셀리니의 동반자로

"로셀리니씨, 당신의 영화 〈무방비 도시〉와 〈전화의 저편〉을 봤습니다. 대단
한 작품이었습니다. 만약 스웨덴 여배우가 필요하다면, 그녀는 영어는 아주
잘하고, 독일어는 아직 잊지 않았고, 프랑스어는 썩 잘하지는 않고, 이탈리아
어는 오직 '당신을 사랑해'만 알고 있는 배우인데요, 저는 당신과 함께 일하기
위해 이탈리아로 갈 준비가 돼 있습니다. 잉그리드 버그먼."

  로셀리니는 이 편지를 1948년 5월 7일 로마에서 받았다. 처음에는 발신자를
의심했다. 누군가 장난한 것이라고 여겼다. 당시 버그먼은 히치콕 영화의 주인
공으로 전성기를 구가하던 할리우드 최고의 배우였다. 로셀리니는 네오리얼리
즘의 기수로 전세계적인 작가 감독이 됐지만, 그건 연예계와는 거리가 먼 이야
기였다. 그러나 이탈리아 말은 오직 '당신을 사랑해'(Ti Amo)만 안다고 쓴 발신

자의 심리를 로셀리니가 모를 리가 없었다. 그는 '이탈리아 남자'가 아닌가.

두 사람은 로마에서, 또 히치콕의 영화 〈염소좌 아래에서〉(1949)가 촬영 중인 런던에서, 그리고 영화제가 열리던 세계의 여러 도시에서 일을 핑계로 계속 만났다. 당시는 로셀리니가 유명 영화제의 상을 쓸어 담을 때다. 그러면서 두 사람 사이의 스캔들이 조금씩 알려지기 시작했다. 로셀리니는 두 번 이혼한 경력에, 당시는 〈무방비 도시〉의 주인공인 안나 마냐니와 동거 중이었고, 버그먼은 스웨덴에서 스물한 살 때 치과의사와 결혼하여 딸도 하나 둔 기혼녀였다. 버그먼은 1949년에 아예 이탈리아로 갔다. 〈스트롬볼리〉(1950)를 찍기 위해서였다. 할리우드의 화려한 저택에서 나와, 지중해의 땡볕이 내리쬐는 스트롬볼리라는 화산섬에서 리얼리즘영화를 찍는 버그먼의 모습은 신선하기도, 또 생소하기도 했다.

할리우드의 실망은 대단했다. 아니 일종의 배신감 같은 걸 느꼈다. 버그먼이 스웨덴의 신성으로 활약할 때, 그녀를 할리우드로 데려온 사람은 당대 최고의 제작자인 데이비드 셀즈닉이었다. 〈바람과 함께 사라지다〉(1939)의 그 제작자다. 셀즈닉은 1939년 〈인터멧조〉에 버그먼을 캐스팅하여, 스타 탄생을 알렸다. 버그먼의 할리우드 시대는 셀즈닉이라는 제작자와 히치콕이라는 최고의 감독과 팀워크를 이루면서 절정을 맞는다. 배우는 결국 작품으로 이름을 남기는 것인데, 버그먼은 히치콕과 연속으로 만든 세 영화들, 곧 〈스펠바운드〉(1945), 〈오명〉(1946), 〈염소좌 아래에서〉로 그런 행운을 잡은 배우다. 히치콕은 버그먼을 스타로 키운 감독은 자신이라고 생각했다.

그런 까닭에 히치콕의 분노는 대단했다. 버그먼을 다시는 보지 않겠다고 공개적으로 말하기도 했다. 자신이 최고라고 생각하는 감독에게 특별한 대접을 받던 배우가 그런 조건을 놓아버렸으니, 히치콕의 감정은 어떤 패배감 혹은 배신감에서 오는 분노 같은 것일 테다. 말하자면 히치콕, 로셀리니, 버그먼은 보기에 따라서는 멜로드라마의 삼각관계 같은 위치에 있었는데, 히치콕은 남들이 뻔히 보는 앞에서 자신의 배우 버그먼을 로셀리니에게 뺏긴 것이다. 천하의 히치콕이 좀 안돼 보일 때다.

'악의 화신'이라는 비난까지

히치콕과의 마지막 작품인 〈염소좌 아래에서〉는 흥행에서 실패했다. 영화계는 〈스트롬볼리〉에서의 스캔들이 미국 관객의 발길을 돌렸다고 진단했다. 특히 유부녀 신분이면서 로셀리니와 동거에 들어간 버그먼의 행위는 팬들에 대한 배신으로 여겨졌다. 성녀 이미지가 컸던 게 더 큰 반발심을 불러일으켰다. 버그먼은 더 나아가 결혼도 하지 않은 상태에서 로셀리니의 아들을 낳았다(배우로 활동 중인 이사벨라 로셀리니 Isabella Rossellini 는 이후 출생한 쌍둥이 딸 중 둘째). 자신들의 연인을 뺏긴 미국 관객의 반응은 히스테리컬했다. 버그먼에게 간통의 '주홍 글씨'를 새기려 했다. 이를테면 콜로라도의 상원의원은 버그먼을 '악의 화신'이라고 비난했다. 상대적으로 이탈리아 관객의 반응은 '희미한 미소' 같은 것이었다. 언론에서는 물론 로셀리니의 불륜을 나무랐지만, 로셀리니는

〈카사블랑카〉

이미 여성관계가 복잡한 과거가 있는 남자이고, 또 남성에게 상대적으로 관대한 문화 덕을 봤다. 두 사람은 미국도 이탈리아도 아닌 멕시코에서 결혼식을 올렸다.

사실 버그먼이 히치콕

과의 관계를 끊은 것은 배우로서는 모험이다. 최고의 활동 조건을 스스로 버린 행위다. 그런데 버그먼은 로셀리니의 영화를 봤을 때의 흥분을 잊을 수 없었다고 고백했다. 일종의 예술적 전율 같은 것인데, 그 느낌 그대로 편지를 썼다. 버그먼이 남달랐다면 성공이 어느 정도 보장된 예정된 미래보다는 설렘과 불안이 공존하는 예측할 수 없는 미래를 선택한 점이다. 바로 이런 게 스타의 예술가적 기질 혹은 운명적 전환이 아닐까? 설사 자기파기적인 결과가 생긴다 해도, 알 수 없는 세상에서 모험을 시작하는 것 말이다.

버그먼은 로셀리니를 만나 소위 '이탈리아 시대'를 열었다. 할리우드의 스타가 이탈리아 네오리얼리즘의 또 다른 상징이 된 것이다. 7년간 함께 살며 만든 로셀리니의 영화들 가운데 세 작품, 곧 〈스트롬볼리〉, 〈유럽'51〉(1952), 〈이탈리아 기행〉(1954)은 현대영화의 포문을 여는 기념비적인 작품으로 끊임없이 상찬되고 있다. 물론 버그먼이 전부 주연으로 나왔다. 말하자면 한 번도 경험하기 어려운 배우로서의 특별한 경력을 버그먼은 미국에서, 그리고 또 이탈리아에서 두 번 만들었다. 버그먼은 빠르게 두 번 산 셈이다.

The Only One
〈스트롬볼리〉

그녀는 자신을 절대 '영화배우'라고 소개하지 않았다.
그냥 '배우'라고 말했다. 영화배우는 '가짜의 가치와 선전을
위해 사는 거짓의 삶'이라고 생각했다.
말하자면 카메라 앞이 아니라, 관객과 호흡하는
무대 위의 연기에 더 큰 애정을 갖고 있었다.

불안과 우울

비비안 리
Vivien Leigh

허구 속의 캐릭터가 배우의 실제 삶에 영향을 미치는 경우가 종종 있다. 특히 강렬한 심리적 몰입이 필요한 메소드 연기자들(단지 배역을 연기하기보다 배역 그 자체가 되는 배우_편자) 사이에서 그런 일이 잦다. 이런 테마의 고전으로는 조지 쿠커의 〈이중생활〉(1947)이 꼽힌다. 셰익스피어William Shakespeare, 1564~1616의 〈오셀로〉를 연기하는 남자 배우(로널드 콜먼Ronald Colman, 1891~1958)는 공연이 장기화되면 될수록 성공에 기뻐하기는커녕 점점 불안감에 빠져든다. 자신이 오셀로처럼 변해가는 것을 느끼기 때문이다. 이러다간 자신도 사랑하는 연인을 목졸라 죽일지 모른다는 공포에 휩싸인다. 실제와 허구 사이의 '이중생활'에서 벗어나지 못하는 갈등을 그린 이 고전의 주인공처럼, 캐릭터와 거의 동화되어 성공과 불안을 동시에 경험한 대표적인 배우를 꼽자면 비비안 리1913~1967가 단연 돋보인다. 비비안 리는 영원히 하나의 캐릭터, 곧 〈욕망이라는 이름의 전차〉(1951) 속 블랑시로 살았다.

신경증에 가까운 연기

물론 많은 관객에게 비비안 리는 〈바람과 함께 사라지다〉(1939)의 스칼렛 오하라로 더 유명하다. 남부의 강인한 여성 역을 맡은 비비안 리는 당시 스물여섯 살이었는데, 뛰어난 외모와 강인한 인상으로 단숨에 할리우드의 별이 됐다. 그를 캐스팅한 감독 조지 쿠커(제작 중간에 감독은 빅터 플레밍 Victor Fleming 으로 교체된다)는 '믿을 수 없을 정도로 야성적'이라며 비비안 리의 매력을 소개하기도 했다. 사랑하고 존경하는 배우 로렌스 올리비에 Laurence Olivier, 1907~1989 를 따라 런던에서 이제 막 할리우드로 건너온 신참 배우였는데, 비비안 리는 연인보다 먼저 스타탄생의 주인공이 된 것이다.

원래 비비안 리는 런던의 연극배우였다. 셰익스피어의 주요 작품에 등장하며 경력을 쌓았고, 특히 훗날 남편이 되는 로렌스 올리비에가 연출하는 공연을 통해 연극계의 스타가 된다. 연극과는 달리 〈바람과 함께 사라지다〉의 성공에도 불구하고 영화와는 잘 섞이지 못했다. 자신을 절대 '영화배우'라고 소개하지 않았다. 그냥 '배우'라고 말했다. 영화배우는 '가짜의 가치와 선전을 위해 사는 거짓의 삶'이라고 생각했다. 말하자면 카메라 앞이 아니라, 관객과 호흡하는 무대 위의 연기에 더 큰 애정을 갖고 있었다. 〈바람과 함께 사라지다〉로 아카데미 주연상까지 받았지만, 주위사람들에겐 "더이상 영화에 출연하지 않겠다"고 말하기도 했다. 실제로 〈바람과 함께 사라지다〉 이후 비비안 리는 자신의 전성기를 열 것으로 기대됐는데, 이듬해 발표된 〈애수〉(Waterloo Bridge, 1940) 이외에는 영화사에 남을 작품을 내놓지 못하고 1940년대를 보냈다.

비비안 리는 1940년대를 런던에서 연극에 더욱 몰두한다. 셰익스피어, 버나드 쇼George Bernard Shaw, 1856~1950 같은 영국의 대표적 작가의 작품에서 올리비에 연출로, 올리비에와 공연하며 명성을 쌓았다. 이를테면 〈로미오와 줄리엣〉에서 자신은 줄리엣을, 올리비에는 연출과 로미오를 맡는 식이었다. 주로 영국의 대표작들을 연기하던 이들 부부는 1949년 테네시 윌리엄스Tennessee Williams, 1911~1983의 희곡 〈욕망이라는 이름의 전차〉를 무대에 올린다. 1947년 뉴욕에서, 엘리아 카잔Elia Kazan, 1909~2003이 연출을 맡고, 말론 브랜도Marlon Brando, 1924~2004, 제시카 텐디Jessica Tandy, 1909~1994 등이 주연한 공연으로 큰 성공을 거둔 작품이라, 어느 정도 성공이 예상됐었다. 영국에서도 인기는 대단했다. 9개월 이상 공연되며, 326회를 무대에 올렸다. 단연 주목받은 것은 블랑시를 표현하는 비비안 리의 연기력이었다. 허구의 캐릭터인 블랑시가 만약 살아 있다면 그것은 비비안 리일 것이라는 말이 자연스럽게 나왔다. 신경쇠약의 허영심 가득한 블랑시의 이미지는 비비안 리를 통해 영원히 관객의 기억 속에 각인된 것이다.

엘리아 카잔은 1951년 연극 멤버를 거의 그대로 캐스팅하여 영화 〈욕망이라는 이름의 전차〉를 만든다. 단 한명만 바꾸는데, 바로 블랑시 역의 제시카 텐디를 비비안 리로 교체했다. 아카데미 주연상을 받은 배우라는 명성이 필요했고, 리의 신경증에 가까운 연기에 더 큰 매력을 느꼈다. 영화가 시작되자마자 관객은 경악했다. 〈바람과 함께 사라지다〉의 스칼렛 오하라의 빛나던 미모는 온데간데없고, 바싹 마르고 푸석한 얼굴에 화장을 너무 짙게 발라 심지어 '불결해' 보이기도 했다. 그런데 바로 이 작품에서 비비안 리는 영화사에 오래 남을 명연기를 펼친 것이다.

영원히 '블랑시'로 살다

반쯤 미쳐 있고 반쯤 꿈꾸고 있는 블랑시는 늘 과장된 동작에, 과장된 말투를 갖고 있다. 이를 표현하는 비비안 리의 연기는 이후 모든 블랑시 역의 배우들이 참조하는 어떤 전범이 됐다. 심지어 우디 앨런Woody Allen 같은 남자 배우도 리를 흉내 냈다. 그의 SF물인 〈슬리퍼〉(1973)에서다. 200년 동안 타임캡슐에서 잠을 자다(슬리퍼) 깨어난 앨런은 미래세계에서 전제정부에 대항하는 반란군과 합류하여 자유를 되찾기 위해 싸운다. 어느 날 정신을 잃고 쓰러졌던 그는 깨어나자마자 갑자기 연극 동작을 흉내 낸다. 바로 〈욕망이라는 이름의 전차〉 속 블랑시의 대사다. "나는 늘 낯선 남자의 친절을 기다렸어요." "외관의 아름다움은 지나가는 것이에요. 찰나적이죠." 우디 앨런은 마치 비비안 리처럼 과장된 동작과 과장된 말투로 블랑시를 연기하는 것이다. 그가 비비안 리의 블랑시를 얼마나 좋아했는지 단숨에 알게 하는 장면이다.

〈바람과 함께 사라지다〉

최근작 〈블루 재스민〉(2013)에서

우디 앨런은 또다시 비비안 리에게, 그리고 원작자 테네시 윌리엄스에게 오마주를 보낸다. 주인공 재스민 역을 맡은 케이트 블란쳇Cate Blanchett을 통해서다. 역시 블랑시처럼 졸지에 쫄딱 망한 재스민은 샌프란시스코의 동생 집에 피신해 사는데, 반쯤 정신이 나가 있고, 여전히 화려한 삶을 꿈꾼다. 거의 정신을 잃고 길거리의 벤치에 앉아 혼잣말을 해대는 장면은 비비안 리에 대한 강렬한 오마주라고 봐도 좋을 순간이다. 〈블루 재스민〉에서 어떻게나 블랑시에 대한 기억을 잘 살려내는지, 만약 앨런이 젊다면, 남자임에도 불구하고 직접 블랑시 역을 연기하는 훌륭한 코미디를 한편 빚어낼 수 있을 것만 같았다.

비비안 리는 실제로 블랑시처럼 건강이 좋지 않았고, 특히 극심한 우울증을 겪었다. 할리우드에서의 영화 경력이 비교적 짧은 데는 리의 통제되지 않는 성질 때문이라는 지적도 많았다. 특히 조울증 때문에 함께 일하는 사람들을 매우 힘들게 만들었다. 게다가 폐병까지 겹쳐, 런던에서의 연극 공연도 점점 줄어들었다. 비비안 리는 결국 조울증과 폐병으로 일찍 죽었다. 쉰세 살이었다. 그의 요절에는 〈욕망이라는 이름의 전차〉 속 블랑시라는 캐릭터가 한 원인이 됐을 것이란 지적이 많았다. 블랑시를 연기하며 실제로 조울증이 더욱 깊어졌다는 것이다. 말하자면 조지 쿠커의 〈이중생활〉의 허구를 실제에서 반복한 배우가 바로 비비안 리였다. 이쯤 되면 자연이 예술을 모방한 것이다.

The Only One
〈욕망이라는 이름의 전차〉

마뇌니는 우는 연기를 아주 잘했다.
결혼을 앞둔 행복 앞에서 울고, 파시즘의 몰염치에 울고,
이에 맞서는 레지스탕스의 용기에 운다.
그리고 자신처럼 시대에 희생되는 가난한 이웃의
억울한 운명 앞에서도 설움이 복받쳐 운다.

우는 여자

안나 마냐니
Anna Magnani

안나 마냐니1908~1973는 미모가 뛰어난 배우가 아니다. 키도 큰 편이 아니며, 몸매도 결코 아름답다고는 할 수 없다. 금발의 푸른 눈도 아니다. 말하자면 배우가 되기에는, 특히 주연배우가 되기에는 별로 유리한 조건을 갖고 있지 않았다. 그런데 마냐니는 전후 이탈리아 네오리얼리즘의 아이콘으로 우뚝 섰다. 로베르토 로셀리니의 〈무방비 도시〉(1945)를 통해서다. 마냐니는 여기서 파시즘에 희생되는 이탈리아의 하층민 피나 역을 맡았다. 악으로 변한 권력, 이에 맞서는 가난하지만 올곧은 여성을 연기하며 마냐니는 이탈리아 관객은 물론, 전세계 관객으로부터 강한 연민을 끌어냈다. 마냐니는 결국에는 희생되고야 마는 하층민의 억울한 운명을 천성처럼 연기했던 것이다.

로베르토 로셀리니와 함께 스타로 등극

마냐니의 개성은 먼저 용기로 기억된다. 그녀의 강렬한 눈빛은 겁 없는 여장부의 성격을 각인하는 것이었다. 하지만 마냐니가 스타로 평가된다면, 그건

〈무방비 도시〉

용기 같은 특별한 미덕을 가져서라기보다는 〈무방비 도시〉의 피나처럼 동정심의 대상이기 때문일 터다. 마냐니는 우는 연기를 아주 잘했다. 결혼을 앞둔 행복 앞에서 울고, 파시즘의 몰염치에 울고, 이에 맞서는 레지스탕스의 용기에 운다. 그리고 자신처럼 시대에 희생되는 가난한 이웃의 억울한 운명 앞에서도 설움이 복받쳐 운다. 사실 이건 연기라기보다는 자연스럽게 흘러내리는 감정의 결과처럼 보였다. 편집 없이 하나의 숏 안에서 금세 눈물이 그렁그렁해지는 얼굴로 변하는 마냐니의 모습은 현실이지 허구로는 보이지 않았다. 마냐니가 남다른 사랑을 받았다면 바로 이렇게 자신은 물론 타인의 행복에, 또 고통에 함께 우는 맑은 동정심을 표현할 줄 알아서일 것이다.

마냐니는 실제로 하층민 출신이다. 미혼모의 딸인데, 그래서 부친은 보지도 못했다. 모친은 갓 태어난 딸을 외갓집에 맡겨버렸고, 마냐니는 사실상 고아나 다름없는 신세가 됐다. 외갓집도 사정이 좋지 않아 마냐니를 남들처럼 교육시키지 못했다. 외할머니는 마냐니를 프랑스 수녀들이 운영하는 기숙학교에 보냈다. 이곳에서 그녀는 프랑스어와 피아노 연주를 배웠고, 피아노를 치며 프랑스 샹송을 곧잘 불렀다. 이것이 마냐니에게는 삶의 나침반이 됐다. 마냐니는 10대 후반에 연기 교육을 제대로 받기 위해 로마의 드라마학교에 등록했다. 그런데 마냐니는 스스로 돈을 벌어야 했다. 밤에는 카바레에서 에디트 피아프Edith Piaf, 1915~1963의 노래를 부르고, 낮에는 학교에 다녔다. 얼마나 노래를 잘했던지 '이탈리아의 에디트 피아프'라는 별명을 얻었다. 공연계에 그녀의 이름이 서서히 알려지기 시작했던 것이다.

출세작 〈무방비 도시〉에 출연할 때 마냐니는 서른일곱 살이었다. 영화배우로는 대단히 늦은 편이다. 따지고 보면 외모 탓이 컸다. 파시스트 정부는 빛나는 외모를 가진 여성을 이탈리아의 모델로 제시하고 싶어 했다. 파시즘 시절 영화에는 유독 여신 같은 배우들이 많았다. 영화가 정치적 선전 도구로 이용될 때였고, 이런 문화는 마냐니에겐 불리했다. 단역과 조연을 주로 맡던 마냐니는 전쟁이 끝나자마자 네오리얼리즘의 꽃으로 대접받기 시작했다.

〈무방비 도시〉를 통해 로셀리니와 마냐니는 세계의 주목을 받는 영화인으로 성장했다. 두 사람은 당시에 연인 사이였다. 이들의 두 번째 합작품이 〈사랑〉(1948)이다. 이 영화는 두개의 에피소드, 곧 '사람의 목소리'와 '기적'으로 구성돼 있다. 그런데 장 콕토Jean Cocteau, 1889~1963 원작을 각색한 '사람의 목소리'는 마냐니 혼자 연인의 마지막 전화통을 붙들고 끊지 말라고 애원하는 내용이 전부이다. 버림받는 것에 대한 두려움과 미래에 대한 작은 희망이 극심하게 교차하는 심리극인데, 마냐니는 자칫 부담이 될 수 있는 드라마를 능수능란하게 끌어간다. 세계의 모든 영화인들이 마냐니의 연기에 압도당한 것은 물론이다.

테네시 윌리엄스, 마냐니를 위해 쓰다

로셀리니와 마냐니는 두 천재의 만남처럼 보였다. 그것은 동시에 네오리얼리즘의 보석 같은 순간이기도 했다. 이 관계는 잉그리드 버그먼의 출현으로 깨진다. 그 유명한 로셀리니와 버그먼의 연애사건이 이때 벌어진다. 로셀리니는 버그먼의 곁으로 가버렸고, 혼자 남은 마냐니는 자칫 슬럼프에 빠질 수 있었을 텐데, 자신의 성격처럼 더욱 활달하게 영화에 몰두한다. 그리고 약간의 행운도 찾아온다.

이때 마냐니의 버팀목이 된 감독이 루키노 비스콘티다. 〈벨리시마〉(1951)를 통해 자식의 성공을 위해 물불 가리지 않는 이탈리아 여성의 전형을 그려냈다. 곧이어 비스콘티와는 에피소드영화인 〈우리는 여자다〉(1953)에서 다시 만난다. 당시에 비스콘티와 친하게 지내던 작가가 테네시 윌리엄스다. 그는 미국 내의 매카시즘 때문에 사실상 이탈리아로 피신해 있었고, 좌파감독 비스콘티를 만나 드라마 작업을 이어갈 수 있었다. 비스콘티의 〈센소〉(1954)에서 대사를 정리한 작가가 테네시 윌리엄스였다.

테네시 윌리엄스가 반한 배우가 바로 안나 마냐니다. 윌리엄스는 강인함과 연약함을 동시에 표현하는 마냐니의 연기에 압도당했다. 윌리엄스가 오로지 마냐니를 염두에 두고 쓴 드라마가 〈장미문신〉(1951)이다. 마냐니는 매일 영어로 연기하는 연극에는 부담을 느꼈고, 이것이 영화화될 때(1955) 출연했다. 〈장미문신〉은 미국 남부 루이지애나의 이탈리아 이주민 마을을 배경으로 전

〈장미문신〉

개되는 일종의 '종족 드라마'(Ethnic Drama)이다. 시칠리아의 전통적인 여성인 세라피나 델레 로제 역을 맡은 마냐니는 과부가 된 뒤에도 여성의 순결을 강조하며 자신은 물론, 딸의

교제까지 한사코 막으려고 한다. 이때 그녀 앞에 나타난 신체 좋은 이탈리아 이주민 트럭 운전사가 버트 랭커스터[Burt Lancaster, 1913~1994]다. 이탈리아 사람의 열정을 생생하게 표현한 이 작품으로 마냐니는 아카데미 주연상을 받았다.

할리우드의 주목을 받은 마냐니는 여성의 심리묘사에 발군인 조지 쿠커 감독의 〈바람은 강하게 불고〉(Wild Is the Wind, 1957)에 출연하며 베를린영화제에서 주연상을 받았다. 곧이어 테네시 윌리엄스와 다시 손을 잡고, 시드니 루멧[Sidney Lumet, 1924~2011] 감독의 〈도망자〉(The Fugitive Kind, 1959)에서 젊은 말론 브랜도의 나이 든 연인으로 나왔다. 역시 이탈리아 이주민 여성인데, 성적 에너지가 폭발할 것 같은 브랜도와의 위험한 사랑을 마다하지 않는 역할이다. 40대 후반 이후의 이때가 마냐니 경력의 절정이었다.

훌륭한 배우는 타인의 고통을 연기를 통해 공감케 한다. 이것도 특별한 재능으로, 아무나 할 수 있는 게 아니다. 그런데 마냐니의 연기에는 고통의 상처가 생생하게 새겨져 있는 것 같다. 연기라기보다는 현실처럼 보이는 것이다. 그래서 마냐니가 울 때, 관객은 더 위로받는다. 그녀의 삶 자체가 연기가 된 것이고, 타고난 배우란 이런 경우에 해당될 것이다.

The Only One
〈무방비 도시〉

Chapter 2

관능의 시대

1950년대

발군의 금발 외모를 자랑하던 처녀가 어느덧 중년에 접어들어
또 다른 내면에 숨어 있던 비극의 정서를 막 끄집어 낼 때,
먼로의 삶은 끝나고 말았다. 유아기와 성장기 때의
슬픔과 어둠이 연기로 더욱 승화될 수 있었을 텐데,
그것은 관객의 상상 속에 남겨 놓았다.

세상에서 가장 아름답고,
가장 슬픈 여자

마릴린 먼로
Marilyn Monroe

마릴린 먼로¹⁹²⁶~¹⁹⁶²의 마지막 작품은 존 휴스턴 감독의 〈어울리지 않는 사람들〉(The Misfits, 1961)이다. 시카고 출신의 로슬린(마릴린 먼로)은 빠르고 쉽게 이혼하기 위해 네바다주의 리노(Reno)에 막 도착했다. 그녀는 첫 결혼에 실패했고, 지겨운 이 관계를 어서 끝내고 싶어 한다. 그런데 로슬린은 법원에서 이혼신고를 하고 나오자마자 또 다시 세 남자를 만난다. 이들은 모두 카우보이 같은 삶을 즐기는 서부 사나이들이다. 세련된 도시 여성과 황야의 거친 남성들 사이의 '어울리지 않는'(misfits) 관계가 시작되는 것이다. 남성들의 리더인 게이(클라크 게이블)는 로슬린의 마음을 사로잡는 날 이런 고백을 한다. "당신은 내가 만난 여성 중 가장 아름답소. 그리고 내가 만난 여성 중 가장 슬프기도 하오." 눈부시게 아름다운 외모 속에 숨어 있는 로슬린의 슬픈 내면을 읽은 대사인데, 이 말처럼 마릴린 먼로의 캐릭터를 압축하는 표현도 드물 것이다.

〈7년만의 외출〉

아서 밀러의 마릴린 먼로 초상화

〈어울리지 않는 사람들〉의 원작은 아서 밀러Arthur Miller, 1915~2005가 썼다. 먼로의 세 번째 남편이자, 마지막 남편이다. 당대 최고급의 작가인 밀러와의 불같은 사랑도 영화 촬영 당시는 이미 식어 남이나 다름없는 사이가 됐다. 하지만 영화 속 로슬린의 결혼 실패와 이혼 과정, 그리고 또 다른 남성편력은 현실의 마릴린을 떠오르게 했다. 한 눈에 남자들의 혼을 빼는 타고난 외모, 너무 빼어난 외모 탓인지 늘 이해 받지 못한 외로움, 남자들의 손아귀에서 벗어나 항상 자유롭고 싶어 했던 강한 개성, 그리고 이런 것들이 이유가 된 예정된 이별 혹은 버림받음 같은 마릴린의 삶이 로슬린이라는 인물 속에 고스란히 투영돼 있다. 말하자면 〈어울리지 않는 사람들〉은 아서 밀러가 쓴 마릴린 먼로의 초상화이다. 눈부시게 아

〈어울리지 않는 사람들〉

름다운 외모 속에 깨어질 것처럼 예민한 내면이 각인돼 있다. 당시 먼로는 초창기의 인형 같은 연기패턴을 버리고 메소드 연기를 펼치고 있을 때인데, 자신이 그렇게도 원했던 진지한 캐릭터와 진지한 연기는 〈어울리지 않는 사람들〉에서 드디어 절정의 한 순간에 도달했다.

　하지만 알다시피 이 작품은 먼로의 '백조의 노래'가 되고 말았다. 젊은 시절의 '섹스 심벌'이 이제야 진정한 배우로 거듭나는 전기(轉機)를 맞았지만, 먼로는 더 이상 영화를 발표하지 못했다. 먼로는 1962년 존 F. 케네디의 생일축하 노래를 부른 뒤, 그해 여름에 죽고 말았다(약물 과용, 자살 등 여러 이유가 제기됐다). 〈어울리지 않는 사람들〉은 이상한 기억을 몇 개 더 남겼는데, 이 영화는 '전설' 클라크 게이블에게도 마지막 영화였다. 그는 개봉도 보지 못하고 죽었다. 돌이켜보니 이 영화에서 두 전설이 마지막 예술혼을 불태운 것이 됐다. 그리고 먼로와 밀러 부부는 이 영화를 끝으로 정식으로 이혼했다.

　먼로는 흔히 백치미의 전범으로 소개됐다. 소위 '멍청한 금발'의 상징이다. 이런 개성을 성격화시켜 할리우드의 스타로 만든 감독은 하워드 혹스다. 단역, 조역이던 먼로를 주역으로 발탁하여 그녀를 하룻밤에 스타로 만든 작품이 바로 〈신사는 금발을 좋아해〉(1953)이다. 엄격히 말하면 '투 톱' 배역인데,

제인 러셀Jane Russell, 1921~2011과 공동 주연을 맡았다. 여기서 카바레 가수인 먼로의 목표는 오직 백만장자와 결혼하는 것이다. 먼로는 아기처럼 혀 짧은 소리로 대사를 말하고, 입술은 늘 약간 벌리고 있고, 보석을 보면 정신을 못 차리는 '멍청이'로 나온다. 혹스가 당시 배금주의로 치닫던 미국 사회를 풍자하기 위해 설정한 과장된 캐릭터이다. 황금이든 금발이든 그것은 모두 배금주의의 상징이었다.

그런데 먼로는 그 역할을 너무 잘 했다. 그렇게 섹시하고, 또 그렇게 멍청할 수가 없었다. 큰 눈과 번쩍이는 금발, 그리고 도발적인 몸매에서 나오는 '위험한' 걸음걸이 등 카메라 앞에 나타나는 매순간이 감탄의 대상이었다. 노래와 춤도 일품이었는데, 그것도 여간 섹시하지 않았다. 〈신사는 금발을 좋아해〉에서의 천연덕스러운 연기 덕택에 먼로는 단숨에 남성 판타지의 최고의 대상이 됐는데, 동시에 바로 그 역 때문에 먼로는 평생 '멍청이' 역의 올가미에 발목이 잡혀버렸다.

빌리 와일더 감독의 〈7년만의 외출〉(1955)은 먼로에 대한 이런 남성 판타지를 이용한 작품이다. 결혼 7년 된 유부남이 있다. 만약 가족들이 전부 휴가를 가서 그 혼자 도시에 남았는데, 마릴린 먼로 같은 섹시하고 멍청한 금발 여성이 나타나면 어떤 일이 벌어질까를 상상한 코미디다. 먼로는 여기서 먼로를 연기한다. 곧 남자들이 원하는 '그 먼로'를 먼로 자신이 연기하는 것이다.

〈7년만의 외출〉은 먼로의 스타성에 관한 영화, 곧 메타시네마이다. 자신의 스크린 캐릭터를 자기 스스로 연기하는 이 영화가 나올 때가 말하자면 먼로의 최고 전성기이다. 스물아홉 살 때다.

'금발의 백치', 하워드 혹스의 캐릭터

먼로의 불행한 출생과 성장기는 너무나 유명한 이야기다. 짧게 소개하면, 컬럼비아 영화사에서 일하던 모친의 두 번째 남편의 딸이다. 그런데 그 남자는 먼로가 아직 태어나기도 전에 떠나버렸다. 먼로는 누가 부친인지도 모른다. 모친의 부양능력 부족과 정신적 질환 때문에 먼로는 출생 몇 주 만에 위탁가정에 넘겨진다. 일곱 살 즈음 처음으로 모친과 합류했지만, 얼마 뒤 모친이 정신병원에 입원하는 바람에 그것도 짧게 끝나고 말았다. 그리고는 이 집 저 집에 맡겨지는 신세가 됐다. 아홉 살 때부터는 고아원에서 자랐다. 전쟁 중인 1942년 양부모가 동부로 이사를 가는 바람에, 열여섯 살인 그녀는 다시 고아원에 가게 됐는데, 그것이 싫어 그때 첫 결혼을 했다. 여전히 가난했고, 군수공장에서 일했다. 그런데 그때부터 이미 미모가 가난한 옷을 뚫고 나왔다. 사진작가들의 눈에 띄어, 전장의 군인들을 위한 핀업 걸 모델이 됐다. 이때 갈색 머리칼도 금발로 염색했다. 당시에 찍었던 누드 사진들이 훗날 플레이보이 잡지에도 소개됐고, 지금까지도 종종 재발견되며 공개되고 있다.

영화배우로의 가능성을 처음 주목한 감독은 운명적이게도 마지막 작품의 감독이기도한 존 휴스턴이다. 필름 누아르 〈아스팔트 정글〉(1950)에서 먼로는 범죄에 관련된 돈 많은 변호사의 젊은 애인으로 잠깐 나온다. 곧 이어 조셉 맨케비츠Joseph L. Mankiewicz, 1909~1993의 〈이브의 모든 것〉(1950)에서 영향력 있는 연극비평가(조지 샌더스George Sanders, 1906~1972)의 젊은 애인으로 또 짧게 나온다. 두

작품 모두에서 먼로는 짧게 등장
했지만, 범죄적이고 도발적인 미모
는 충분히 발휘됐다. 여기서의 이
미지 덕분에 먼로는 필름누아르
〈나이아가라〉(1953)에서 팜므파탈
로 출연한다. 핑크색, 붉은색의 몸
에 끼는 드레스를 입고 길을 걷는
먼로의 관능적인 뒷모습은 반복됐
고, 이 영화를 통해 '먼로의 걸음'
(Monroe Walk)은 관객의 눈을 사로
잡았다. 먼로가 스타로 발돋움하는
발판을 마련한 것이다.

　먼로는 '금발의 백치'로 굳어지는 자신의 이미지를 아주 싫어했다. 그래서
뉴욕의 '액터스 스튜디오'(Actor's Studio)에서 메소드 연기를 배웠다. 그것의
본격적인 첫 작품이 조슈아 로건 Joshua Logan, 1908~1988 감독의 〈버스 정류장〉(1956)
이다. 먼로는 새로운 도전에 나섰지만, 관객들은 과거와 다른 모습에 당황했
다. 그 즈음 먼로는 아서 밀러라는 당대 최고급의 작가를 만나, '지적'인 세계
와 교류했고, 본격적인 변화를 시도했다. 하지만 계속 들어온 시나리오는 '멍
청한 금발'이었다. 〈7년만의 외출〉을 감독했던 빌리 와일더를 다시 만나, 또
연기한 '금발'이 〈뜨거운 것이 좋아〉(1959)다. 자신은 억지로 이 영화에 나왔
지만(특히 돈이 필요해서), 〈뜨거운 것이 좋아〉에는 그동안 코미디 연기로 성장
한 먼로의 매력이 종합돼 있다. 여전히 관능적이고, 노래와 춤에서도 발군이
고, 멍청한 금발 연기는 압도적이고, 범죄적 일탈에의 매혹은 스릴을 느끼게
했다. 많은 영화인들이 먼로의 최고작으로 〈뜨거운 것이 좋아〉를 꼽는 이유

일 테다.

　아마 먼로의 '금발' 이미지에만 익숙한 관객이라면 마지막 작품인 〈어울리지 않는 사람들〉의 변신이 약간 낯설 수 있다. 여기서 먼로는 코미디 배우의 매력도 여전히 뽐내지만, 심리 드라마의 캐릭터를 연기하는데 더욱 완숙한 솜씨를 보여준다. 얼굴에 수심이 가득한 멜랑콜리의 분위기는 마치 곧 다가올 운명을 예견한 것 같다. 발군의 금발 외모를 자랑하던 처녀가 어느덧 중년에 접어들어, 또 다른 내면에 숨어 있던 비극의 정서를 막 끄집어 낼 때, 먼로의 삶은 끝나고 말았다. 유아기와 성장기 때의 슬픔과 어둠이 연기로 더욱 승화될 수 있었을 텐데, 그것은 관객의 상상 속에 남겨 놓았다. 어쩌면 그런 미완성이 스타의 신화를 더욱 영원에 가깝게 만드는 것 같다.

The Only One
〈뜨거운 것이 좋아〉

가드너는 할리우드의 전통적인 여성 이미지와 대척점에 선
인물로 사랑을, 또 보기에 따라서는 차별을 받았다.
순응적인 여성과는 다르기 때문에 매력적이었고,
바로 그런 이유로 거부되기도 했다.

아프리카의 밤과
이국정서

에바 가드너
Ava Gardner

에바 가드너[1922~1990]는 팜므파탈로 등장했다. 필름누아르의 고전인 〈살인자들〉(감독 로버트 시오드막[Robert Siodmak, 1900~1973], 1946)을 통해서다. 가드너는 순진한 청년 버트 랭커스터를 죽음의 구렁텅이로 몰아넣는 치명적인 매력을 지닌 여성으로 나왔다. 라틴 여성 같은 열정, 너무나 완벽하게 잘생긴 얼굴, 군살 없는 몸매, 허스키한 목소리 그리고 범죄의 어둠에 그늘진 인상까지, 가드너는 필름누아르를 위해 태어난 배우처럼 보였다. 그 인상이 강렬해서인지 가드너는 이후에도 주로 '일탈한' 혹은 '다른' 여성을 연기하며 경력을 쌓았다. 가드너의 스타 이미지는 미국이 아닌 곳, 이를테면 아프리카, 멕시코 같은 '다른' 지역을 배경으로 할 때 더욱 돋보였다.

헤밍웨이와의 인연

가드너에게는 헤밍웨이[Ernest Hemingway, 1899~1961]가 행운의 길잡이였다. 단역으로 떠돌던 가드너를 배우로 각인시켜준 작품인 〈살인자들〉은 헤밍웨이의 단편

이었고, 그녀를 대중적인 스타로 주목받게 한 작품도 헤밍웨이의 소설을 각색
한 〈킬리만자로의 눈〉(1952)이었다. 헤밍웨이의 작품 속 분신인 작가 해리(그레
고리 펙Gregory Peck, 1916~2003)가 파리의 재즈클럽 바닥에 혼자 앉아 담배를 피우려
고 할 때, 그 담뱃불을 빌리려고 옆에서 얼굴을 내미는 신시아(에바 가드너)의
클로즈업은 외국 또는 외지에서의 설렘으로 기대할 수 있는 '다른' 사랑의 표
상이었다. 가드너는 자유분방하고, 모험심 많고, 성적 매력도 넘쳐 보였다. 아
마 많은 관객이 이때 가드너의 모습에 반했을 것 같다(히치콕의 1954년 작품 〈이
창〉에서 그레이스 켈리가 잠자고 있는 제임스 스튜어트James Stewart, 1908~1997에게 키스하
며 화면에 처음 등장하는 클로즈업 장면은 이 영화를 참조한 것으로 짐작된다). 감독
헨리 킹Henry King, 1886~1992은 가드너의 예리한 얼굴선을 강조한 프로필 클로즈업
으로 단숨에 그녀의 매력을 포착한 것이다.

　그레고리 펙과 에바 가드너의 스크린 커플은 시오드막이 〈살인자들〉의 성
공 이후, 가드너를 다시 기용한 〈위대한 범죄자〉(The Great Sinner, 1949)에서

처음 인연을 맺었다. 도스토예프스키Fyodor Mikhailovich Dostoevskii, 1821~1882의 〈도박꾼〉을 각색한 영화인데, 여기서 펙은 역시 도스토예프스키의 분신인 작가로, 그리고 가드너는 러시아 장군의 딸이자 도박중독자로 나온다. 말하자면 가드너는 러시아라는 이국의 여성이자 도박꾼이라는 일탈의 이미지로 경력을 쌓아가고 있었다. 이후 가드너는 미국의 표준적인 백인 여성으로 나와서 큰 인상을 남긴 경우는 거의 없다. 늘 이렇게 외국에서 혹은 바깥에서, 다른 이미지로 등장할 때 더 큰 사랑을 받았다.

〈킬리만자로의 눈〉은 아프리카에서의 현지 촬영으로도 유명하다. 실제로 헤밍웨이가 사파리 사냥을 좋아했고, 영화는 작가의 생생한 경험을 표현해놓았다. 가드너가 카키색 사냥복을 입고 초원과 밀림에 서 있을 때, 그곳이 그녀에겐 미국의 대도시보다 훨씬 더 어울려 보였다. 자연스럽고, 그래서 간혹 야만적이고, 무엇보다도 성적 에너지가 넘쳤다. 헤밍웨이의 작품에 연속해서 출연하며 가드너는 실제로 그와 친분을 트기 시작했다.

〈킬리만자로의 눈〉은 헤밍웨이의 취향에 따라 아프리카, 프랑스, 스페인 등을 배경 삼아 촬영됐다. 반면에 존 포드의 〈모감보〉(1953)는 전적으로 아프리카에서만 진행된다. 사파리 사냥 사업을 하는 남자(클라크 게이블), 부자 추장을 찾아 그곳에 도착한 과거가 수상한 여성(에바 가드너), 그리고 인류학자의 아내인 순진한 여성(그레이스 켈리) 사이의 삼각관계를 다룬다. 마초맨인 게이블을 가운데 놓고, 가드너와 켈리는 당대의 표현을 쓰면 라틴계 백인/순수 백인, 경험 많은/순결한, 야만적인/우아한, 육체적/정신적 등의 이항대립으로 비교된다.

배우의 비중을 놓고 보자면 이 영화는 게이블과 가드너 사이의 모험으로 예상됐는데, 영화는 사실 신인배우 켈리(그녀의 데뷔작)의 등장을 알리는 작품이 됐다. 이야기가 진행될수록 켈리의 순수한 이미지가 더 커 보였다. 아마 그래서 가드너는 포드에 대해 별로 좋은 감정을 갖고 있지 않은 듯하다. 훗날 포드를 가리켜 "지상에서 가장 비열하고 완전한 악당인데, 하지만 숭배한다"라고 말했다. 〈모감보〉에서 창백한 피부를 가진 그레이스 켈리와 비교되면서, 가드너의 이국적인 이미지는 더욱 굳어졌다. 가드너는 '아프리카의 밤'과 어울리는 스타로 자리를 잡았다.

〈킬리만자로의 눈〉

존 포드와 존 휴스턴

가드너가 자주 들은 질문은 스페인계냐는 것이다. 멀리 거슬러 올라가면 그런 혈통을 찾을 수 있을지 몰라도 가드너는 남부의 평범한 미국인의 딸로 태어났다. 부모는 목화와 담배 밭에서 일하는 가난한 농부였다. 가드너는 7남매의 막내였고, 아버지의 특별한 사랑을 받으며 자랐다. 열여섯 살 때 아버지가 죽은 뒤 가드너는 자기 앞길을 스스로 헤쳐 나가야 했다. 뉴욕에 사는 언니 집에 놀러갔다가, 사진작가였던 형부의 권유로 얼굴 사진을 몇 장 찍었다. 형부는 그 사진을 윈도에 전시했고, 가드너의 빛나는 외모는 곧 할리우드 에이전트의 눈에 띄었다.

시오드막 감독에 의해 주목받기 시작한 가드너는 1950년대 들어 자신의 전성기를 열었다. 대부분 이국정서를 자극하는 캐릭터로 나온 작품에서다. 〈쇼 보트〉(감독 조지 시드니George Sidney, 1916~2002, 1951)에선 흑인 피가 섞인 인물로, 〈맨발의 백작부인〉(감독 조셉 맨케비츠, 1954)에선 스페인의 집시 여인으로, 〈보와니

분기점〉(감독 조지 쿠커, 1956)에선 영국과 인도의 혼혈 여성으로 등장했다. 헤
밍웨이 작품에 세 번째로 출연한 〈태양은 다시 떠오른다〉(감독 헨리 킹, 1957)
는 스페인에서 주로 촬영됐는데, 가드너는 헤밍웨이의 영화 속 분신인 제이크
반스(타이론 파워Tyrone Power, 1914~1958)의 색기 넘치는 파트너로 나왔다. 이 영화를
마친 뒤, 가드너는 당시의 남편이었던 프랭크 시내트라Frank Sinatra, 1915~1998와 이
혼했다. 그러고는 헤밍웨이가 있는 스페인으로 떠났다. 두 사람은 자주 대중
에게 목격됐는데, 하지만 늘 서로를 친구로 소개했다.

　40대 이후, 곧 여배우로서 주연의 자리에서 내려올 때, 가드너가 만난 감독
이 존 휴스턴이다. 멕시코의 아름다운 해변을 배경으로 현지 청년들과 자유분
방한 관계를 맺는 〈이구아나의 밤〉(1964)은 가드너의 이국정서 캐릭터가 없었
다면 외설로 폄하됐을지도 모른다. 휴스턴 특유의 위험한 윤리의 드라마는 가
드너의 이국적인 캐릭터에 의해 큰 매력을 발휘할 수 있었다. 두 사람의 협업
은 〈천지창조〉(1966), 〈법과 질서〉(1972)로 이어졌다.

　에바 가드너는 할리우드의 전통적인 여성 이미지와 대척점에 선 인물로 사
랑을, 또 보기에 따라서는 차별을 받았다. 순응적인 여성과는 다르기 때문에
매력적이었고, 바로 그런 이유로 거부되기도 했다. 하지만 가드너가 영화사에
남아 있는 것은 바로 그 다름의 매력이 더 크기 때문일 터다.

The Only One
〈살인자들〉

라나 터너는 실제에서도 스크린에서도 스캔들을 일으키는
스타였다. 남달랐다면 두 개의 삶이 영화로 종합된 점이다.
스캔들을 숨기기보다는 스크린으로 끌어와
자신의 캐릭터를 더욱 선명하게 만들었다.

스캔들과 스크린 사이

라나 터너
Lana Turner

라나 터너[1921~1995]는 1940년대 전쟁 중에 가장 인기 있던 핀업 걸이었다. 이때는 관능미보다는 금발의 건강하고 예쁜 이미지가 더욱 강했다. 특히 클라크 게이블의 어린 파트너로 출연하며 만인의 상상 속 연인, 혹은 여동생으로 자리 잡았다. 하지만 이런 이미지가 반복됐다. 터너는 '예쁜 이미지'를 중단하고 다른 역을 하고 싶었다. 제작자들의 한결같은 대답은 "이 영화만 우선 마치고" 였다. 덕분에 돈은 제법 벌었지만 '배우'라기보다는 할리우드에 이용되는 인형 같았다. 변하기 위해 안간힘을 쓸 때 발표된 작품이 바로 필름누아르의 걸작인 〈포스트맨은 벨을 두 번 울린다〉(감독 테이 가넷[Tay Garnett, 1894~1977], 1946)이다.

필름누아르의 팜므파탈

전쟁 이후 할리우드에서 가장 인기 있던 배우들은 대개 필름누아르의 팜므파탈들이었다. 〈이중배상〉(1944)의 바버라 스탠윅, 〈길다〉(1946)의 리타 헤이워스 그리고 라나 터너 등이 그 주인공들이다. 세 배우 모두 남자들을 적극적으

〈포스트맨은 벨을 두 번 울린다〉

로 유혹하여, 결국 파탄에 빠뜨리는 범죄여성의 전형을 보여주었다. 〈이중배상〉에서 스탠윅이 젖은 머리칼의 모습으로 이층에서 처음 등장할 때, 〈길다〉에서 헤이워스가 긴 머리칼을 뒤로 젖히며 남자를 처다볼 때의 클로즈업 장면은 그대로 필름누아르의 명장면으로 남아 있다.

라나 터너의 등장도 그들만큼 극적이었다. 마치 여왕거미처럼 부랑자 프랭크(존 가필드 John Garfield, 1913~1952)를 보자마자 꼼짝 못하게 만들었다. 프랭크의 발앞으로 립스틱 통이 굴러온다(사실은 일부러 굴린 것). 그걸 주운 남자 앞에, 짧은 흰색 바지와 짧은 흰색 상의 그리고 머리에 흰색 터번을 두른 여성이 문틀을 마치 액자처럼 두르고 서 있다. 그 순간 가필드는 터너의 포로가 된다. 립스틱을 돌려받은 그녀는 넋이 나간 남자 앞에서, 얼굴을 들고 보란 듯 입술에 립스틱을 다시 바른다. 그 동작이 대단히 성적인 것은 다들 알 것이다.

사실 터너는 게이블과 1930년대에 스크린 속 연인으로 유명했던 진 할로가 요절하는 바람에 그녀의 대타로 영화계에 입문할 수 있었다. 그래서 게이블과 협연도 하고 염문도 뿌렸다(노이즈 마케팅 전략도 포함됐을 것). 그런데 행운은 기대만큼 일찍 오지 않았고, 거의 10년이 지난 뒤에야 터너는 할로에 맞먹는 스타의 자리에 오른 것이다.

　라나 터너는 눈부신 금발, 쏘아보는 강렬한 눈빛 그리고 약간 두터운 입술로 자신의 관능미를 뽐냈다. 이런 이미지는 사실 1930년대에 진 할로가 각인한 것이다. 아마 할리우드가 늘 소유하고 싶어 하는 백인 여성의 이미지일 것이다. '금발의 폭탄' 같은 이미지는 이후 마릴린 먼로, 킴 노박 등으로 계속 이어진다. 마틴 스코시즈Martin Scorsese가 〈분노의 주먹〉(1980)에서 주인공 로버트 드니로Robert De Niro의 상대역인 캐시 모리아티Cathy Moriarty에게 요구한 것도 바로 라나 터너와 같은 도발적인 금발 여성이었다. 스크린에서 남자들을 한눈에 사로잡을 것 같은 터너는 실제 삶에서도 마치 자동차를 바꾸듯 남자들을 자주 바꾸며 살았다. 모두 여덟 번 결혼했다.

돈과 살인사건

터너의 데뷔는 할리우드의 유명한 전설이다. 소위 길거리 캐스팅의 주인공이다. 열여섯 살 때 학교를 빼먹고 할리우드의 선셋대로 근처에서 아이스크림을 사먹다 영화인의 눈에 띄어 오디션까지 본다. 진 할로가 죽은 지 6개월 정도 지났을 때였다. 머빈 르로이Mervyn LeRoy, 1900~1987 감독은 터너에게서 할로의 이미지를 읽었고, 곧바로 캐스팅하여 〈그들은 잊지 않을 것이다〉(They Won't Forget, 1937)에 출연시켰다. 이것이 터너의 데뷔작이다. 이때 터너는 이미 열여섯 살이라는 나이가 믿어지지 않을 정도로 성숙한 몸매를 갖고 있었다.

　길거리 캐스팅의 장본인들이 대개 그렇듯, 터너의 성장환경도 좋지 않았다.

터너가 태어날 때 부친은 열여덟 살, 모친은 열여섯 살, 10대들이었다. 광부였던 부친은 가난에서 벗어나지 못했고, 도박에 손을 대던 중, 어느 날 목돈을 쥐었을 때 강도들에게 붙잡혀 불행하게 살해되고 말았다. 말하자면 성장기 때 터너는 '살인'이라는 사건을 경험했는데, 범죄영화에서의 불안한 눈빛은 이런 경험과 결코 무관치 않을 것 같다. 터너는 흥행 배우가 된 덕분에 큰돈을 벌었지만, 부친의 불행에 따른 '돈과 살인'이라는 기억은 그녀의 삶에서 지울 수 없는 자국이 된다.

〈포스트맨은 벨을 두 번 울린다〉의 성공을 뒤로하고 30대가 됐을 때 터너의 인기도 약간 시들했는데, 빈센트 미넬리를 만나 〈악당과 미녀〉(The Bad and the Beautiful, 1952)에 출연하며 자신의 경력을 더욱 발전시킬 수 있었다. 영화의 반영성을 말할 때면 빠지지 않고 거론되는 이 작품에서 터너는 어느 날 갑자기 스타가 되는 배우 역을 맡았다. 격정적인 성격에 알코올중독의 위태로운 삶 그리고 약간 삶을 포기한 듯한 퇴폐적인 태도에서 터너의 매력이 돋보이는 작품이다. 흐트러져 있고 제멋대로 행동하는 터너의 모습에서, 많은 관객은 그녀의 실제 삶의 태도를 상상하기도 했다.

스타로서의 명성만큼이나 그녀에 대한 추문도 끊이지 않고 터졌다. 결혼하고 이혼하고, 또 남자들에게 돈만 뺏기고 버림받고 하는 볼썽사나운 일이 반복될 때 벌어진 게 '스톰파나토 살인사건'이다. 터너의 애인인 조니 스톰파나토가 터너의 열네 살 딸이 찌른 칼에 맞아 살해된 것이다. 스톰파나토는 마피아인데, 10대 소녀의 칼에 찔려 죽은 게 의문투성이였지만, 재판 결과는 딸의 정당방위였다. 자주 싸웠던 두 연인은 그날도 심한 말다툼을 벌였고, 딸이 보기엔 엄마가 죽을 것 같아 칼을 들고 덤볐다는 것이다.

 이쯤 되면 보통 배우는 경력이 끝난다. 스타는 갱스터와 연인 사이였고, 또 딸은 칼을 휘둘렀으니, 라나 터너의 이름에선 불쾌감을 느낄 것 같다. 그 딸은 또 터너의 새 남편들과도 확인되지 않는 추문을 퍼뜨리기도 했다. 이런 모든 사적인 배경을 영화 캐릭터의 특성으로 이용한 게, 더글러스 서크의 멜로드라마 걸작인 〈슬픔은 그대 가슴에〉(1959)이다. 터너는 실제의 그녀처럼 여기서 딸을 키우는 싱글맘에, 스타로의 꿈을 키우는 억척 여성으로 나온다. 그 딸도 실제의 딸처럼 10대가 되자 엄마의 애인들과 비밀스런 관계를 만들고, 사사건건 엄마와 부딪친다. 미국 사회에서 여성이 경력을 쌓아가는 게 얼마나 힘든 일인지를 잘 보여준 이 여성영화의 성공을 통해 터너는 모든 추문에서 벗어날 수 있었다.

 라나 터너는 실제에서도 스크린에서도 스캔들을 일으키는 스타였다. 남달랐다면 두 개의 삶이 영화로 종합된 점이다. 스캔들을 숨기기보다는 스크린으로 끌어와 자신의 캐릭터를 더욱 선명하게 만들었다. 전후의 할리우드에서 정말 못된 여성으로 한 명만 고르라면 많은 영화인들이 라나 터너를 꼽을 것 같다. 그래서 스코시즈도 〈분노의 주먹〉에서 라나 터너를 닮은 배우를 캐스팅했을 것이다.

The Only One
〈포스트맨은 벨을 두 번 울린다〉

육체 하나만으로 전세계의 이목을 끌었던 이 청춘의 화신은,
놀랍게도 중년이 돼서 죽음의 상징이 되어 나타났다.
그렇게 그녀는 배우로서 두 번 살았다.

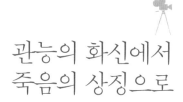

관능의 화신에서
죽음의 상징으로

실바나 망가노
Silvana Mangano

여배우가 젊을 때는 청춘 하나만으로도 승부를 걸 수 있다. 빛나는 육체가 있지 않은가. 그런데 나이가 들면 어떡할 것인가. 이것은 여전히 어려운 문제이고, 여기에 정답이 따로 있는 것은 아니다. 이탈리아영화의 한 특징이 육체에의 매혹이다. 제2차 세계대전 이후, 네오리얼리즘이 유행할 때 국내에서는 '마조라타'(Maggiorata)라고 불리는 여성육체파가 스타가 됐다. 이런 전통은 1960년대의 소피아 로렌을 거쳐, 최근의 모니카 벨루치 Monica Bellucci까지 이어진다. 실바나 망가노 1930~1989 는 전후의 마조라타 가운데 한 명이다. 젊을 때는 육체 하나만으로 전세계의 이목을 끌었는데, 아쉽게도 곧바로 잊혀졌다. 그런데 중년이 돼서 극적인 변신을 한다. 곧 청춘의 화신은 놀랍게도 죽음의 상징이 되어 나타났던 것이다. 그렇게 망가노는 배우로서 두 번 살았다.

망가노의 출세작은 주세페 데 산티스 Giuseppe De Santis 1917~1997 감독의 〈씁쓸한 쌀〉(Riso Amaro, 1949)이다. 30대 초반의 이 젊은 감독은 로베르토 로셀리니, 루키노 비스콘티 등 당대의 대가들과 경쟁하기 위해 네오리얼리즘에 할리우드의 갱스터를 섞은 변종 범죄물을 들고 나왔다. 농번기가 되면 이탈리아 전

〈씁쓸한 쌀〉

역에서 모심기를 할 일용직 여성들이 북부의 평야로 몰려오는데, 범죄단에서 겨우 훔친 보석이 하필이면 이곳으로 흘러 들어가면서 스릴이 시작된다.

원시적 관능의 빛과 그림자

실바나 망가노는 모심기로 돈을 벌려고 온, 몸밖에 없는 하층민 여성으로 나온다. 그녀가 볏단을 들고, 몸에 딱 붙는 상의에, 검정색 짧은 바지, 그리고 피부보호용 흑색 스타킹을 신고 논에 서 있는 장면은 전후 이탈리아 노동여성의 상징적인 이미지가 됐다. 패전 국가에서 벌어먹기 위해 어쩔 수 없이 몸을 쓰는 일에 동원됐는데, 육체의 아름다움이 해진 옷을 비집고 나오는 것이다. 〈씁쓸한 쌀〉은 여성 육체에 대한 페티시즘을 노골적으로 이용했다. 몸매가 완벽해서 마네킹 같은 다른 글래머들과 달리 망가노는 큰 가슴과 튼튼한 허벅지로 원시적인 매력을 자랑하며 전후 이탈리아 여성의 관능의 아이콘이 된 것이다.

지금 보면 망가노는 운이 좋았다. 여성 배우들이 별로 주목받지 못하는 네오리얼리즘 영화에서 육체파의 매력을 마음껏 표현했다. 말하자면 세계 영화계는 〈자전거 도둑〉(1948) 같은 네오리얼리즘의 또 다른 걸작을 찾다가, 우연히 관능미가 넘치는 여배우를 발견한 것이다. 그런데 일찍 찾아온 엄청난 초운(初運)의 대가도 컸다. 망가노는 〈씁쓸한 쌀〉 이후 세계의 이목을 끄는 작품에 나오지 못했다. 그저 국내에서 고만고만한 히트작에 출연했다. 그럴 만한 이유가 있었다.

망가노가 〈씁쓸한 쌀〉로 이름을 알린 뒤, 할리우드의 요청이 쇄도했다. 그러자 〈씁쓸한 쌀〉의 제작자이자 훗날 이탈리아 영화계의 거물로 성장하는 디노 데 라우렌티스Dino de Laurentiis 1919~2010가 전격적으로 망가노와의 결혼을 발표했다. 너무 빠른 결혼 발표는 신랑의 불안 때문일 것이라는 추측을 낳았다. 그만큼 망가노의 육체는 남성 판타지의 정점에 있었다. 불과 열아홉 살의 나이에 결혼한 망가노는 이후 활동에 큰 제약을 받았다. 기왕이면 점잖고 존경받는 역할에 출연해야 했다. 제작자의 부(富)와 배우의 경력이 반비례하는, 어찌보면 흔한 불행이 그녀의 운명 앞에 어른거렸다.

페데리코 펠리니Federico Fellini 1920~1993가 〈달콤한 인생〉(1960)을 만들 때, 원래 마르첼로 마스트로이안니Marcello Mastroianni 1924~1996의 상대역은 실바나 망가노였다. 주인공이었던 아니타 에크베르크Anita Ekberg 1931~2015의 풍만한 몸매를 떠올리면 펠리니의 의도가 이해될 것이다. 그런데 망가노의 남편이 절대 반대했다. 이탈리아 영화계의 다 아는 비밀인데, 망가노와 마스트로이안니는 로마의 같은 동네 출신이고, 10대 시절 이미 연인 관계였다. 훗날 망가노가 밝힌 바에 따르면 마스트로이안니는 그녀의 평생의 사랑이었다. 망가노가 캐스팅되지 못한 것은 남편의 질투 때문이라고들 생각했다. 그러면서 배우로서의 망가노의 삶도 시드는 듯 보였다.

죽음을 뒤집어쓰고 다시 살다

세계 영화계에서 사라진 망가노가 돌아온
것은 피에르 파올로 파졸리니 Pier Paolo Pasolini,
1922~1975의 〈오이디푸스 왕〉(1967)을 통해서
였다. 그런데 그 모습이 너무 변해, 못 알아
볼 정도였다. 튼튼한 처녀는 온데간데없고,
바싹 마르고 예민해서 부서질 것 같은 중년
부인이 대신 있었다. 남편의 질투가 결국 한
여성을 말라 죽인다느니, 불면증 때문이라
느니 등 말들이 많았다. 논에서 일했던 처녀

〈메디스에서의 죽음〉

는 이제 그리스의 왕비가 되어 싸늘한 느낌을 전달했는데, 처음에 관객은 그
녀의 변한 모습 때문에 대단히 놀랐다. 변신에 매력을 느끼기에는 시간이 필
요했다.

결과적으로 볼 때, 파졸리니를 만나지 않았다면 망가노는 풍만한 가슴과
관능적인 허벅지만으로 기억됐을지도 모른다. 사실 그런 배우는 넘친다. 그런
데 〈오이디푸스 왕〉에서 망가노는 잔인한 운명에 의해 아들과 사랑을 나누고,
목매달아 자살하는 비극적인 왕비를 연기했는데, 저주받은 여성의 회한을 더
이상 자연스럽게 표현할 수 없을 정도였다. 망가져버린 지나간 과거에 대한
포기와 체념이, 살이라곤 한 점 없는 마른 얼굴 위에 긴 그림자를 드리우고 있
었다. 이쯤 되면 연기인지 현실인지 구분이 잘 안 갈 정도였다. 돌이켜보면 망
가노는 그제야 배우가 되어 나타난 것이다.

메마른 운명의 여성이라는 이미지는 파졸리니의 〈테오레마〉(1968), 〈데카메
론〉(1971)을 통해 그녀의 캐릭터로 자리 잡았다. 이것에 약간의 변화를 준 감

독이 비스콘티다. 〈베니스에서의 죽음〉(1971)에서는 그런 메마름에 귀족의 품위를, 〈루드비히〉(1972)에서는 바그너Richard Wagner, 1813~1883의 아내인 코지마를 통해 영악함을, 그리고 〈가족초상화〉(1974)에서는 통제되지 않는 섹스의 욕정까지 입혔다. 그러나 어떤 작품이든 웃음기라곤 없는 미라처럼 바싹 마른 얼굴에는 불안하게도 늘 죽음의 그림자가 덧씌워져 있었다. 그래서 그녀의 존재자체가 죽음의 은유처럼 보일 정도였다. 결과적으로 이런 캐릭터 덕분에 망가노는 영화사에 이름을 남길 수 있었다. 나이가 들어서도 계속 섹스 어필에만 매달리는 다른 배우들과는 달랐다. 더 나아가 망가노는 죽음의 운명을 이해하는 배우로 보였다.

망가노는 평생의 사랑이었던 마스트로이안니와 마침내 공연하는 기회를 얻었다. 남편과 이혼한 뒤였다. 니키타 미할코프Nikita Mikhalkov의 〈검은 눈동자〉(1987)에서였다. 하지만 망가노는 마스트로이안니의 상대역이 아니라 조그만 배역에 만족해야 했다. 망가노는 이 작품으로 마스트로이안니가 칸영화제에서 남우주연상을 받는 모습을 지켜봤다. 이때가 죽기 2년 전이다. 다시 세계 영화계의 주목을 받으며, 스크린에 나타났을 때 메마른 얼굴에 비친 죽음의 그림자는 실제에서도 너무 빨리 왔던 것이다.

The Only One
〈쓸쓸한 쌀〉

엘리자베스테일러는 그리스 신화의 빛나는 미인인
키르케처럼 '죄를 짓게' 만드는 존재다.
오디세우스가 그랬듯, 죄를 지어서라도 가까이 머물고 싶은
치명적인 아름다움을 갖고 있다.

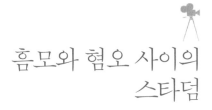

흠모와 혐오 사이의
스타덤

엘리자베스 테일러
Elizabeth Taylor

흔히 엘리자베스 테일러[1932~2011]를 절대미의 배우라고 말한다. 다른 미덕들은 차치하고, 이상적인 외모 자체를 타고났다는 의미다. '천재'라는 말이 타고난 재능(天才)이든, 태생적인 그 무엇(genius)이든, 하늘에 의해 결정난 것이라면, 절대미의 외모도 넓게는 '천재'의 범위에 속할 테다. 할리우드의 단 한 명의 천재를 꼽자면, 아마 많은 영화인들이 엘리자베스 테일러라고 답할 것 같다. '미인'은 테일러라는 것이다. 이것이 사실임을 증명하는 시도 자체가 무의미할 정도로 테일러의 아름다움은 신화가 됐다. 신화의 역사는 조지 스티븐스[George Stevens, 1904~1975] 감독의 〈젊은이의 양지〉(1951)에서 본격적으로 시작됐다. 하지만 그 신화는 늘 불안을 동반한 채 종종 사회에 위협이 되기도 했다.

〈젊은이의 양지〉, '절대미인' 테일러의 신화

테일러는 그리스 신화의 빛나는 미인인 키르케처럼 '죄를 짓게' 만드는 존재다. 오디세우스가 그랬듯, 죄를 지어서라도 가까이 머물고 싶은 치명적인 아

름다움을 갖고 있다. 〈젊은이의 양지〉는 바로 그런 '위험한' 이야기를 한다. 영화는 시어도어 드라이저 Theodore Dreiser, 1871~1945의 소설 〈미국의 비극〉을 각색 했는데, 신분 상승을 꿈꾸는 청년(몽고메리 클리프트 Montgomery Clift, 1920~1966)의 추 락을 그리고 있다. 테일러와 클리프트는 모두 그리스의 조각 같은 미모로 탄 성이 나오게 했다. 특히 당구대가 있는 방에서 두 연인이 처음 만났을 때, 교 대로 제시되는 클로즈업 장면은 '할리우드의 이상적인 커플'의 탄생을 알리 는 순간이었다. 테일러는 클리프트와 공연할 때 가장 빛났다. 세상의 많은 연인들을 설레게 했을 당구 장면의 기억이 얼마나 강렬했던지, 우디 앨런은 〈매치 포인트〉(2005)에서 당구를 탁구로 바꾸어 그 장면을 그대로 인용하고 있다. 당구를 치며 가난한 청년은 너무나 아름다운 여성 때문에, 인생 전체를 걸어야 할 모험에 발을 들여놓는다.

　이 영화를 찍고 있을 때 테일러는 열일곱 살이었다. 그런데 서른이 다 된

클리프트보다 더 어른스러워 보였다. 이미 조숙했고 관능미가 넘쳤다. 테일러 앞의 클리프트는 오히려 미소년 같았다. 특히 사랑하는 장면에서의 주저하지 않는 태도는 당대의 동년배 여배우들, 이를테면 그레이스 켈리, 혹은 오드리 헵번과는 대단히 달랐다. 테일러에 비하면 다른 스타들은 여전히 미숙한 소녀, 또는 어색한 연기자 같았다. 성적 관계의 주도권을 쥐는 여성, 그럼으로써 남성 역할의 경계를 침범하는 위협적인 존재, 더 나아가 1960년대의 소위 '성 해방'의 시기에 자의든 타의든 이런 변화의 상징적 배우로 성장해가는 데, 〈젊은이의 양지〉는 암시적인 작품이 됐다.

적극적인, 혹은 공격적이기도 한 여성으로서의 이미지는 〈자이언트〉(1956)에서 다시 확인된다. 여전히 조지 스티븐스 감독의 작품이다. 텍사스 대농장의 여주인으로 등장하는 테일러는 등장하자마자 남성들의 영역, 곧 농장 사업에 개입함으로써 극에 긴장감을 몰고 온다. 남편(록 허드슨 Rock Hudson, 1925~1985)이 "이 일은 남자들만의 일"이라며 여성의 제한된 자리를 환기시키지만, 그녀는 그런 관습을 수용하길 거부한다. 말하자면 〈젊은이의 양지〉에서의 연인 사이의 적극성이 이젠 사회적 영역으로까지 확장된 것이다.

악명 높은 남성 편력과 스타덤

엘리자베스 테일러는 아역스타 출신이다. 부친은 화상이었고 모친은 전직 배우였다. 이들이 런던에서 갤러리를 운영할 때 테일러가 태어났다. 제2차 세계대전의 전운이 감돌 때, 부모들은 미국으로 돌아와 로스앤젤리스에 갤러리를 열었는데, 여기의 손님 중엔 할리우드의 인사들이 많았다. 이들이 테일러의 미모에, 특히 유명한 '푸른 눈동자'에 감탄하여 아역배우 오디션에 참가하길 권했다. 푸른색에 간혹 보랏빛이 도는 테일러의 눈은 사파이어보다 아름답다고들 했다.

〈자이언트〉

열 살 때 데뷔했고, 이후 정규 교육은 거의 받지 못하며 세트장에서 살았다. 데이비드 크로넨버그David Cronenberg의 신작 〈맵 투 더 스타〉(2014)에 잘 묘사돼 있듯, 테일러도 다른 아역스타들처럼 외로움과 과로에 시달렸고, 일찍 술과 약에 손댔다. 열여섯 살 즈음엔 아역도 아니고, 그렇다고 성인도 아닌 어정쩡한 신분의 위기 속에서 배우를 그만두려 했다. 이때 만난 감독이 빈센트 미넬리다. 성인 배우로서의 가능성을 알린 〈신부의 아버지〉(1950)를 통해서다. 테일러에 따르면, 배우로서의 자신을 받아들인 게 이때였다. 그때 나중에 여덟 번이나 하는 첫 결혼도 했다. 첫 남편은 힐튼 집안의 재벌 2세다. 이 결혼을 계기로 '악명 높은' 파트너 바꾸기가 시작된다. 테일러는 일곱 명의 남자와 여덟 번 결혼했다(리처드 버튼Richard Burton, 1925~1984과는 두 번 결혼).

테일러는 속된 말로 부자들이 차 바꾸듯 남자들을 갈아치웠다. 청교도적인 윤리를 미덕으로 여기던 미국 사회에서 테일러의 행동은 스캔들이(었)다. 그런데 테일러가 의도했든 그러지 않았든, 결과적으로 그녀의 행동은 남성 중심의 권위주의에 조그만 균열을 냈다. 일부 남성들의 파트너 바꾸기에 상대적으로 관대하던 미국인들이 테일러의 행동에는 왜 그렇게 불쾌감을 드러냈을까? 프로이트라면 소원 성취를 이룬 '여성'에 대한 살기의 질투라고 하지 않을까? 더 나아가 스캔들이란 게, 숨어 있어야 할 사회적 억압의 출현에 대한 신경질적인 집단반응인데, 그렇다면 그 내용의 옳고 그름을 떠나 테일러의 행위는 결과적으로 문명의 허약함을 드러내는 불안의 기폭제였다. 말하자면 테일러의 스타성은 미모 덕분이기도 하지만, 1960년대에 불어닥친 사회적 변화의 한 부분으로서 기능한 데 더 크게 기인했다. 스타에겐 이렇게 당대의 긴장

126 •

이 새겨진다.

테일러는 존재 자체가 통념을 무시하는 사회적 불안이었다. 그런 위험한 이미지는 1950년대 말의 작품에서 이미 표현됐다. 이를테면 〈뜨거운 양철 지붕 위의 고양이〉(감독 리처드 브룩스Richard Brooks, 1912~1992, 1958)에서 테일러는 일시적이긴 하지만 시부(媤父)와의 사랑도 암시하는 불량한 역할을 소화한다. 다시 몽고메리 클리프트를 만나, 〈지난 여름 갑자기〉(감독 조셉 맨케비츠, 1959)에선 사촌과의 근친상간적 불안을 연기하기도 한다. 제도의 경계를 위반하며 불안을 자극하는 '여성의 역할'로 인기를 얻을 때, 지금은 잊힌 영화지만 〈버터필드 8〉(감독 대니얼 만Daniel Mann, 1912~1991, 1960)로 아카데미 주연상도 받았으니, 이때가 전성기였다. 1966년에는 당시 남편이었던 리처드 버튼과 공연한 〈누가 버지니아 울프를 두려워하랴〉(감독 마이크 니콜스Mike Nichols, 1931~2014)를 통해 또다시 아카데미상을 받았다.

테일러의 미덕을 파노라마처럼 보려면 영화적으로 수작이라고는 말하기 어렵지만, 대작인 〈클레오파트라〉(감독 조셉 맨케비츠, 1963)가 제격일 것 같다. 여기선 영웅들인 시저 그리고 사실상 시저의 아들이나 다름없는 안토니우스 사이를 거침없이 오가며 위험한 사랑을 주도한다. 눈을 떼지 못할 미모는 여전하다.

The Only One
〈젊은이의 양지〉

보통의 뮤지컬 스타들이 '백조'라면,
채리스는 거의 유일한 '흑조'다.
어둡고 종종 범죄적이다.
어찌 보면 필름누아르에 어울리는 배우가
타고난 춤 솜씨로, 뮤지컬의 전설이 되는
독특한 경력을 남겼다.

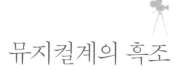

뮤지컬계의 흑조

시드 채리스
Cyd Charisse

뮤지컬은 대개 해피엔딩이다. 우리가 들뜬 사랑의 행복에 빠졌을 때 노래하고 춤을 추듯, 뮤지컬은 그런 경쾌한 감정을 전면에 내세운다. 모든 어려움이 비현실적일 정도로 극복되고, 결국에는 주인공들이 얼굴 가득히 미소를 띠며 서로의 사랑을 확인한다. 그래서 뮤지컬은 대체로 유쾌하고, 뮤지컬 스타들은 밝고 경쾌하다. 주디 갈런드의 천진한 표정, 줄리 앤드루스^{Julie Andrews}의 편안한 미소를 떠올리면 되겠다. 시드 채리스^{1922~2008}는 이들과 다르다. 보통의 뮤지컬 스타들이 '백조'라면, 채리스는 거의 유일한 '흑조'(黑鳥)다. 어둡고 종종 범죄적이다. 어찌 보면 필름누아르에 어울리는 배우가 타고난 춤 솜씨로, 뮤지컬의 전설이 되는 독특한 경력을 남겼다.

〈사랑은 비를 타고〉 속의 팜므파탈

시드 채리스의 이름을 알린 작품은 〈사랑은 비를 타고〉(1952)이다. 불과 10분 남짓 출연했는데, 자신의 스타성을 알리기에는 충분한 시간이었다. 주인공 진

〈밴드 웨건〉

켈리가 거의 완성된 시대극을 어떻게 현대 뮤지컬로 바꿀 것인지 상상하는 장면에서다. 보통 '브로드웨이 멜로디 발레'(Broadway Melody Ballet)라고 불리는 시퀀스다. 켈리는 이제 갓 뉴욕에 도착한 시골 출신 뮤지컬 지망생으로, 채리스는 갱스터의 애인으로 나왔다. 여기서 채리스의 아이콘인 긴 다리와 하이힐 그리고 다리 전체를 드러내는 스타킹 스타일의 하의가 제시됐다(마돈나 Madonna, 비욘세Beyonce 등 수많은 뮤지션들이 흉내 내는 그 스타일).

순진한 남자 켈리를 깔보는 듯한 시선, 마치 '사랑의 레슨'을 펼치듯 관능적으로 움직이는 몸동작, 특히 긴 다리로 켈리의 몸을 감싸는 동작 등은 '흑조' 채리스의 캐릭터를 단숨에 각인시키는 순간이었다. 말하자면 이 장면은 뮤지컬 속의 필름누아르이다. 팜므파탈이 단지 춤만으로 한 남자를 얼마든지 추락시킬 수 있음을 충분히 보여줬다. 주로 밝고 경쾌했던 뮤지컬이 한순간이지만 필름누아르의 범죄적인 관능에 못지않은 퇴폐미를 표현했는데, 이것은 채리스의 캐릭터에 크게 빚진 것이다. 말하자면 채리스는 뮤지컬 장르에 누아르의 범죄 정서를 이식한 독보적인 배우였다.

페티시를 자극하는 긴 담뱃대를 입에 물고, 켈리의 신체 일부인 안경을 자신의 허벅지에 비비는 동작은 아마 채리스의 '어두운' 캐릭터를 구체화하는 데 결정적인 역할을 했을 것이다. 우연인지, 그때 채리스는 〈판도라의 상자〉(감독 게오르그 팝스트 Georg Pabst, 1885~1967, 1929)에서 유명한 요부로 나왔던 루이즈 브룩스 Louise Brooks, 1906~1985의 검은 단발머리 스타일을 하고 있다. 훗날 뮤지컬의 '검은 히로인'으로 성장하는 채리스의 캐릭터는 짧게 등장한 〈사랑은 비를 타고〉에서 날카롭게 예언된 셈이다.

〈사랑은 비를 타고〉의 공동연출자인 진 켈리와 스탠리 도넌Stanley Donen이 채리스의 필름누아르 성격을 간파한 셈인데, 〈밴드 웨건〉(1953)의 빈센트 미넬리 감독은 이를 더욱 확대했다. 〈밴드 웨건〉은 채리스가 주연으로 나온 첫 작품이다. 원래 발레리나 출신인 채리스는 여기서 자신의 발레 실력을 유감없이 발휘한다. 전반부는 규율과 격식을 갖춘 발레리나로, 그리고 후반부는 브로드웨이 출신 댄서인 프레드 아스테어를 만나 점점 자유로운 댄서로 변해가는 역할이다.

미넬리는 발레복의 채리스를 먼저 보여준 뒤, 나중에는 특유의 붉은 드레스와 스타킹 의상을 입은 '위험한' 채리스를 부각한다. 특히 영화 속 영화로 유명한 '여성을 찾는 발레'(Girl Hunt Ballet) 시퀀스는 필름누아르의 공식에 따른 범죄물로 구성했다. 아스테어는 탐정, 채리스는 그 탐정을 유혹하는 팜므파탈을 연기한다. 채리스는 〈사랑은 비를 타고〉와 〈밴드 웨건〉, 이 두 작품으로 뮤지컬의 스타가 됐다. 성공은 순식간에 찾아왔지만, 그곳에 도달하기까지는 제법 긴 무명의 시간이 있었다.

채리스의 전설 두 가지

시드 채리스에게 따라다니는 전설이 두 개 있다. 먼저 어릴 때 소아마비를 앓았다는 것이다. 채리스는 병약한 소녀였는데, 소아마비를 앓았고, 그래서 발레를 좋아했던 모친이 딸의 건강을 위해 발레를 시켰는데, 이 덕분에 다리가 멋진 배우로 성장했다는 이야기다. 극적인 반전이 강조된 성장기인데, 할리우드의 홍보 실력을 감안하면 전적으로 믿기에는 왠지 확신이 들지 않는 내용이기도 하다. 하지만 병약한 소녀가 발레리나로 성장한 것은 사실이고, 채리스는 10대 때부터 프로 발레단의 단원이었다. 발레 실력 덕분에, 뮤지컬로 유명한 MGM의 전설적인 프로듀서 아서 프리드^{Arthur Freed, 1894~1973}의 눈에 띄어 영화계에 데뷔했다.

두 번째는 다리에 수백만 달러의 보험을 들었다는 이야기다. 1952년 MGM이 양쪽 다리에 각각 100만 달러씩, 200만 달러의 보험을 들었다고 알려져 있었다. 그런데 훗날 채리스는 인터뷰에서 그것 역시 할리우드 홍보의 과장된 내용이었다고 말했다. 하지만 이것도 사실 여부를 떠나 채리스의 다리가 얼마나 아름다운지 충분히 설명되는 이야기인 셈이다. 유난히 긴 다리를 가진 채리스의 키는 175cm이다.

아서 프리드에 의해 발탁됐지만, 채리스의 출발은 별로 특별하지 않았다. 1943년 데뷔한 뒤 거의 10년간 단역과 조역에 머물렀다. 〈밴드 웨건〉이 발표될 때, 채리스는 스타로선 비교적 늦은 서른한 살이었다. 하지만 이때부터 매년 뮤지컬의 수작이 발표됐다. 미넬리 감독의 〈브리가둔〉(1954), 진 켈리와 스탠리 도넌 공동감독의 〈항상

〈실크 스타킹〉

맑음〉(1955), 루벤 마물리언 감독의 〈실크 스타킹〉(1957) 등이 이어졌다.

그런데 세 작품 모두 수작으로 평가받지만, 채리스의 '어두운 개성'을 살리는 데는 약간씩 모자랐다. 〈브리가둔〉에서 채리스는 낙원의 순결한 처녀로, 〈항상 맑음〉에선 뉴욕 광고계의 여성으로, 그리고 〈실크 스타킹〉에선 옛 소련의 강직한 공산주의자로 나왔다. 굳이 꼽자면 〈실크 스타킹〉의 공산주의자 캐릭터가 그나마 채리스에게 약간 어울렸고, 나머지는 다른 배우들이 하면 더 좋을 수 있는 경우였다. 〈실크 스타킹〉에서 채리스는 이국정서를 자극하는 소비에트 군복 같은 옷을 입고, 남자처럼 힘차고 절도 있는 춤을 선보였다.

뮤지컬 장르가 1950년대 후반에 사실상 사라지면서 채리스의 전성기도 끝나갔다. 여러 작품에 나왔지만, 니콜라스 레이가 감독한 범죄물 〈파티 걸〉(1958)이 뮤지컬 이후의 작품 가운데는 가장 빛난다. 필름누아르의 주인공 같은 역할인데, 이 영화에서 채리스는 마피아에 연루된 타락한 변호사(로버트 테일러Robert Taylor, 1911~1969)와 사랑에 빠진 유흥계의 여성으로 나왔다. 여기서도 채리스의 역할이 가장 돋보일 때는 무대 위에서 관능적인 춤을 출 때였다. 말하자면 채리스는 '흑조'로 나올 때 가장 자연스러웠고 또 가장 빛났다. 채리스는 뮤지컬 장르에서 '스타'로 성장한 유일한 흑조였다. 이 점이 채리스를 영원히 영화사에 남게 할 것이다.

The Only One
〈밴드 웨건〉

첫 작품부터 헵번에 대한 팬덤 현상도 뜨거웠다. 여성들은 헵번처럼 짧은 단발을 했고, 허리를 가늘게 만들려고 했으며, 또 편해 보이는 단화를 신었다. 깜찍하고 발랄한 요정 같은 이미지의 여성이 아름다움의 새로운 지표로 제시된 셈이다.

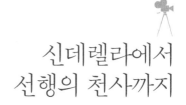

신데렐라에서
선행의 천사까지

오드리 헵번
Audrey Hepburn

〈로마의 휴일〉(1953)이 전세계적인 히트작이 되리라 예상한 사람은 많지 않았다. 잘해야 할리우드의 고전인 〈어느 날 밤에 생긴 일〉(감독 프랭크 카프라, 1934)의 명성을 더 높여줄 정도로 생각됐다. 사건기자가 최상급 신분의 여성을 만나 사랑의 줄다리기를 한다는 〈로마의 휴일〉의 모티브는 〈어느 날 밤에 생긴 일〉의 그것을 반복하는 것이기 때문이다. 그런데 잘 알다시피 〈로마의 휴일〉은 윌리엄 와일러 감독의 최고 히트작 가운데 하나가 됐다. 예상 밖의 결과에 대한 분석들이 뒤따랐다. 멜로드라마의 거장으로 절정에 이른 와일러의 연출력, 로마 현지 촬영의 매력 등 많은 이유들이 제시됐다. 하지만 관객의 기억에 가장 깊게 남은 것은 오드리 헵번1929~1993의 이미지일 것이다. 당시 인기 절정이었던 그레고리 펙이 공연했지만, 만약 〈로마의 휴일〉이 배우의 이름으로 기억된다면, 그건 오드리 헵번 덕분일 것이다.

〈로마의 휴일〉

윌리엄 와일러의 발굴

오드리 헵번은 〈로마의 휴일〉에서 처음 주연을 맡았다. 이전에는 런던과 뉴욕의 발레리나이자 뮤지컬 댄서였고, 영화에는 단역과 조연으로 약간 출연한 정도였다. 그런데 첫 주연작이 흥행대작이 됐으며, 자신은 단번에 아카데미 주연상까지 받았다. '신데렐라'라는 말이 이렇게 어울릴 수가 없었다. 게다가 외모마저 신인, 신데렐라 등의 수식어에 걸맞게 맑고 순결해 보였다. 신인의 가능성을 알아챈 감독이 와일러인데, 오드리 헵번의 모습에서 유럽적인 품위와 할리우드의 신성다운 패기를 모두 봤다. 영화는 유럽의 공주가 밤에 로마의 밤거리로 탈출한 뒤, 미국인 기자를 만나 모험을 하는 과정을 그린다. 그래서 여배우에겐 유럽적인 문화가 요구됐다. 영국 국적의 오드리 헵번은 유럽의 여러 나라를 돌아다니며 성장했는데, 이런 배경이 영화 속의 앤 공주 역을 맡는데 장점이 됐다. 윌리엄 와일러는 제작사 쪽에서 제시한 당대의 스타 엘리자베스 테일러 카드를 내려놓고 무명이었던 헵번을 선택했는데, 결과적으로 이것이 행운이 된 셈이다.

헵번이 의전행사의 공주로 나올 때는 유럽 귀족의 우아함이 묻어났고, 베스파를 타고 로마의 거리를 질주할 때는 규범에서 탈출하고 싶은 성장기 소녀의 순진함이 그대로 느껴졌다. 첫 작품부터 헵번에 대한 팬덤 현상도 뜨거웠다. 여성들은 헵번처럼 짧은 단발을 했고, 허리를 가늘게 만들려고 했으며, 또 편해 보이는 단화를 신었다. 깜찍하고 발랄한 요정 같은 이미지의 여성이 아름다움의 새로운 지표로 제시된 셈이다. 신데렐라의 요정, 이런 현실에서의 이미지를 스크린으로 옮긴 감독이 빌리 와일더이다. 〈로마의 휴일〉에 바로 이어 발표된 〈사브리나〉(1954)를 통해서다. 재벌 집이 배경인데, 큰아들(험프리 보가트)은 명문대 출신에 유능한 사업가이고, 둘째아들(윌리엄 홀덴William Holden, 1918~1991)은 바람둥이다. 헵번은 이 집의 운전사 딸이다. 이런 신분의 격차를 뛰어넘는 게 이 코미디의 매력이다. 여기서도 헵번의 유럽 문화가 코미디의 중요한 모티브가 된다. 이번에는 프랑스의 파리다. 〈로마의 휴일〉처럼 유럽을 직접 보여주지는 않지만, 헵번이 표현하는 파리의 문화가 딱딱한 재벌 집의 분위기를, 특히 큰아들 보가트의 분위기를 바꾼다. 신데렐라의 신분상승, 그리고 소년 같은 모습에서 우아한 여성으로의 변신은 빌리 와일더가 〈하오의 연정〉(1957)에서 게리 쿠퍼를 함께 캐스팅하여 한 번 더 써먹는다.

헵번의 팬덤 현상에 중요한 변수인 패션은 〈사브리나〉 때부터 함께 일한 프랑스 디자이너 위베르 드 지방시Hubert De Givenchy가 맡았다. 특히 〈티파니에서 아침을〉(감독 블레이크 에드워즈Blake Edwards, 1922~2010, 1961)은 패션이 코미디의 가장 주요한 변수가 될 수 있다는 점을 부각한 선구적인 작품이다. 검정색 드레스, 사이즈 큰 선글라스, 목이 긴 검은 장갑, 그리고 긴 담뱃대 등은 헵번의 또 다른 아이콘으로 남아 있다.

네덜란드에서의 궁핍한 어린 시절

헵번은 벨기에에서 영국인 부친과 네덜란드인 모친 사이에서 태어났다. 모친이 네덜란드 귀족(남작부인)이다. 〈로마의 휴일〉의 공주 역이 우연이 아닌 셈이다. 정치가였던 헵번의 외할아버지는 네덜란드의 식민지인 수리남의 총독을 역임하기도 했다. 부친은 정치적으로 파시스트였는데, 1930년대 중반에 나치의 지지자가 되면서 가정에 불화가 시작됐다. 부친은 이혼한 뒤 영국으로 떠나버렸고, 오드리 헵번은 엄마와 함께 외가가 있는 네덜란드로 이주했다. 이런 이동 중에도 헵번이 빠뜨리지 않은 것은 다섯 살 때부터 시작한 발레였다. 그리고 부모의 언어인 영어와 네덜란드어에서 시작된 헵번의 외국어 능력은 훗날 프랑스어, 이탈리아어, 스페인어, 독일어까지 발전한다. 헵번은 6개 국어를 구사하는 흔치 않은 배우가 된다.

전쟁은 헵번에게도 잔인하게 찾아왔다. 1939년부터 종전이 되는 1945년이면, 그녀의 나이 열 살부터 열여섯 살 때까지인데, 한창 클 때 제대로 먹지 못했다. 굶다시피 하는 일이 다반사였다. 특히 노르망디 상륙 작전 이후, 나치는 점령지인 네덜란드에서 식량배급량을 대폭 줄였고, 헵번은 영양실조와 빈혈에 시달렸다. 겨울의 네덜란드 거리에는 기아로, 또 추위로 죽는 사람들이 매일 나올 때다. 바짝 마른 몸매도 그런 성장환경과 무관하지는 않을 것이다.

나치 점령 때는 정치적으로도 공포 속에 살았다. 외가 친척들 중에는 나치에

〈티파니에서 아침을〉

대항하는 레지스탕스에 참여한 사람들이 있었다. 이들 중 헵번의 이모부는 나치에 붙들려 처형당했고, 또 다른 친척은 강제수용소에 수감되기도 했다. 집 안에 죽음의 공포가 더욱 짙게 드리워질 때인데, 그럼에도 불구하고 헵번은 1944년 네덜란드 레지스탕스들을 위한 비밀기금모임에 참여해 발레를 공연하기도 했다. 숨소리 하나 들리지 않는 그날의 공연이 자신의 최고 발레 공연이었다고 회고하기도 했다.

성장기의 이런 고생은 헵번의 인도주의 활동에 고스란히 반영된다. 특히 유니세프 대사로 펼친 굶는 어린이에 대한 적극적인 봉사는 지금도 세상의 귀감이 되었고, 이는 배우들 사이에 많은 추종자를 낳았다. 성장기 때 익힌 외국어 능력은 유니세프 대사 활동을 하며 제대로 발휘됐는데, 헵번은 이것을 '신의 조화'로 해석했다. 헵번은 아프리카 등 여러 저개발 국가에서 활동할 때 대개 통역을 거치지 않고 직접 현지인과 대화했다. 활동에 탄력이 붙는 건 당연했다.

헵번의 1950년대와 1960년대의 배우로서의 활발한 활동은 〈어두워질 때까지〉(1967)를 마지막으로 사실상 끝난다. 이후에는 간헐적으로 영화에 출연했다. 배우의 에너지는 봉사 활동으로 이어져, 헵번은 전세계를 돌아다니며 열정적으로 휴머니즘을 호소했다. 이런 선행 덕분에 헵번은 삶의 후반부에도 스크린에서와 못지않은 큰 사랑을 받는 행복한 스타로 남았다.

The Only One
〈로마의 휴일〉

자신에게 당당한 강인한 인상은 시뇨레의
여성적인 아름다움에 중성적인 매력까지 더했다.
이런 이중성은 시뇨레의 스크린 페르소나뿐 아니라
현실의 정체성으로도 남아 있다.

중성의 아름다움

시몬느 시뇨레
Simone Signoret

시몬느 시뇨레[1921~1985]가 세계 영화계에 이름을 알리게 된 것은 자크 베케르
Jacques Becker, 1906~1960 감독의 〈황금 투구〉(1952)를 통해서다. 벨 에포크 시대를 배
경으로, 당대의 인상주의 그림과 같은 아름다운 풍경이 등장하는 시대물이다.
하지만 그 내용은 개봉 당시 전쟁의 상흔이 그대로 느껴지는 '가난한 자들'의
멜로드라마이다. 등장인물들이 대개 깡패, 전과자, 실업자들이고, 시뇨레는 매
춘부로 나온다. 그녀는 조직범죄자들의 통제를 받고 있지만 이들이 행하는 폭
력의 위협에도 눈 하나 꿈쩍하지 않고, 자신의 사랑을 찾아가는 당찬 여성을
연기한다. 아름다운 금발을 마치 투구처럼 장식한 데서 이 영화의 제목이 나
왔고, 매춘부이지만 자신에게 당당한 강인한 인상은 시뇨레의 여성적인 아름
다움에 중성적인 매력까지 더하기도 했다. 이런 이중성은 시몬느 시뇨레의 스
크린 페르소나뿐 아니라 현실의 정체성으로도 남아 있다.

〈황금 투구〉

분신 같은 존재 이브 몽탕

영화 데뷔 시절, 시뇨레는 첫 남편인 영화감독 이브 알레그레Yves Allegret, 1907~1987
의 여러 작품에 나오면서 배우로서의 경력을 시작했다. 그런데 당시 프랑스
영화계는 부역자를 가려내는 전쟁 트라우마로 곤욕을 치르고 있었다. 말하
자면 신인이 성장하기에는 프랑스의 여건이 좋지 않았다. 이런 조건에서 시
뇨레가 주목을 받을 수 있었던 것은 거장 막스 오퓔스Max Ophuls, 1902~1957의 〈윤
무〉(1950)에 발탁된 덕분이었다. 나치를 피해 프랑스로, 미국으로 그리고 다시
프랑스로 돌아온 이 독일 감독의 복귀작이 〈윤무〉인데, 여기서 시뇨레가 맡은
역할이 바로 매춘부였다. 매춘부 역할과의 오랜 인연은 이 영화에서 시작됐
다. 비록 거리로 내몰린 매춘부이지만, 자기만의 사랑을 포기하지 않는 순수
한 마음의 소유자로 나온다. 〈윤무〉는 여러 이야기가 '끝없이 이어지는 춤'을
추듯 전개되는데, 시뇨레는 첫 번째 이야기의 주인공으로 짧게 등장했다. 그
러나 영화계의 이목을 끌기에는 충분한 시간이었다.

　〈윤무〉를 찍을 때쯤, 시뇨레는 평생의 반려자이자 정치적 동지인 이브 몽탕Yves Montand, 1921~1991을 만난다. 그는 무솔리니Benito Mussolini, 1883~1945를 피해 프랑스로 망명한 이탈리아 공산주의자의 아들이다. 두 살 때 부친을 따라 마르세유에 왔다. '대단한 아버지'를 둔 덕분에 몽탕은 어릴 때부터 반파시즘의 정치적 혁신과 위험 속에서 성장했다. 이보 리비가 본명인 그는 마르세유 항구의 잡역부였는데, 노래 실력 덕분에 당대의 스타인 에디트 피아프를 만났고, 그녀의 후원을 받아 자신도 스타로 성장했다. 몽탕의 주위에는 자크 프레베르Jacques Prevert, 1900~1977 같은 소위 진보적인 예술인들이 많았다.

시뇨레도 '대단한 아버지' 덕분에 신분에 위협을 느끼면서 살았다. 부친은 폴란드계 유대인으로 동시통역가였는데, 나치의 침공 이후 드골Charles De Gaulle, 1890~1970을 따라 영국으로 망명한, 역시 반파시즘의 용사였다. 본명이 카민커인 시뇨레는 유대인 신분을 숨기기 위해 모친의 처녀 때 이름을 사용했다. 시뇨레는 아버지의 도움으로 일찍부터 지식인들과 친분을 쌓았고, 파리 문화인들의 아지트인 '카페 드 플로르'의 단골손님이었다. 프레베르와 몽탕도 그곳에서 만났다. 나치의 파리 점령 때, 시뇨레는 유대인 신분을 속이고 연극배우로 활동하며, 부친이 없는 가족의 생계를 책임지기도 했다. 반파시스트 부친, 위험한 일상, 그로부터 잉태된 진보적 사상과 태도 등에서 이브 몽탕과 시몬느 시뇨레는 서로에게 분신 같은 존재였다. 동갑인 두 사람은 1951년 서른 살 때 결혼했고, 1985년 시뇨레가 죽을 때까지 함께 살았다.

〈테레즈 라캥〉의 멜랑콜리

이브 몽탕, 자크 프레베르와의 인연으로 시뇨레는 이들과 친분이 두터웠던 시적 리얼리즘의 거장 마르셀 카르네Marcel Carne, 1906~1996를 만난다. 〈황금 투구〉의 성공 이후, 연속하여 발표된 시뇨레의 대표작이 카르네 감독의 〈테레즈 라캉〉(1953)이다. 에밀 졸라Emile Zola, 1840~1902의 원작을 각색했는데, 시뇨레는 여기서 가난 때문에 병약한 사촌과 억지로 결혼한 우울한 여성으로 나온다. 열정을 억압하고 사는 여성, 병약한 남편 그리고 마초맨 노동자 사이의 삼각관계를 그린 불륜 드라마다. 늘 말이 없던 그녀가 강인한 육체를 가진 이탈리아 노동자(라프 발로네Raf Vallone, 1916~2002)를 만나 격정적인 키스를 나눌 때, 영화는 불륜의 공포 속으로 휘말려 들어가는 식이다. 여기에 아들과 며느리의 부부생활을 병적으로 감시하는 (시)어머니의 히스테리가 드라마의 긴장을 증폭시킨다. 박찬욱 감독의 〈박쥐〉(2009)에 나오는 신하균-김옥빈 커플의 원형이 바로 이 영화에서 나왔다(특히 신하균의 탁월한 연기의 모델을 확인하고 싶으면, 프랑스 배우 자크 뒤비Jacques Duby, 1922~2012의 연기를 보면 된다).

성숙하고 용감한 이미지가 강했던 시뇨레가 여기서는 여성의 소극성까지도 섬세하게 표현하는데, 이것은 중년 이후 그녀의 스크린 캐릭터를 더욱 풍성하게 만들었다. 이를테면 지금은 잊힌 작품이 됐지만, 영국 '프리 시네마'의 선구 격인 잭 클레이턴Jack Claton, 1921~1995 감독의 〈꼭대기 방〉(1959)에서의 비극적인 유부녀 역할이 대표적이다. 시뇨레는 마치 험프리 보가트처럼 트렌치코트를 입고, 늘 어두운 표정으로 담배를 피우며 야망에 넘친 청년과 불같은 사랑을 나누다 비극적인 운명을 맞는데, 이것은 〈테레즈 라캥〉의 멜랑콜리를 환기

시키는 것이었다. 〈꼭대기 방〉은 당시 시뇨레에게 최고의 영예를 안겼다. 30대 후반이었고, 살이 쪄서 배우로서는 위기라는 지적을 받을 때였는데, 이 작품으로 아카데미 주연상, 그리고 칸영화제 여우주연상까지 받았다. 시뇨

레는 아카데미 여우주연상을 받은 최초의 프랑스 배우이다. 이 영화를 계기로 시뇨레는 미국에서의 활동도 병행하며, 대서양을 오가는 스타의 삶을 즐겼다.

몽탕과 만나고, 〈황금 투구〉와 〈테레즈 라캥〉 그리고 호러 스릴러 〈디아볼릭〉(1955)을 거쳐 〈꼭대기 방〉을 발표한 1950년대가 시뇨레 경력의 절정이었다. 그리고 이때는 부부가 프랑스 공산당과 친밀한 관계 속에서 사회적 활동도 적극적으로 할 때였다. 여배우로서의 정치적 적극성은 1970년대의 제인 폰다와 비교될 것이다. 돌이켜보면 냉전의 비극인데, 부부는 당시의 정치적 활동 때문에 1950년대에는 미국 내 입국이 사실상 거부됐다. 반면에 옛 소련은 이 부부를 자주 초청했다. 특히 니키타 흐루시초프^{Nikita Khrushchyov, 1894~1971} 공산당 서기장은 시뇨레에게 각별한 애정을 표현하기도 했다. 이런 어색한 입장을 깬 작품도 〈꼭대기 방〉이었다. 이후 부부는 두 진영 모두에 환영을 받았다.

시뇨레가 연기한 단 하나의 배역을 말한다면 그건 매춘부다. 〈황금 투구〉처럼 가난 혹은 전쟁 때문에 거리에 내몰린 최하층 여성인데, 그녀가 반복한 매춘부들은 삶의 의욕을 잃지 않는 강인한 생명력을 갖고 있다. 그것이 시뇨레의 스크린 이미지이다. 사랑에는 한없이 약한 여성이지만, 동시에 역경을 뚫는 생명력은 그 어떤 남성보다 강한 역할이었다. 이런 이중성, 혹은 중성의 매력이 시뇨레의 스타성일 것이다.

The Only One
〈테레즈 라캥〉

전후 이탈리아의 여성 이미지가 맨발의 강인함 혹은
원시적 관능미 등으로 각인될 때, 발리는 유럽 특유의 퇴폐적인
귀족 이미지로 나타났다. 그녀는 매너리즘 화가들 초상화 속의
주인공처럼 오만하고 고독해 보였다.

정치를 넘어
전설이 되다

알리다 발리
Alida Valli

베르나르도 베르톨루치^{Bernardo Bertolucci}의 초기작 〈거미의 계략〉(1970)은 호르헤 루이스 보르헤스^{Jorge Luis Borges, 1899~1986}의 소설 〈배신자와 영웅에 관한 주제〉를 각색한 작품이다. 서른 살의 베르톨루치는 여전히 고다르적인 청춘의 당돌함으로, 영화의 관습을 부수고자 하는 열망에 가득 차 있었다. 보르헤스의 단편 자체도 복잡하고 모호한데, 베르톨루치는 여기에 자기의 상상력을 덧칠하여 결과적으로 초현실적인 작품을 내놓았다. 이야기는 아들이 반파시즘의 레지스탕스 영웅으로 찬양되는 아버지의 과거를 찾아가는 것인데, 종국에는 부끄럽게도 영웅이 아니라 배신자로서의 아버지의 존재를 인식하는 것으로 끝난다. 그 배신자-영웅의 모든 것을 알고 있는 여성으로 알리다 발리^{1921~2006}가 나온다. 베르톨루치가 특별한 이유 없이 그녀를 주연으로 캐스팅하진 않았을 것이다.

역사의 소용돌이에 휘말린 그녀

알리다 발리는 아마 〈제3의 사나이〉(1949)의 마지막 장면으로 오래 기억될 것

같다. 비엔나의 고풍스런 길에서, 안톤 카라스Anton Karas, 1906~1985의 그 유명한 치
터 현악기 선율이 연주되는 가운데, 자신을 기다리던 남자(조셉 코튼Joseph Cotten,
1905~1994)에게 눈길 한번 주지 않고 냉정하게 걸어가던 여성으로서 말이다. 이
영화를 통해 발리에게는 비밀이 많고, 도도하고, 무엇보다 비현실적일 정도로
아름다운 외모를 가진 배우라는 이미지가 굳어졌다.

발리는 할리우드의 큰 손 데이비드 셀즈닉에 의해 미국으로 스카우트된 배
우다. 셀즈닉은 잉그리드 버그먼을 초대하여 대중적 성공을 경험했는데, 이번
에는 이탈리아에서 발리를 데려와 그와 같은 영광을 다시 누리고자 했다. 발
리는 미국에 도착하자마자 앨프리드 히치콕의 〈패러딘 부인의 재판〉(1947)에
주연으로 나온다. 곧바로 거장의 작품에 캐스팅된 것이다.

두 영화를 통해 발리는 할리우드에서 성공적인 1950년대를 맞이할 것 같았
다. 그런데 1951년 돌연 이탈리아로 돌아온다. 공개된 이유는 셀즈닉이 유럽
의 제작자들과 달리 지나치게 배우에게 통제권을 행사한다는 것이었다. 세계

최고급의 제작자가 자신을 잉그리드 버그먼처럼 지원해줄 준비가 돼 있는데, 그런 조건을 거부하고 귀국한 점이 선뜻 이해되지 않았지만, 도도한 여배우의 자존심 때문일 것이라는 추측들이 나왔다.

할리우드로 가기 전, 알리다 발리는 이탈리아 파시스트 정권 시절의 스타였다. 그레타 가르보의 도도한 눈빛에, 순간적으로 불안감이 스쳐 지나가는 복잡한 인상, 그리고 빼어난 외모로 발리는 스크린에 등장하자마자 '이탈리아의 연인'이 됐다. 1941년 불과 스무 살에 〈오래된 작은 세상〉(감독 마리오 솔다티Mario Soldati, 1906~1999)으로 베니스영화제에서 여우주연상을 받으면서 이탈리아의 대표 배우로 우뚝 섰다. 그러나 영화제는 무솔리니 정권에 과도하게 이용될 때였고, 그런 영광은 결국 종전 이후 멍에로 작용했다.

전쟁 이후 영화계의 파시스트 관련자들은 대부분 대가를 치러야 했다. 대중에게 노출된 배우들은 종종 혐오의 대상이 되기도 했다. 그리고 이탈리아에는 네오리얼리즘이 시작됐고, 배우가 아닌 일반인들이 연기를 하는 이런 계열의 영화에서 기존 배우들은 일할 기회도 별로 얻지 못했다. 특히 네오리얼리즘과 파시즘을 떠오르게 하는 배우와는 서로 섞일 수 없는 관계였다. 알리다 발리는 스크린에서의 퇴장이 예상됐다. 게다가 무솔리니의 둘째 아들인 브루노 무솔리니Bruno Mussolini, 1918~1941와 연인 사이라는 소문도 있어서, 종전 뒤 발리의 입지는 대단히 불리했다. 셀즈닉의 초대는 그때 온 것이다. 발리는 전후 파시스트의 잔재를 청산하려던, 자신에겐 불리한 사회분위기를 피해 미국으로 갔고, 그곳에서 보란 듯 다시 스타가 됐다.

비스콘티와 만난 뒤 왼쪽으로……

이탈리아에 돌아왔을 때, 발리는 불과 서른 살밖에 안됐는데, 이미 산전수전다 겪은 배우로 보였고, 또 미래의 역할도 별로 기대할 게 없어 보였다. 파시즘의 적극적 지지자였다는 증거는 없지만, 그때 호사를 누린 배우에 대해 관객이 좋은 감정을 가질 수 없었기 때문이다. 이때 손을 내민 감독이 루키노 비스콘티다. 멜로드라마의 걸작으로 평가받는 〈센소〉(Senso, 1954)를 통해서다.

전후 이탈리아의 여성 이미지가 맨발의 강인함(지나 롤로브리지다), 혹은 원시적 관능미(소피아 로렌) 등으로 각인될 때 유럽 특유의 퇴폐적인 귀족 이미지로 나타난 게 〈센소〉에서의 알리다 발리다. 자연의 야만이 아니라, 문명의, 아니 퇴폐의 병든 품위는 이탈리아의 전통을 단숨에 소환하는 캐릭터였다. 그것은 네오리얼리즘으로 잠시 잊고 있던 이탈리아라는 국가의 오래된 이미지이기도 했다. 발리는 매너리즘 화가들 초상화 속의 주인공처럼 오만하고 고독해 보였다. 그는 다시 스타로 대접받기 시작했다.

알다시피 비스콘티는 이탈리아 좌파 영화인들의 리더다. 그와의 만남 이후 발리의 경력은 왼쪽으로 기운다. 〈외침〉(1957)의 안토니오니Michelangelo Antonioni, 1912~2007, 〈오이디푸스 왕〉(1967)의 파졸리니, 그리고 1970년대 들어 베르톨루치를 만난다. 베르톨루치와는 〈거미의 계략〉, 〈1900〉(1976), 〈달〉(1979) 등 모두 세 편을 찍었다. 그러면서 알리다 발리도 진보적인 배우로 각인되기 시작했다. 한때 파시스트의 동조자로 의심을 받던 배우치고는 극적인 반전이었다.

〈거미의 계략〉에서 알리다 발리는 배신자-영웅의 숨겨진 연인 역이었다. 발리에게 이중적인 인상을 갖고 있던 관객이 많을 때 이 영화는 발표됐고, 그래서 발리의 등장 자체가 영화의 테마를 압축적으로 보여주는 것이기도 했다. 관객의 기억 속에 발리는 영웅이기도, 배신자이기도 했다. 베르톨루치가 발리를 캐스팅한 것은 보르헤스 소설의 테마와 겹치는 그녀의 모호한 정체성을 토대로 삼으려는 이유가 컸다. 〈거미의 계략〉은 이탈리아 현대사의 굴곡진 현상에 대한 패러디이기도 했지만, 스타 알리다 발리의 정체성에 대한 수수께끼 같은 영화였다.

진보적 이미지의 정점을 찍은 작품이 〈베르링게르, 당신을 사랑해〉(1977)이다. 베르나르도 베르톨루치의 동생인 주세페 베르톨루치Giuseppe Bertolucci, 1947~2012의 감독 데뷔작이자, 로베르토 베니니Roberto Benigni의 데뷔작이다. 베르링게르는 당시 이탈리아 공산당의 당수였는데, 영화는 어느 청년 노동자(로베르토 베니니)의 베르링게르에 대한 환상을 그린 코미디이다. 발리는 청년의 어머니 역을 맡았다. 풍자극이지만, 제목에서 짐작할 수 있듯 이 영화가 어떤 정치적 태도를 갖고 있는지는 쉽게 알 수 있다. 전후 발리의 진보적 이미지는 그렇게 형성됐다. 그런데 이미지는 전설이고, 사실은 묻혔다는 주장은 지금도 나오고 있다. 그러나 숱한 의혹을 넘어(이를테면 귀국 동기는 미국정부의 과거에 대한 집요한 수사 때문이라는 것) 전설을 역사로 만드는 것, 이것도 스타의 덕목 가운데 하나일 터다.

The Only One
〈센소〉

히치콕의 말을 빌리면 "마치 학교 선생처럼 보이는 여성이
함께 택시를 탔을 때, 놀랍게도 당신 바지의 지퍼를 여는 것"이
성적 매력의 서스펜스라는 것이다.
앞뒤 문맥을 보건대, 그 여성이 그레이스 켈리다.

히치콕 '금발 계보'의 정점

그레이스 켈리
Grace Kelly

지금은 감독 인터뷰의 고전이 된 〈히치콕과의 대화〉에서 저자인 프랑수아 트뤼포Francois Truffaut, 1932~1984는 여성의 성적 매력을 놓고 앨프리드 히치콕과 말다툼 같은 실랑이를 벌인다. 서스펜스 드라마의 거장답게 히치콕은 성적 매력에도 '서스펜스'가 있어야 한다며, 요조숙녀처럼 보이는 여성이 더 매력적이라고 말한다. 반면 마릴린 먼로나 소피아 로렌처럼 성적 매력이 너무 직접적이면 호기심이 생기지 않는다는 것이다. 그러자 트뤼포는 먼로나 로렌이 관객으로부터 사랑받는 이유는 육감적인 스타일 덕분이라며 히치콕의 의견에 반박한다. 히치콕도 가만있지 않는다. "마치 학교 선생처럼 보이는 여성이 함께 택시를 탔을 때, 놀랍게도 당신 바지의 지퍼를 여는 것"이 성적 매력의 서스펜스라고 대꾸한다. 대사의 앞뒤 문맥을 보면 그 여성이 그레이스 켈리1929~1982다. 두 감독은 〈이창〉(Rear Window, 1954)에 대해 한참 이야기하던 중이었다.

히치콕이 말한 '성적 매력의 서스펜스'

히치콕 감독이 금발 미녀를 좋아한다는 건 잘 알려진 사실이다. 영국 시절 발
표한 〈39계단〉(1935)의 주인공 매들린 캐럴Madeleine Carroll, 1906~1987부터 히치콕의
금발 계보는 시작된다. 이런 취향은 할리우드에 와서도 이어졌고, 히치콕은
잉그리드 버그먼을 만나며 전쟁 이후 자신의 전성기를 연다. 그런데 버그먼은
로베르토 로셀리니를 좇아 이탈리아로 떠나버렸고, 이후에 새로 발견한 히로
인이 그레이스 켈리다. 당시 그레이스 켈리는 존 포드의 〈모감보〉(1953)를 통
해 할리우드의 신성으로 막 떠오르던 중이었다.

　켈리는 버그먼보다는 〈39계단〉의 캐럴과 더 비슷했다. 흔히 말하는 '차가
운 금발'로 비쳤다. 그런데 히치콕은 여기에 자신이 말하는 성적 매력의 서스
펜스를 더했다. 히치콕과 켈리의 첫 합작품인 〈다이얼 M을 돌려라〉(1954)를
통해서다. 여기서 켈리는 부자의 상속녀로 나온다. 여전히 지적이고 세련된
중산층 여성인데, 알고 보니 테니스 챔피언 출신인 남편(레이 밀런드Ray Milland,

1907~1986) 몰래 유명 작가(로버트 커밍스Robert Cummings, 1908~1990)와 데이트를 즐기는 비밀스런 인물이다. 붉은색 드레스를 입고 방금 전에 남편과 키스하고, 곧이어 애인과 키스하는, 보기에 따라서는 불쾌감을 줄 수 있는 역할이다. 너무나 결백해 보이는 여성의 반전인데, 여기서 켈리의 매력, 곧 히치콕의 '서스펜스가 있는 금발'이라는 이미지가 싹튼 것이다.

히치콕은 〈다이얼 M을 돌려라〉를 만들 때부터 이미 〈이창〉의 거의 모든 아이디어를 완성해놓았다. 그는 켈리를 보며, 자신이 찾는 '완벽한 블론드'를 이제야 만났다고 생각했다(『히치콕 서스펜스의 거장』 패트릭 맥길리건Patrick McGilligan 지음). 한때 자신의 뮤즈로 추앙하던 버그먼에 대해서는 '사실 그녀는 음탕한 금발'이었다며, 과거와는 다른 말을 늘어놓기도 했다. 원래 히치콕이 성적으로 짓궂은 농담을 잘하는 인물로 유명하지만, 당시의 버그먼 관련 발언들은 자신의 인형을 빼앗긴 소녀의 질투처럼 속 좁아 보였다.

〈이창〉에서 켈리는 모델 역을 맡았다. 〈다이얼 M을 돌려라〉에서도 그랬지만, 여기서는 본격적으로 자신의 세련된 패션 감각을 뽐낼 수 있었다. 그녀의 이름처럼 우아하고 품위 있는 스타일이 더욱 돋보였다. 켈리의 첫 등장 장면은 히치콕의 영화에서 가장 유명한 순간 중 하나이다. 상대역인 사진작가 제프리(제임스 스튜어트)는 낮잠을 자고 있고, 켈리가 그를 깨우기 위해 입술에 가볍게 키스하는 장면인데, 히치콕은 그 모습을 극단적인 프로필로, 또 속도를 늦춰 슬로모션으로 찍는다. 몽환적이라고밖에 달리 표현할 수 없는 이 순간을 통해, 그레이스 켈리는 할리우드 최고의 스타로 등극한다.

〈이창〉으로 최고 스타에 등극

켈리가 미국 관객의 특별한 사랑을 받은 데는 필라델피아의 상류층인 집안

덕도 좀 봤을 것 같다. 부친은 올림픽 조정 종목에서 세 개의 금메달을 딴 미국 스포츠계의 영웅이며, 제2차 세계대전 중에는 루스벨트Franklin Roosevelt, 1882~1945 정부에서 체육 분야의 고급관리로도 일했다. 모친도

체육인인데, 펜실베이니아대학에서 체육을 가르쳤고, 여성 육상부 코치였다. 모친은 또 체육인 이전에 미녀였는데, 어릴 때부터 지역 미인대회에서 종종 우승을 하기도 했다. 말하자면 켈리는 부모로부터 특별한 몸매와 미모를 물려받은 셈이다.

켈리는 큰아버지들의 영향으로 배우에 대한 꿈을 키웠다. 부친의 큰형은 배우였고, 작은형은 퓰리처상을 받은 드라마작가였다. 켈리는 뉴욕에 있는 '미국드라마학교'(American Academy of Dramatic Arts)에 입학하며 본격적으로 연기수업을 받는다. 이 학교는 커크 더글러스Kirk Douglas, 로렌 바콜 등 쟁쟁한 배우들을 길러낸 곳으로 유명하다. 재학 중 켈리는 뉴욕의 브로드웨이 무대에 서며 연기자로서의 경력을 시작했다. 그런데 성량이 너무 작아, 연극무대에서는 늘 애를 먹었다. 마침 그때 성장하기 시작하던 TV에 진출하며 공연계에 이름을 알릴 수 있었다.

영화배우로서의 첫 히트작은 게리 쿠퍼와 공연한 〈하이눈〉(감독 프레드 진네만Fred Zinnemann, 1907~1997, 1952)이다. 보안관 쿠퍼와 막 결혼한 퀘이커 교도 신부 역이었다. 〈하이눈〉은 게리 쿠퍼의 거의 1인극이고, 켈리는 많은 조연 가운데 한 명이었다. 그러나 스물두 살이던 켈리는 '순결함'이라는 이미지로 각인되기에 모자라지 않는 연기를 보여줬다. 여기에서의 이미지 덕분에 켈리는

존 포드를 만나 〈모감보〉에 나올 수 있었다. 클라크 게이블을 사이에 놓고, 에바 가드너와 경쟁을 벌이는 역할이다. 가드너의 관능미와 켈리의 청순미가 대조됐다. 당시에 가드너는 이미 스타였고 켈리는 신인이었는데, 켈리의 매력이 얼마나 돋보였던지 영화가 발표된 뒤 두 스타의 위치는 비슷해졌다.

히치콕이 자랑한 대로 켈리의 어린 이미지에서 성적 매력을 끌어낸 것은 그의 안목이었다. 〈다이얼 M을 돌려라〉에서 히치콕이 말한 '완벽한 금발', 곧 서스펜스를 느끼게 하는 성적 매력이 시작됐고, 〈이창〉에서 그 매력이 더욱 빛났다. 아마도 정점은 히치콕과의 세 번째 작품이자 마지막 작품인 〈나는 결백하다〉(1955)일 것이다. 미국인 부호의 딸로 나온 켈리는 프랑스 남부 리비에라 해변의 절경을 배경으로 수없이 아름다운 옷을 갈아입는 인형처럼 등장한다. 그런데 여기서도 상대역인 캐리 그랜트와의 관계를, 특히 육체적인 관계를 주도하는 이중적인 이미지를 연기한다. 차갑고 결백해 보이지만, 속에서는 불꽃이 터지는 여성인 것이다.

켈리는 히치콕을 만나 세 편의 영화를 만들었는데, 그 모두는 할리우드 영화사의 보석이 됐다. 1956년 모나코의 왕자와 결혼하며 켈리는 영화계에서 은퇴했는데, 만약 그렇지 않았다면 히치콕의 또 다른 금발 미녀인 〈새〉(1963)의 주인공 티피 헤드렌Tippi Hedren의 등장은 더욱 늦어졌을 것이다.

The Only One
〈이창〉

젤소미나는 성장이 멈춘 여성이다. 젤소미나는 전후 이탈리아에서 타의에 의해 성장이 중단된 경우다. 젤소미나는 연약하고 바보 같다. 펠리니에 따르면 전쟁과 파시즘을 겪은 이탈리아의 운명이 그렇다는 것이다. 젤소미나를 연기한 줄리에타 마시나는 이 역을 통해 영원히 영화사에 남았다.

고통받는 사람들의 연인

줄리에타 마시나
Giulietta Masina

〈길〉(1954)의 주인공 젤소미나는 성장이 멈춘 여성이다. 이를테면 귄터 그라스Gunter Grass, 1927~2015의 소설 〈양철북〉(1959)의 주인공 오스카와 비슷한 캐릭터다. 단 오스카는 나치 독일에서 자의로 성장을 거부했다면, 젤소미나는 전후 이탈리아에서 타의에 의해 성장이 중단된 경우다. 단호하고 광기에 가까운 의지의 오스카와는 달리 감성의 젤소미나는 연약하고 바보 같다. 펠리니에 따르면 전쟁과 파시즘을 겪은 이탈리아의 운명이 그렇다는 것이다. 찢어지게 가난한 집안의 딸이고, 배우지 못했고, 성장하자마자 돈에 팔려가고, 길에 떠돌 운명이며, 결국 이용만 당하다 버려진다. 이탈리아의 관객은 젤소미나를 보고 자기 연민에 울었다. 그런데 전세계의 관객도 그녀를 사랑했다. 말하자면 젤소미나는 시대의 초상화가 됐는데, 그녀를 연기한 줄리에타 마시나1921~1994는 이 역을 통해 영원히 영화사에 남았다.

〈길〉

펠리니와의 만남

1940년대 초 줄리에타 마시나가 로마대학에 다니며 대학연극반 활동을 할 때, 페데리코 펠리니는 지방에서 막 로마에 도착한 작가 지망생이었다. 그는 글도 잘 썼지만, 그림 실력 덕분에 당시 미군들 캐리커처를 그려주고 생계를 꾸렸다. 펠리니가 작가의 가능성을 보여준 것은 라디오 드라마를 통해서였다. 두 사람은 그때 만났다. 펠리니는 막 주목받는 라디오 작가였고, 마시나는 부업으로 성우를 하던 대학연극반 배우였다. 마시나는 미래의 남편인 펠리니의 드라마에 출연하며 유명 성우로 이름을 알리기 시작한다. 두 사람은 1943년 결혼한다. 펠리니는 스물세 살, 마시나는 스물두 살이었다.

이후 펠리니는 로셀리니의 조감독이 되면서 우리 모두가 잘 아는 거장의 길을 걷기 시작한다. 로셀리니의 시나리오를 쓰고, 조연출을 맡고, 결국 감독으로 데뷔한다. 반면 마시나는 라디오와 연극 무대를 통해 배우로 성장한다. 연기도 잘 했지만, 특히 춤을 잘 췄다. 네오리얼리즘이 주류를 이루던 시절 알

베르토 라투아다Alberto Lattuada, 1914~2005의 〈동정도 없이〉(1948)를 통해 영화에 데 뷔했는데, 바로 그 작품으로 마시나는 이탈리아의 가장 오래된 국내 영화제인 '은리본상'에서 조연상을 받으며 배우로서 이름을 알리기 시작한다.

당시에 네오리얼리즘이 지배적인 미학인 것은 마시나에게 행운이었다. 마시나는 외모로 크게 어필하는 배우가 아니라서 하는 말이다. 알다시피 네오리얼리즘은 기성배우를 좀처럼 캐스팅하지 않았다. 특히 현실적이지 않은 빛나는 외모를 가진 배우는 오히려 기피했다. 지나 롤로브리지다로부터 이어지는 이탈리아의 육체파 여배우 시대는 네오리얼리즘이 쇠락할 때 본격적으로 시작된다. 마시나는 네오리얼리즘의 캐릭터들, 곧 하층민 여성들을 연기하며 주목받았다. 데뷔작에서는 매춘부, 남편의 감독 데뷔작인 〈버라이어티 쇼〉(1950)에서는 유랑극단 배우, 역시 펠리니 연출의 〈백인추장〉(1952)에서 또 매춘부, 로셀리니의 〈유럽'51〉(1952)에서 빈민촌 여성으로 나온다. 늘 먹는 게 걱정이고, 길거리에 나앉아야 하는 최하층 여성들이다. 모두 조연이거나 단역들이었다.

〈길〉이 발표될 때는 네오리얼리즘도 위기를 맞을 때이고, '분홍빛 네오리얼리즘'이라는 감상적 혹은 희극적 변형이 등장하여 관객의 사랑을 받을 때다. 이를테면 조각 같은 외모를 가진 롤로브리지다가 주연으로 나온 변형된 네오리얼리즘 영화 〈빵, 사랑, 상상〉(1953, 감독 루이지 코멘치니Luigi Comencini, 1916~2007) 같은 작품들이 쏟아져 나올 때다. 말하자면 사회고발과 여성육체의 전시, 그리고 패러디의 유머 등이 종합된 희극이 대세였다.

그런데 펠리니는 〈길〉에서 주로 조연배우로 활동하던 왜소한 외모의 아내를 주연으로 캐스팅했다. 세상의 관객은 이탈리아 여성의 관능에 매혹될 때인데 말이다. 〈길〉은 정통 네오리얼리즘과 비교하면 정치성과 계급의식이 부족한 감상적 드라마로 비칠 수도 있는데, 관객의 사랑은 전례가 없던 것이었다. 세상의 풍파에 휘둘리는 젤소미나를 연기하는 마시나의 역량은 지금 봐도 감탄이 절로 나온다. 어떻게 당시 서른세 살인 배우가 어린이와 같은 맑은 눈동자와 남자를 아는 여자의 성숙한 눈동자를 동시에 연기하는지 신기할 따름이다. 〈길〉은 아카데미 외국어영화상을 받으며 이들 부부를 세계적인 스타로 만들었다. 특히 마시나는 젤소미나 역을 통해 세상의 모든 고통 받는 사람들의 연인이 됐다.

장례식에 울려 퍼진 〈길〉의 멜로디

〈길〉에서의 인기는 〈카비리아의 밤〉(1957)을 만나 절정에 이른다. 역시 펠리니의 연출작인데, 마시나는 또 매춘부로 나온다. 로마 밤풍경의 빼어남, 특히 카비리아가 밤이 되면 일터처럼 나오는 카라칼라 목욕탕 주변의 거리 풍경은 이 영화의 압

〈카비리아의 밤〉

권으로 남아 있다. 카비리아는 혈혈단신에 오직 몸을 팔아 생계를 꾸리지만, 늘 '정상적인 삶'을 살고 싶은 꿈을 포기하지 않는다. 하지만 세상의 모든 남자는 그녀에게 오직 돈만을 요구할 뿐이다. 비정하게 버림받은 카비리아가 자살의 유혹을 뒤로하고, 밤거리를 걸으며 눈물이 고인 눈으로 관객을 바라보는 마지막 장면은 줄리에타 마시나가 고통 받는 모든 사람들에게 호소하는 연대의 몸짓으로 해석됐다. 일어나 앞으로 걷자는 것이다. 그리고 관객을 바라보는 그 장면은 이후 펠리니 영화의 주요한 테마가 되는 자기 반영성의 출발을 알리는 순간이었다. 〈카비리아의 밤〉으로 펠리니는 2년 연속 아카데미 외국

어영화상을 받았고, 마시나는 칸영화제에서 여우주연상을 받았다.

　마시나는 펠리니 영화에서 최고로 빛났지만 아쉽게도 다른 감독들과는 특별한 작품을 내놓지 못했다. 특히 쥘리앙 뒤비비에Julien Duvivier, 1896~1967의 대규모 예산 영화 〈위대한 삶〉(1960)이 흥행에서 참패하며 마시나는 잠시 영화계에서 물러나기도 했다. 펠리니 최초의 컬러영화인 〈영혼의 줄리에타〉(1965)에 오랜만에 등장한 뒤, 마시나는 사실상 영화계 활동은 거의 하지 않는다. 20여년의 공백을 깬 작품이 〈진저와 프레드〉(1986)이다. 과거 할리우드 뮤지컬의 스타 진저 로저스와 프레드 아스테어처럼 댄스 콤비를 이뤘던 두 늙은 배우들이 오랜만에 TV 특별프로그램에 출연하는 이야기다. 늙은 남녀는 이제 스텝도 엉성하게 밟는데, 그러면서도 평생 무대 위에 살았던 자신들의 삶에 대한 무한한 애정을 표현한다. 상대역은 펠리니의 영화 속 분신인 마스트로이안니였고, 따라서 〈진저와 프레드〉는 60대가 된 두 배우, 그리고 펠리니 자신의 스크린을 통한 작별인사처럼 보였다.

　펠리니는 1993년 가을에 죽었고, 마시나는 금실 좋은 부부들이 대개 그렇듯 불과 5개월 뒤 죽었다. 장례식에선 마시나의 유언에 따라 〈길〉의 유명한 멜로디가 트럼펫으로 연주됐다. 마시나는 죽어서도 젤소미나로 남았던 것이다.

The Only One
〈길〉

이탈리아 영화계가 네오리얼리즘의 무게에 눌려
출구를 찾지 못하고 있을 때 등장한 형식이
'분홍빛 네오리얼리즘'과 '이탈리아식 코미디'다.
이탈리아 영화계가 이를 통해 자신들의 매력을
더욱 확산시키는 계기가 됐다.
그런 흐름을 주도한 스타는 단연 지나 롤로브리지다였다.

원시적 관능, 순수한 마음

지나 롤로브리지다
Gina Lollobrigida

제2차 세계대전 이후 이탈리아의 네오리얼리즘은 전세계의 영화에 영향을 미친다. 현실과 허구 사이의 구분이 모호해진 다큐멘터리 같은 형식은 전후의 상처를 목격하기에 더없이 적절해 보였다. 당시는 거의 모든 사람들이 지옥 같은 전쟁의 경험에서 막 빠져나올 때였는데, 이탈리아의 리얼리즘은 우리가 처해 있는 상황을 진지하게 성찰하도록 이끌었다. 현실을 바라보는 감독의 시선이 대단히 중요해졌고, 허구를 연기하는 배우의 역할은 상대적으로 줄어들 때다. 안나 마냐니가 출연한 로베르토 로셀리니의 〈무방비 도시〉(1945)를 제외하고, 네오리얼리즘 영화에서 배우의 역량이 돋보인 경우는 거의 없었다. 그냥 일반인이 배우의 역할을 했다. 이런 경향에 변화를 몰고 온 게 소위 '분홍빛 네오리얼리즘'이다. 연성화된 리얼리즘이고, 다시 배우의 미모와 기량이 요구됐다. 그 첫 스타가 지나 롤로브리지다[1927~]이다.

〈뽕· 사랑· 상상〉

'이탈리아식 코미디'의 스타

롤로브리지다를 주연급 배우로 발돋움시킨 감독은 루이지 잠파Luigi Zampa, 1905~1991이다. 소위 네오리얼리즘의 세 거장인 로셀리니, 루키노 비스콘티, 비토리오 데 시카Vittorio De Sica, 1901~1974의 뒤를 이은 감독으로, 리얼리즘의 엄정함과 코미디의 감성 사이를 절충하며 자신의 개성을 발휘한 인물이다. 롤로브리지다는 잠파의 〈교회의 종〉(1949)에서 매춘부로 나오며 단숨에 주목받았다. 전쟁 중에 매춘부였지만, 그때 번 돈으로 고향에서 새 출발을 하려 했는데, 엉겁결에 교회가 운영하는 고아원의 천사 같은 후원자가 되는 내용이다. 매춘부로 등장할 때의 빛나는 외모, 그리고 전쟁 고아들의 후원자가 될 때의 순수한 마음이 동시에 표현되는 이중적인 매력으로 전후 이탈리아 영화계의 주목을 한몸에 받았다.

폐허에서도 빛나는 미모는 잠파의 다음 작품인 〈마음에는 국경이 없다〉(1950)에서도 돋보였다. 전쟁이 끝난 뒤 연합군에 의해 마을이 단 하나의 선에 졸지에 둘로 나뉘는 정치드라마다. 우리의 38선을 떠올리면 상상이 되는 작품이다. 하루아침에 인위적인 국경선의 동쪽은 유고슬라비아, 서쪽은 이탈리아가 되는 어처구니없는 상황에서 롤로브리지다는 사랑 때문에 국경을 넘나드는 모험을 감행한다. 시골 처녀의 순수함과 야만성이 동시에 표현되는 이때의 개성으로 롤로브리지다는 당시 할리우드의 거물 제작자였던 하워드 휴스^{Howard Hughes, 1905~1976}의 초청을 받는다.

그런데 할리우드의 경험은 좋은 기억을 남기지 못했다. 하워드 휴스는 롤로브리지다를 배우라기보다는 연인으로 대접했다. 계약을 맺었지만 휴스의 구애가 너무 적극적이라 롤로브리지다는 이탈리아로 돌아오고 말았다. 당시에 롤로브리지다는 슬로베니아 출신 의사와 이미 결혼한 사이였다. 롤로브리지다에 따르면 휴스는 '하늘의 달'도 약속할 정도로 열렬히 구애했다. 어쨌든 이때의 계약 파기 때문에 롤로브리지다는 1959년 〈솔로몬과 시바 여왕〉(감독 킹 비더)에 나올 때까지 미국 내에서는 활동을 할 수 없었다.

이탈리아에서 롤로브리지다를 기다리고 있던 감독은 루이지 코멘치니였다. '이탈리아식 코미디'의 대표적인 감독이다. 이 형식은 '분홍빛 네오리얼리즘'이 코미디로 더욱 변주된 것이다. 사회에 대한 비판이 있지만, 그것보다는 유머에 더 큰 방점이 찍혀 있다. 코멘치니와의 첫 작품이 이탈리아식 코미디의 걸작인 〈빵, 사랑, 상상〉(1953)이다. 전쟁 이후 폐허가 된 이탈리아를 배경으로, 이들의 특성을 웃음의 소재로 삼았다. 너무나 가난하여 '빵'이 절실하게 필요하지만, 그 와중에 사람들은 '사랑'에도 열심이다. 먹을 것도 없고 사랑도 할 수 없다면, 그때는 '상상'을 발동하면 된다는 이탈리아 사람들의 넉넉한 낙관주의가 돋보이는 코미디다. 영화에서 어떤 남자는 샌드위치 빵만 달랑 두 쪽 들고 있는데, 행인이 빵 안엔 무엇을 넣을 것인지 묻자, 가진 게 없는 그는 씩 미소를 지으며 '상상'이라고 답한다.

빵, 사랑 그리고 상상력 모두에서 적극적인 롤로브리지다는 이 작품을 통해 가난하지만 순수한 마음을 가진 매력으로, 또 숨길 수 없는 원시적인 관능미로 세계적인 스타로 발돋움한다. 네오리얼리즘에 이어 '이탈리아식 코미디'라는 형식도 세계로 알려지기 시작했는데, 후속작 〈빵, 사랑, 질투〉(감독 루이지 코멘치니, 1954)는 이런 영화 형식과 롤로브리지다의 매력을 다시 확인하게 했다.

뮤지컬 배우 같은 춤과 노래 솜씨

〈노틀담의 꼽추〉

롤로브리지다는 로마 근교에서 가구업을 하는 집에서 태어났다. 부친의 사업 덕분에 어릴 때는 아주 부유했는데, 연합군의 공습으로 공장이 잿더미가 되는 바람에 하루아침에 길거리로 내몰리는 신세가 됐다. 롤로브리지다는 어릴 때부터 예술에 큰 재능을 보였다. 노래를 잘 불렀고, 춤도 잘 췄으며, 특히 그림을 잘 그렸다. 최종적으로는 그림을 선택하여 로마의 미술학교에 진학했다. 학생 때부터 캐리커처를 그리며 학비를 충당하기도 했다. 재학 중이던 1947년 스무 살 때 미스 이탈리아에 참가하여 3등에 당선됐다(1등은 미켈란젤로 안토니오니의 초기의 뮤즈였던 루치아 보제Lucia Bose였다). 이때부터 모델과 영화의 단역을 하며 연예계의 경험을 쌓았다. 처음 로마의 치네치타 스튜디오에 갔을 때는 영화사로부터 자전거를 선물 받았는데, 겨우 1년 만에 기사가 딸린 롤스로이스를 선물 받을 정도로 벼락같은 성공을 거뒀다. 여기엔 외모도 한몫했지만, 그것보다는 타고난 재능이 주머니 속의 송곳처럼 뚫고 나왔다고 보는 게 맞다.

대중적으로 대단히 유명한 〈노틀담의 꼽추〉(감독 장 들라누아Jean Delannoy, 1908~2008, 1957)를 떠올려보자. 집시로 분장한 야성미 넘치는 외모에, 자연스런 연기에, 노틀담 사원 앞 광장에서의 정열적인 춤과 노래가 제일 먼저 기억날 것 같다. 보통은 빼어난 외모에 연기만 되어도 스타로 성장할 수 있다. 롤로브리지다는 여기에 춤과 노래에서도 탁월한 솜씨를 보였다. 롤로브리지다는 〈노틀담의 꼽추〉에서뿐 아니라 자신이 출연하는 다른 영화에서도 가창력을 종종 뽐냈다. 이런 개성은 미국 진출작인 〈솔로몬과 시바 여왕〉에서도 돋보였다. 유명한 시퀀스인 '이교도의 춤'에서 솔로몬을 유혹하는 시바 여왕의 춤은 뮤지컬 배우의 수준과 맞먹는 것이었다.

이탈리아 영화계가 네오리얼리즘의 무게에 눌려 출구를 찾지 못하고 있을 때 등장한 형식이 '분홍빛 네오리얼리즘'과 '이탈리아식 코미디'다. 종종 상업성 때문에 비판을 받기도 하는 형식이지만, 세계의 주목을 받던 이탈리아 영화계가 이를 통해 자신들의 매력을 더욱 확산시키는 계기를 만들기도 했다. 그런 흐름을 주도한 스타는 단연 지나 롤로브리지다였다.

The Only One
〈빵, 사랑, 상상〉

킴 노박은 〈현기증〉에서 유령 혹은 비너스처럼 스크린에
출몰했다. 시체처럼 죽은 듯 무표정하고, 동시에 사랑하지
않을 수 없게 야수처럼 도발적인 여성이라는 이중성으로,
누구도 닮을 수 없는 개성을 남겼다.

유령처럼 비너스처럼,
신비한 이중 이미지

킴 노박
Kim Novak

영국의 영화전문지 「사이트 앤드 사운드」가 10년마다 발표하는 베스트영화
리스트에서 부동의 1위는 〈시민 케인〉(1941)이었다. 1962년부터 내리 5년 연
속 1위다. 말하자면 〈시민 케인〉은 50년 동안 최고의 작품으로 평가받았다.
그런데 세계의 평론가들을 대상으로 조사하는 이 리스트에 처음 변동이 일어
난 게 최근에 발표된 2012년의 결과다. 〈시민 케인〉을 50년의 왕좌에서 끌어
내린 작품은 앨프리드 히치콕의 〈현기증〉(1958)이다. 이 결과에 많은 이유들
이 제시됐다. 그 가운데 한 가지만 우선 기억하고 싶은 것은 히치콕이 말한 대
로 시체애호증(necrophilia)이라는 무의식의 강박이다. 그 강박의 경이로운 대
상으로, 유령 혹은 비너스처럼 스크린에 출몰한 배우가 바로 킴 노박1933~이
다. 시체처럼 죽은 듯 무표정하고, 동시에 사랑하지 않을 수 없게 야수처럼 도
발적인 여성이라는 이중성으로, 누구도 닮을 수 없는 개성을 남긴 것이다.

히치콕의 '아름다운 시체'

트뤼포와의 인터뷰(《히치콕과의 대화》)에서 히치콕은 〈현기증〉을 한 줄로 요약
했다. "남자는 죽은 여자와 자고 싶어 합니다." 그 남자로 제임스 스튜어트, 그
리고 '죽은 여자'로 킴 노박이 나왔다. 매들린이라는 회색 투피스에 검정 구두
를 신은 무표정한 여성이다. 얼핏 유니폼을 입은 관료처럼 냉담해 보일 수도
있는 인상이다. 그런데 남자는 그녀에게 첫눈에 반한다. 그러고는 유명한 '추
적 시퀀스'를 통해 스튜어트, 곧 스코티는 10분이 넘도록 대사 한마디 없이 그
녀를 따라간다. 오직 버나드 허먼Bernard Herrmann, 1911~1975의 죽음 같은 음악만이
들릴 뿐이다. 그 추적은 꽃집으로, 성당으로, 묘지로 그리고 미술관으로 이어
진다. 유령에게 혼 들린 남자의 모습을 상상하려면 스튜어트의 표정을 보면
된다. 매들린은 진짜 유령처럼, 어디론가 휙 사라지고, 또 나타나며 전직 경찰
스코티의 넋을 빼놓는다.

관음증적 시선의 대가인 히치콕의 테크닉에 넘어가지 않을 관객이 얼마나
될까? 아마 그때 세상의 거의 모든 관객은 스튜어트의 입장에서 킴 노박을 바
라봤을 테고, 또 그처럼 혼이 빠졌을 것이다. 손에 닿을 듯 빠져나가고, 결코

잡히지 않을 거리에서 불현듯 출몰하는 매들린이 눈앞에서 투신자살하는 것을 봤을 때, 관객도 스코티처럼 경악했고, 나중에는 삶의 의욕마저 잃는다. 이때부터 죽은 여자를 애타게 원하는 스코티는 오르페우스였고, 기억 속에 등장하는 매들린은 에우리디케였다. 말하자면 스코티와 매들린은 시체애호증 드라마의 신화적 주인공이 됐다.

죽은 사람에 집착하는 것, 이런 병적 태도는 프로이트에 따르면 쾌락원칙의 한 부분이다. 그는 죽음을 '긴장의 완벽한 해소'로 해석하고, 당황스럽게도 이것이 궁극의 쾌락이라고 말한다(『쾌락원칙을 넘어서』). 그렇다면 '매들린과 자고 싶어 하는' 스코티의 간절한 소원, 곧 네크로필리아는 결국 무의식의 본능이자 쾌락의 불가능한 목표인 것이다. 그 대상, 곧 '아름다운 시체'를 히치콕은 관음의 시선으로 잡았고, 가능하지 않아서 더욱 간절한 대상인 매들린은 유령처럼 반복하여 출몰하며 사랑의 영원한 이상형으로 군림하는 것이다.

배우로서, 특히 여배우로서 불가능한 대상으로 기억되는 것만큼 부러운 게 있을까? 그는 유령처럼 현실 너머에 존재하고, 죽지 않을 것이며, 그래서 영원히 기억 속에 출몰할 테니 말이다. 〈현기증〉은 킴 노박이라는 배우를 초현실의 존재로 각인시킨 작품이다. 배우로선 이런 영광이 없다. 그래서인지 〈현기증〉은 마치 '백조의 노래'처럼 그의 연기 경력에서 정점을 찍었고, 이후로는 결코 〈현기증〉에 버금가는 작품을 내놓지 못했다. 그런들 어떤가. 〈현기증〉이라는 걸작이 노박의 작품 목록에 기록돼 있으니 말이다. 이것 하나로도 충분하지 않을까?

〈피크닉〉의 청순하고 육감적인 이중 이미지

킴 노박은 체코 출신 교사 부부의 딸이다. 어릴 때부터 미모로 유명했다. 10대

때부터 지역의 미인대회에서 상을 받으며, 광고지의 모델로 일하기 시작했다. 할리우드에서 엑스트라로 일하기도 했는데, 출세의 길이 열린 건 당시 컬럼비아 영화사 사장 해리 콘Harry Cohn, 1891~1958의 눈에 띄면서부터다. 해리 콘은 프랭크 카프라와 짝을 이뤄 소규모 스튜디오였던 컬럼비아를 메이저로 키운 할리우드 산업계의 전설이다.

노박은 1955년 조슈아 로건의 〈피크닉〉에서 윌리엄 홀덴의 파트너로 나오며 이름을 알리기 시작한다. 미국 소도시의 숨 막힐 것 같은 전통적인 질서에서 탈출하기 위해 모험을 감행하는 여성 역할이다. 지역 재벌의 아내가 될 수 있는 기회를 박차고, 미래를 알 수 없는 방랑자 윌리엄 홀덴을 따라가는 여성인데, 청순미와 관능미가 교묘하게 섞여 있는 이중적인 외모로 단번에 주목받았다. 그러고는 히치콕의 〈현기증〉을 만났다. 시나리오에 까다롭기로 유명한 노박은 처음엔 허점이 있는 시나리오에 크게 동의하지 않았다. 오직 감독에 대한 신뢰 하나로 제작에 합류했다. 해리 콘이 "히치콕은 대가"라고 추천해서 주저할 이유가 없었다는 것이다. 시나리오를 다시 읽은 뒤, 노박은 매들린

〈피크닉〉

에 흠뻑 빠지고 말았다. 당시의 자신의 처지를 말해주는 것 같아서다. 다른 사람들, 특히 남자들의 시선에 맞게 모든 것, 곧 머리칼 등 외모는 물론이고 걷는 태도까지 바꿔야 하는 배우로서의 자신의 처지가 겹쳐 보였다.

〈현기증〉 이후에 노박은 점점 영화에 흥미를 잃는다. 불과 스물다섯 살이었고, 미래가 창창

할 때인데 말이다. 든든한 후원자였던 해리 콘의 죽음도 이유가 됐고, 노박에 따르면 이후에 마음에 맞는 시나리오를 만나지 못했다고 한다. 말하자면 〈현기증〉의 후유증 같은 것으로, 노박에게 다른 작품들은 시시해 보였다. 그래서인지 이후에는 작업을 할 때마다 시나리오의 해석을 놓고 감독들과 다투는 일이 잦았다. 노박은 사실상 그때 일에 대한 열정을 잃었다고 고백하기도 했다. 그래도 이후에 감독에 대한 믿음으로 빌리 와일더의 〈키스 미 스투피드〉(1964)에 출연했는데, 감독이 원하는 건 '금발의 백치'였고, 노박은 하기 싫은 역할을 억지로 끝마쳐야 했다.

아쉽게도 이때 이후 노박의 배우로서의 경력은 사실상 끝난다. 이후에는 은퇴와 컴백을 반복했다. 1968년 로버트 알드리치 Robert Aldrich, 1918~1983 감독의 〈라일라 클레어의 전설〉에서 다시 한 번 〈현기증〉의 '청순하고 육감적인 이중 이미지'를 요구받았지만 결과는 실망스러웠다. 감독은 노박이 배우의 열정을 잃었다고 비난했다. 노박은 감독이 배우의 열정을 꺾었다고 맞받았다. 이런 볼썽사나운 일은 이후에도 반복됐다.

그럼에도 불구하고 킴 노박은 행복한 배우다. 세상의 영화인들이 최고라고 꼽는 영화에서 주연을 하지 않았나. 배우로서의 많은 허물은 사실 부차적인 것이고, 걸작에서 연기했다는 것, 그것은 영원히 기록에 남는다.

The Only One
〈현기증〉

큰 가슴을 반쯤 드러낸 블라우스와 꽉 끼는 치마를 입은 로렌이
나폴리 거리를 활보할 때, 모든 남자들이 그녀의 뒷모습을
쳐다보는데, 그건 전세계 관객의 시선이기도 했다.

태양은 가득히

소피아 로렌
Sophia Loren

〈주말의 명화〉를 기억하는 세대로서 소피아 로렌^{1934~}을 처음 본 것은 TV를 통해서였다. 무슨 대단한 작품이 아니라, 〈돌고래 위의 소년〉(1957)이라는 할리우드 대중영화였다. 웨스턴의 총잡이로 유명한 앨런 래드와 공연한 것인데, 로렌은 그리스의 해녀로 나온다. 그리스의 푸른 바다와 맑은 하늘이 그림처럼 제시된 도입부에 이어, 입으나마나 한 옷을 입은 로렌이 젖은 몸매를 거의 드러낸 채 배 위로 올라오는 장면부터 TV에서 눈을 뗄 수가 없었다. 물에서 등장하는 비너스의 이미지는 회화와 영화에서 종종 볼 수 있는 소재인데, 나에겐 다른 어떤 비너스보다 로렌의 모습이 가장 선명하게 남아있다. 그건 포르노그래피를 처음 보는 소년의 '길티 플레저'(Guilty Pleasure)와 같은 흥분일 터다. '관능적'이라는 언어의 시각적 현시는 그 때 처음 경험한 것 같다.

〈두 여인〉

비토리오 데 시카의 발견

그런데 이런 성적 흥분은 나만 경험한 게 아니었던 모양이다. 우디 앨런이 〈우디 앨런의 애니씽 엘스〉(2003)에서 말하길, 마술을 통해 소피아 로렌과 마릴린 먼로와 함께 '스리섬'을 했는데, 한 장면에 두 배우가 동시에 등장한 것은 그게 최초였다고 허세를 떤다. 또 데이비드 크로넨버그의 〈스파이더〉(2002)에는 성적 탐닉이 심했던 정신병 경험자가 나오는데, 그는 입가에 미소를 띠며 소피아 로렌에게서 음탕한 편지를 받았다고 으스댄다. 말하자면 남자들의 성적 환상 속 주인공으로, 소피아 로렌은 마릴린 먼로와 더불어 최고의 자리에 초대받는 것이다.

실제로 로렌은 성적 매력을 과시하며 스타덤에 올랐다. 출세작인 비토리오 데 시카의 〈나폴리의 황금〉(1954)을 통해서다. 로렌은 피자집 주인 아내로 나오는데, 당시 스무 살이 채 되지 않았지만 남편 몰래 다른 남자들과 대낮에 사랑을 즐기는 바람둥이 여성 역을 능숙하게 해낸다. 큰 가슴을 반쯤 드러낸 블라우스와 꽉 끼는 치마를 입은 로렌이 나폴리 거리를 활보할 때, 모든 남자들이 그녀의 뒷모습을 쳐다보는데, 그건 전세계 관객의 시선이기도 했다. 사람들의 눈길을 단숨에 사로잡은 도발적인 육체의 로렌은 보카치오의 여성들처럼 자유분방해 보였다.

1950년 불과 열여섯 살 때 미스 이탈리아의 결선에 오르며, 로렌은 당시 최고급의 제작자였고 훗날 남편이 되는 카를로 폰티^{Carlo Ponti, 1912~2007}의 눈에 띄어 배우로 데뷔한다. 스물두 살 차이가 나는 폰티와는 그때부터 사실상 연인 관계였는데, 어린 로렌은 남편의 지시에 따라 닥치는 대로 영화에 출연했다. 당시의 이름은 소피아 라자로였다. 자칫 육체적인 매력만 착취당할 수도 있던 배우였지만(이탈리아에는 지금도 그런 여신 같은 몸매를 가진 배우가 넘친다), 다행히 데 시카를 만나 영화 경력의 전환점을 맞이했다. 이즈음 소피아 라자로는 소피아 로렌이 된다.

〈나폴리의 황금〉은 데 시카가 네오리얼리즘에서 소위 '이탈리아식 코미디'(사회비판을 기초로 한 코미디)로 연출 방향을 바꿀 때 발표된 작품이다. 데 시카는 나폴리 출신인 로렌에게서 지중해 여성의 적극성, 즉흥성, 생활력, 유머, 활기 등을 봤고, 그런 캐릭터를 로렌의 페르소나로 각인시켰다. 로렌은 기회가 있을 때마다 자신의 평생의 감독으로 주저 없이 비토리오 데 시카를 꼽는다. 〈나폴리의 황금〉은 흥행에서 큰 성공을 거뒀고, 그때부터 로렌은 할리우드의 주목을 받기 시작했다. 로렌은 겨우 스물두 살 때인 1956년 할리우드로 간다.

할리우드의 전략은 로렌을 미국의 스타들과 콤비로 캐스팅하는 것이었다. 앨런 래드와 공연한 〈돌고래 위의 소년〉은 로렌의 미국 데뷔작이다. 연이어 캐리 그랜트와 〈자존심과 열정〉(1957), 앤서니 퍼킨스^{Anthony Perkins, 1932~1992}와 〈느릅나무 아래 욕망〉(1958), 다시 캐리 그랜트와 〈하우스보트〉(1958), 그리고 클라크 게이블과 〈나폴리에서 시작된 일〉(1960) 등 스타 캐스팅의 작품들이 쏟아져 나왔다. 돌아보면 그때는 대중적 인기는 누렸지만,

배우로서는 데뷔 때처럼 관능을 착취당하는 처지에 놓여 있었다. 할리우드 시절이 '배우 로렌'에겐 오히려 위기였고, 게다가 캐리 그랜트와의 염문이 남편의 심기를 불편하게 했다. 로렌은 다시 활동 거점을 이탈리아로 옮겼다. 1960년대 로렌은 할리우드와 이탈리아를 오가며 경력을 이어간다.

나폴리의 가난한 어린 시절

로렌은 미혼모의 큰딸이다. 친부는 딸을 두 명이나 두고도 로렌의 모친과는 결혼하지 않았다. 전쟁이 나자 극심한 가난에 내몰린 친모는 로마 생활을 청산한 뒤 두 딸을 데리고 자신의 어머니가 사는 나폴리로 피난을 간다. 여기서 모친은 피아노를 가르치며 딸들을 겨우 키운다. 전후 미군들이 군항이 있는 나폴리에 몰려왔을 때, 할머니는 자신의 집을 개조하여 미군들을 주로 상대하는 카

〈어제, 오늘, 그리고 내일〉

페를 열었다. 갓 열 살을 넘긴 로렌은 서빙을 하고, 모친은 피아노를 치고, 여동생은 노래를 불렀다. 두 딸이 얼마나 예쁜지, 이곳은 미군들 사이에서 금방 소문이 났다. 가족들은 오랜만에 안정된 생활을 할 수 있었는데, 그때 모친은 큰딸 로렌의 남다른 미모에 주목했다. 사실 로렌의 모친도 대단한 미인이었다. 1932년 그레타 가르보를 닮은 여성 콘테스트에서 1등에 뽑혔다. 부상으로 주어진 미국 여행을 임신 때문에 포기할 수밖에 없었는데, 뱃속의 아이가 바로 로렌이었다.

이탈리아로 돌아온 로렌은 다시 데 시카와 팀을 이뤄, 〈두 여인〉(1961)에 출

연한다. 다분히 자전적인 이 영화는 딸을 키우는 홀어머니(로렌)가 전쟁통에 어린 딸을 지키기 위해 온갖 희생을 다하는 내용이다. 말하자면 로렌은 자신의 어머니 혹은 할머니가 살아냈던 과거를 연기한 것이다. 이 작품으로 로렌은 배우로서 최고의 영예를 누린다. 칸영화제 여우주연상, 아카데미영화제 여우주연상을 받았다. 특히 아카데미에서 로렌은 외국어영화의 배우로서는 최초로 여우주연상을 받았다. 그리고 이때부터 데 시카가 연출하고, 로렌과 마스트로이안니가 콤비로 출연하는 코미디들이 연이어 발표되는데, 이들은 모두 흥행과 비평에서 좋은 성적을 냈다.

〈어제, 오늘, 그리고 내일〉(1963), 〈이탈리아식 결혼〉(1964) 등이 대표작인데, 이때가 로렌의 연기 경력의 정점이었다. 로렌과 마스트로이안니 콤비는 1977년 에토레 스콜라 Ettore Scola 감독의 〈어느 특별한 날〉에서 말 그대로 '특별한 연기'를 펼친다. 기존의 인상과는 전혀 다른 캐릭터를 연기하는데, 이를테면 안토니오니의 사색적인 영화에 로렌이 출연한 것을 상상하면 될 것 같다. 이 작품은 두 배우 모두에게 후반기 경력의 최고의 순간으로 기억될 것이다.

항상 자신을 '이탈리아의 여성'이기보다는 '나폴리의 여성'으로 불리길 원했던 로렌은, 나폴리의 태양과 바다처럼 열정적이고 관능적인 매력으로 영원히 스크린의 여신으로 남을 것이다.

The Only One
〈두 여인〉

신화의 주인공이 된다는 것은
믿음을 이끌어낼 가공할 인격을
가졌다는 증거일 터다.
말하자면 스타에겐 사실 여부보다
사실을 넘어서는 신화적 성격이
더욱 중요한데, 하라 세쓰코에겐
그것이 있었다.

신화가 된 스타의 삶

하라 세쓰코

종종 스타의 신체적 태도는 그 자체로 한 국가의 문화가 되곤 한다. 이를테면 존 웨인의 물러서지 않는 당당한 태도와 미국 문화의 친연성을 떠올리면 되겠다. 설사 그것이 신화라고 할지라도 역설적이게도 신화이기 때문에 더욱 강력한 지지를 받는다. 그렇다면 전후 일본 문화에서 하라 세쓰코[1920~]의 의미는 신화라고 말할 수 있다. 미인이고, 품위 있고, 겸손하고, 희생적인 하라 세쓰코의 이미지는 전후 일본 문화의 사실과는 거리가 있을 수 있다. 하지만 대중은 그 이미지에 반했고, 지지했으며, 더 나아가 세상의 관객도 하라 세쓰코의 스타성에서 일본 문화의 품위를 읽는다. 롤랑 바르트[Roland Barthes, 1915~1980]의 말대로 신화는 대개 사실을 압도하고, 그렇다면 신화의 주인공이 된 하라 세쓰코는 영원히 영화의 기억 속에 남을 흔치 않은 배우가 된 것이다.

〈도쿄 이야기〉

오즈 야스지로의 그녀

하라 세쓰코는 패전 이후 일본이 군국주의를 반성하고, 민주주의 가치를 표
방할 때 스타로 우뚝 섰다. 구로사와 아키라[1910~1998]의 〈나의 청춘에 후회는 없
다〉(1946)를 통해서다. 여기서 하라는 파시즘에 저항하는 좌파 지하운동가의
아내로 나온다. 군부가 이데올로기를 독점하며 총칼을 휘두르던 그때에, 운동
가와의 결혼 자체가 생명의 위험을 감수한 용감한 결정이었다. 남편이 옥사한
뒤, 하라는 '매국노의 가족'이라는 이웃들의 폭력적인 배척 앞에 전혀 흔들리
지 않고 더욱 꿋꿋하게 홀로 된 삶을 개척해나간다. 굴복하지 않는 그 삶이 마
치 군국주의의 천박한 폭력에 저항하는 품위로, 더 나아가 민주주의의 가치를
지키는 고귀한 희생으로 비쳤다. 어느덧 하라에겐 품위, 희생, 고결함 같은 이
미지가 각인됐고, 하라는 '시대의 상징 같은 존재'로 우뚝 선 것이다.(『일본영화
이야기』, 사토 다다오 지음)

'하라의 신화'는 오즈 야스지로[1903~1963]를 만나며 더욱 꽃핀다. 〈만춘〉(1949)
을 통해서다. 하라의 경력은 오즈와의 만남 이전과 이후로 나눌 만큼, 〈만춘〉

은 그의 배우 경력에서 큰 전환점이 된다. 이때부터 하라에게 각인된 이미지는 '아버지와 딸'에서의 역할이다. 오즈 드라마의 중심에는 늘 양보하는 아버지의 의미가 강조돼 있는데, 그 맞은편에는 만약 그 양보를 누군가 해야 한다면 자신이 먼저 하겠다는 딸의 희생이 뒤따른다. 항상 맑게 웃는 얼굴에, 약간 고개를 숙이고 말하며, 할 말을 상대에게 양보하는 듯한 작은 목소리, 그리고 감사의 마음에서 흐느끼는 울음까지, 하라의 모든 태도는 일본인(특히 여성)의 모범이 됐다.

하라가 며느리로 나오는 〈도쿄 이야기〉(1953)는 '아버지와 딸'의 변주다. 여기서 하라는 전쟁 미망인이다. 시부모가 도쿄에 오랜만에 여행을 왔는데, 의사 아들 부부와 미장원을 경영하는 딸 부부는 바쁘다는 등의 이유로 부모를 거의 방기하다시피하고, 이젠 남편도 없어서 사실상 남이나 다름없는 며느리 노리코(하라 세쓰코)가 시부모를 가장 따뜻하게 맞이한다는 내용이다. 혼자 사는 노리코가 방 하나짜리 서민 아파트에 시부모를 초대하여, 가난하지만 따뜻한 밥상을 정성스럽게 차려내는 장면은 '아버지와 딸'이 보여줄 수 있는 최고의 순간으로 꼽힌다.

이런 역할, 곧 겸손하고 희생적이며 품위 있는 여성은 보기에 따라서는 지나친 과장일 수 있다. 그래서 '일본 누벨바그'의 후배 감독인 이마무라 쇼헤이 1926~2006는 오즈의 세상을 '거짓'이라고 비판했다. 이마무라 영화에서 보듯, 패전국 일본엔 추악한 생존경쟁이 난무했지 배려하고 양보하며 서로 사랑하는 인물은 구름 위에 존재하는 이상형이라는 것이다. '거짓'이고 '이상형'인데 사실처럼 받아들여진다면 그것이 곧 신화인데, 신화의 주인공이 된다는 것은 그런 믿음을 이끌어낼 가공할 인격을 가졌다는 증거일 터다. 말하자면 스타에겐 사실 여부보다 사실을 넘어서는 신화적 성격이 더욱 중요한데, 하라 세쓰코에겐 그것이 있었다.

나루세 미키오의 그녀

대가족의 딸인 하라는 영화계에서 일하는 형부의 도움을 받아 10대 때부터 배우 생활을 시작했다. 일본이 전쟁으로 동아시아를 비극으로 몰아넣을 때, 하라는 뛰어난 미모와 정갈한 인상으로 단번에 주목받는 배우로 성장한다. 노골적인 친나치, 군국주의 작품인 독일-일본 합작영화인 〈사무라이의 딸〉(1937)에서 하라는 전통적인 일본 여성을 연기하며, 미래의 스타로 이미 주목받았다. 열일곱 살 때다.

오즈와의 협업(모두 여섯 작품)으로 '영원한 처녀'라는 별명까지 들으며, 하라는 청순하고 희생적인 여성으로서의 이미지를 굳힌다. 이때 만난 또 다른 거장이 나루세 미키오[1905~1969]이다. 그와는 두 작품, 곧 〈밥〉(1951)과 〈산의 소리〉(1954)를 찍었다. 오즈와의 작품에서 '아버지와 딸'의 관계가 강조됐다면, 나루세의 작품에선 '여성 그 자체'가 강조된다. 곧 오즈의 여성이 순종적이라면, 나루세의 여성은 독립적이다. 〈밥〉에서 하라는 부모의 반대를 무릅쓰고 남편과 연애결혼을 했는데(그런 결정이 당시에는 특별한 것이었다), 철없는 남편

〈밥〉

은 여전히 총각처럼 살고 있고, 그녀는 부엌에서 한 발짝도 벗어나지 못하는 반복되는 일상에 점점 지쳐가는 아내 역을 맡았다. 하라는 오즈의 여성처럼 화사하게 웃기보다는 도쿄에서 독립할 일자리를 찾기 위해 길거리를 헤매고 다니는 의지의 여성으로 등장한다. 아버지와의 관계가 중요한 '오즈의 딸'은 결과적으로 전통의 질서 속으로 통합된다면, 실존의 주체로서의 '나

루세의 여성'은 관습적인 가치에 균열을 내는 것이다.

〈밥〉의 결말은 어쨌든 가족으로의 귀속으로 봉합되는데, 종종 나루세의 최고작으로 평가되는 〈산의 소리〉는 여기서 한발 더 나아간다. 여기서도 하라는 철없는 남편과 의미 없는 일상을 반복하는데, 그럼에도 결혼 생활을 유지하는 건 시부모, 특히 시부의 사랑 때문이다. 말하자면 〈도쿄 이야기〉의 관계가 변주된 것인데, 결말부에서 하라는 자신의 삶을 찾아, 시댁을 떠나는 결정을 내린다. 시부와 며느리가 서로에게 예의를 갖추며 이별하는 마지막 장면은 하라가 보여준 최고의 슬픈 연기로 남아 있다. 전통을 벗어나는 선택을 하지만, 그 순간에도 겸손, 예의, 품위, 희생 같은 하라의 개성은 전혀 훼손되지 않은 채다. 하라의 캐릭터는 이미 신화의 주인공이기 때문일 터다.

하라는 오즈가 죽은 1963년 갑자기 은퇴했다. 그러고는 그레타 가르보처럼 은둔 생활에 들어갔다. 감독과의 남다른 관계 등에서 상상되는 여러 은퇴 이유들이 제기됐지만, 하라는 기자회견에서 "배우란 직업을 좋아한 적이 없었고, 생계를 위해 일했다"고만 말했다. 그러고는 오즈 영화에 자주 등장하는 가마쿠라에서 은둔을 시작했고, 그 생활은 지금까지 이어지고 있다. 아마 가르보도, 그리고 하라도 요절할 수밖에 없는 스타의 운명을 긍정한 것이 아닐까 싶다. 은둔하는 그때, 이미 배우로서의 삶을 모두 소진한 스타의 운명 말이다.

The Only One
〈도쿄 이야기〉

Chapter 3

시대와의 불화

1960년대

온몸에 힘이 쏙 빠져 있어 모딜리아니의 그림 속 여성들처럼
나른한 권태마저 느껴진다. 다른 스타들이 몸 하나로
관객의 혼을 뺄 때, 비타는 심심해 보이는 이미지로
승산 없어 보이는 경쟁 대열에 끼어든 것이다.

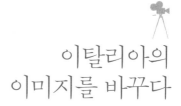

이탈리아의
이미지를 바꾸다

모니카 비티
Monica Vitti

이탈리아 여배우에게 관객이 제일 먼저 기대하는 것은 관능미다. 이것은 이탈리아 관객이든 전세계 관객이든 비슷한 것 같다. 이탈리아영화는 소위 '마조라타'(Maggiorata, '큰 몸집'이란 뜻)라는 독특한 스타시스템을 개발했다. 지나 롤로브리지다, 소피아 로렌처럼 '여신'의 몸매를 가진 배우로 흥행을 노리는 정책이다. 모니카 비티[1931~]는 육체파 배우들이 경쟁할 때인 1950년대에 배우 생활을 시작했다. 짐작하겠지만, 데뷔 시절 비티는 거의 눈길을 끌지 못했다. 그런데 그는 이탈리아 여배우는 물론, 이탈리아 여성의 정체성까지 변화시키는 또 다른 아이콘으로 성장했다.

관능미 시대에 피어난 교양미

흔히들 이탈리아 여성은 섹시하고, 활달하고, 강인하고, 시끄럽다고 말한다. 고정관념이란 게 근거 없이 생기는 게 아니니, 대부분 사실일 것이다. 영화적으로 보면, 세계적인 스타인 소피아 로렌의 영향이 컸다. 로렌은 '국민배우'인

데, 그녀가 보여준 스크린 이미지가 대개 이탈리아 여성의 정체성으로 각인돼 있다. 남성들을 압도하는 적극성, 강인함, 큰 목소리, 그리고 무엇보다 도발적인 몸매를 갖고 있다. 로렌 같은 육체파 배우들을 보고 있으면, 보티첼리^{Sandro Botticelli, 1445~1510}가 괜히 '비너스'를 그린 게 아님을 알 수 있다. 그만큼 비너스 같은 여성들이 많다는 방증일 테다.

이탈리아 여성에 대한 그런 이미지는 고정관념이 됐는데, 모니카 비티의 모습을 보면 고개가 갸우뚱해진다. 육체파가 아니라 약간 마른 몸에 지적인 매력을 갖고 있고, 말도 별로 없고 조용하다. 게다가 온몸에 힘이 쏙 빠져 있어, 섹시하기보다는 모딜리아니^{Amedeo Modigliani, 1884~1920}의 그림 속 여성들처럼 나른한 권태가 느껴진다. 좀 과장하자면 다른 스타들이 몸 하나로 관객의 혼을 뺄 때, 비티는 심심해 보이는 이미지로 승산 없어 보이는 경쟁 대열에 끼어든 것이다.

비티를 스타로 만든 데는 미켈란젤로 안토니오니와의 만남이 결정적이었다. 비티는 연극배우로, 또 성우로 활동하고 있었는데, 안토니오니의 〈외침〉(1957)에서 주유소 안주인의 목소리를 더빙하며 감독과 처음 만났다. 안토니오니는 마흔다섯 살, 비티는 스물여섯 살이었다. 안토니오니는 바로 다음 영화인 〈정사〉(1960)에 신인인 비티를 주연으로 캐스팅한다. 바로 이 영화로 안토니오니는 세계 영화계의 거장으로, 또 비티는 '소외의 페르소나'로 영원히 영화사에 남게 된다. 두 사람은 안토니오니가 〈욕망〉(1966)을 만들기 위해 런던으로 떠날 때까지 약 7년간 연인으로 지냈다.

〈정사〉는 이탈리아의 일반적인 영화와는 너무 다른 것이었다. 당시는 네오리얼리즘이 밀려났고, 이탈리아는 '이탈리아식 코미디'로 세계 영화계에 영향력을 미칠 때였다. 비토리오 데 시카의 〈어제, 오늘, 그리고 내일〉(1963)처럼 마르첼로 마스트로이안니와 소피아 로렌이 함께 나와 웃기고 관능성을 전시하며 동시에 이탈리아 사회의 모순을 적시하는 작품들로 재미를 봤다. 네오리얼리즘의 비판적인 성격 때문에, 이탈리아정부는 지원금으로 영화계를 견제했는데, 이때 영화인들이 제작의 새로운 돌파구로 찾은 게 이탈리아식 코미디다. 그런데 〈정사〉는 전혀 웃기지도 않고, 또 기대했던 육체파 배우도 없고, 무엇보다도 난해했다. 비관습적인 내러티브 형식 때문에 인과관계의 논리를 찾는 게 무의미해졌다. 과거에는 영화에서 인물들은 행동하고 관객은 바라보면 됐는데, 여기서는 인물들이 행동하기보다는 생각하는 바람에 관객도 함께 생각해야 하는 시간이 대단히 길어졌다. 흔히 말해 들뢰즈^{Gilles Deleuze, 1925~1995}의 '시간-이미지'가 압도하는 작품을 목격한 것이다.

이런 막연함, 난해함, 혼돈의 현기증은 모니카 비티의 얼굴에 그대로 새겨졌다. 순식간에 주위를 고요와 혼돈에 빠뜨리는 복잡한 연기는 전례가 없던 것이었다. 혹자는 로베르 브레송^{Robert Bresson, 1901~1999}의 '모델'들, 혹은 칼 테

〈일식〉

오도르 드레이어^{Carl Theodor Dreyer,} 1889~1968의 배우들과 비교하기도 했다. 모니카 비티의 연기에는 분명 그런 엄격함의 인공성이 강했지만, 비교되는 감독들의 배우들과는 다른 자유분방함의 파격도 있었다.

안토니오니의 '소외의 페르소나'

비티는 안토니오니의 소위 '소외 4부작'인 〈정사〉, 〈밤〉(1961), 〈일식〉(1962), 〈붉은 사막〉(1964)에서 연달아 주연을 맡으며 이탈리아의 새로운 스타로 부상했다. 금발에 외로운 분위기, 마른 몸매 등은 지중해의 아름다움과는 거리가 먼 성질이었다. 당연한 일인데, 소피아 로렌이 이탈리아 여성을 대표하는 사실에 불쾌감을 느끼는 여성들도 적지 않다. 육체적으로 너무 과장됐다는 이유다. 반면에 비티는 보편적인 교양을 갖춘 여성의 이미지로 수용됐다. 모니카 비티는 육체파로 각인돼 있던 이탈리아 여성의 정체성에 변화를 몰고 왔던 것이다.

〈밤〉에서 헤르만 브로흐^{Hermann Broch, 1886~1951}의 난해한 소설 〈몽유병자들〉을 읽고 있는 예민한 모습, 〈일식〉에서 베로나 공항의 아무도 없는 활주로 주변에 홀로 서서 무한한 안도감을 느끼는 모습, 〈붉은 사막〉에서 오염된 검은 진창을 정신없이 걸어가는 도입부의 황망한 모습 등은 모니카 비티의 소외의 인장(印章)으로 오래 기억될 것이다. 모니카 비티가 아닌 다른 배우가 나왔을 때, 어떤 결과를 남겼을까를 상상하면 배우의 중요함을 다시 한 번 인식하게 된다. 안토니오니가 미국에서 만든 〈자브리스키 포인트〉(1970)가 외면 받았을 때, 만약 모니카 비티 같은 배우가 나왔으면 어땠을까 같은 아쉬움이 많이 제기되기도 했다. 곧 안토니오니의 '소외의 걸작'들도 비티를 잃으니, 생명력을 잃어갔던 셈이다.

안토니오니는 〈욕망〉의 영국 배우인 바네사 레드그레이브 Vanessa Redgrave 와 만나며, 비티와 헤어졌다. 사실 그때 비티의 처지가 좀 안돼 보일 때였다. 혼자 남은 비티가 새로 뚫은 배우의 길이 이탈리아식 코미디에 출연하는 것이었다. 그렇지만 여기서도 관능성을 내세우는 배우들과는 달랐다. 에토레 스콜라의 〈질투의 드라마〉(1970)가 대표적인데, 비티가 함께 일한 감독들이 주로 좌파였듯 그녀도 좌파였고, 영화 속에서도 붉은 깃발 아래서 좌충우돌 웃기는 모습을 자주 볼 수 있다. 다시 말해 관능의 코미디가 아니라 정치의 코미디였다. 국민배우인 로렌은 거부가 된 뒤 탈세 등으로 법정에 서기도 했고, 1990년대 이후부터는 스위스의 제네바에 살고 있다. 비티는 로마에 살며 최근까지 진보주의자들의 시위에 한 명의 평범한 지지자로 참여하기도 했다. 2년 전, 비티는 자신이 치매에 걸린 사실을 밝힌 뒤, 안타깝게도 공개적인 활동을 중단하고 있다.

The Only One
〈정사〉

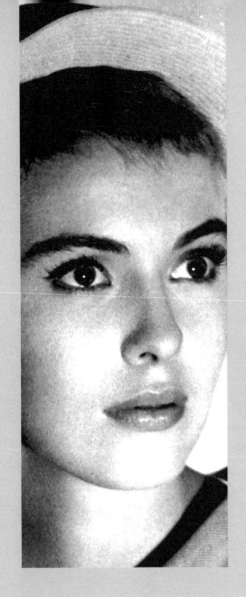

세버그가 파리의 거리에서 신문을 팔기 위해
"뉴욕 헤럴드 트리뷴"을 외칠 때, 그것은 새 미학의 도래를
알리는 선언적인 제스처였다. 소년 같은 짧은 금발에,
도시적인 감각 그리고 자유로운 분위기는
세버그의 개성이자 새로운 영화의 대중적인 매력으로 각인됐다.

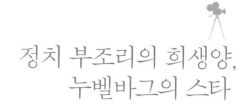

정치 부조리의 희생양,
누벨바그의 스타

진 세버그
Jean Seberg

어찌 보면 진 세버그^{1938~1979}와 프랑스와의 인연은 운명인 것 같다. 가장 유명
한 인연은 장 뤽 고다르^{Jean Luc Godard}의 데뷔작 〈네 멋대로 해라〉(1960)에서 주
인공이 된 사실이다. 미국 배우로서 프랑스에서 시작된 누벨바그의 주역이 되
면서, 새로운 영화미학을 전세계로 알리는 전령이 됐다. 진 세버그가 파리의
거리에서 신문을 팔기 위해 "뉴욕 헤럴드 트리뷴"을 외칠 때, 그것은 새 미학
의 도래를 알리는 선언적인 제스처였다. 소년 같은 짧은 금발에, 도시적인 감
각 그리고 자유로운 분위기는 세버그의 개성이자 새로운 영화의 대중적인 매
력으로 각인됐다.

운명 같은 프랑스와의 인연

진 세버그의 영화 데뷔는 마치 여왕의 대관식 같았다. 데뷔작은 오토 프레민
저^{Otto Preminger, 1906~1986} 감독의 〈성인 잔〉(1957)이다. 프랑스의 영웅인 잔 다르크
^{Jeanne d'Arc, 1412~1431}의 전기영화인데, 당시 할리우드의 거물이었던 프레민저 감

〈비 멋대로 해라〉

독이 신인 오디션을 통해 주역을 발탁했다. 이것은 비비안 리가 선택됐던 〈바람과 함께 사라지다〉(1939)의 오디션 이후, 할리우드에서 최고의 관심을 끌었던 뉴스였다. 진 세버그는 여기서 1만8천 명의 경쟁자를 제치고 주역에 발탁됐다. 거물 감독이 선택한 신인배우 진 세버그는 영화를 찍기 전에 이미 스타급의 관심을 받은 것이다.

세버그는 〈성인 잔〉을 준비하며, 자신의 개성이 된 짧은 헤어스타일을 선보였다. 성인의 수난 과정을 연기하기 위한 당연한 분장이었는데, 그것이 세버그의 매력이 됐다. 하지만 아쉽게도 결과는 참담했다. 영화는 대중의 환영을 받지 못했다. 흥행은 볼품없었고, 진 세버그는 연기를 하는 게 아니라 책을 읽고 있다는 혹평을 받았다. 열아홉 살 신인배우에겐 혹독한 내용의 리뷰가 줄을 이었다. 데뷔하자마자 진 세버그는 저널리즘으로부터 큰 상처를 받는 평생의 악연을 맺는다.

프레민저 감독은 자신이 발탁한 신인이 펴보지도 못하고 사라지는 것을 그 냥 지켜볼 수 없었다. 다시 세버그와 팀을 이뤄 새 영화에 도전했다. 그녀의 이름을 비로소 알리게 되는 〈슬픔이여 안녕〉(1958)이 그것이다. 데뷔작이 프 랑스의 역사적 인물에 대한 작품이었다면, 이번에는 프랑스 작가 프랑수아 사 강Francoise Sagan, 1935~2004의 원작을 각색한, 남프랑스의 해변을 배경으로 한 작품 이다. 원작은 사강이 열여덟 살의 '어린' 나이에 발표해서 더욱 유명한데, 세 버그는 이 소설의 주인공인 10대 소녀 세실 역을 맡았다. 외모는 〈성인 잔〉과 비슷했다. 짧은 금발에 건강한 기운이 넘쳤다. 오스카 와일드Oscar Wilde, 1854~1900 를 인용하며 성적 자유를 권리로 생각하는 바람둥이 부친(데이비드 니번David Niven, 1910~1983)과 사는 딸 역이다. 자신도 부친처럼 구속되지 않는 삶을 살 것을 꿈꾸는데, 아버지에게 결혼 상대자(데보라 커Deborah Kerr, 1921~2007)가 나타나면서 위기를 느끼기 시작한다. 결혼과 가족이라는 제도를 두려운 구속이라고 여기 는 딸은 이전의 '자유'로 돌아갈 음모를 꾸미기 시작한다. 남프랑스의 바다를 배경으로, 세버그의 건강하고 자유로운 매력이 십분 발휘된 작품이었다.

그런데 이 영화도 미국에선 거의 외면 받았다. 도덕적인 태도가 적지 않은 거부감을 줬다. 이를테면 바람둥이 부친의 문란한 태도, 지나치게 친밀한 부 녀관계 등이 특히 문제시됐다. 세버그는 또다시 배우로서는 별로 주목을 받지 못했고, 대신 성적 방종의 '헤픈' 여성이라는 이미지를 뒤집어썼다. 반전은 프 랑스에서 일어났다. 누벨바그의 영화인들이 프레민저의 역량을 상찬하고 나 섰다. 세버그의 존재도 새롭게 평가됐다. 당시 평론가였던 프랑수아 트뤼포는 "현재로선 유럽 최고의 배우"라고 치켜세웠다. "그녀의 머리모양, 실루엣, 걸 음걸이, 그 모든 것이 완벽하다. 이런 종류의 섹스어필은 이전엔 못 보던 것이 다." 고다르도 〈슬픔이여 안녕〉에서의 세버그를 본 뒤, 자신의 데뷔작에 출연 을 요청했다.

로맹 가리를 만나 사회문제에 개입

고다르가 저예산영화 〈네 멋대로 해라〉를 준비하며, 가장 신경 쓴 요소가 바로 캐스팅이다. 적은 돈으로 스타 캐스팅은 엄두도 못 낼 형편인데, 고다르는 알고 지내던 세버그의 프랑스인 남편에게 접근했다. 세버그의 첫 남편은 변호사이자 영화인이었고, 부부는 당시 파리에 살고 있었다. '무명' 감독 고다르가 세버그를 설득한 것도 〈슬픔이여 안녕〉에서의 건강하면서도 동시에 깨지기 쉬운 연약함이라는 이중성을 매력으로 상찬한 덕분이었다. 이제는 너무나 유명한 사실이 됐는데, 〈네 멋대로 해라〉를 통해 세 명의 스타가 동시에 탄생했다. 곧 감독인 장 뤽 고다르, 남자주인공 장 폴 벨몽도^{Jean-Paul Belmondo}, 그리고 진 세버그였다.

걸작 〈네 멋대로 해라〉의 주인공이 된 뒤의 세버그의 행보는 기대에 미치지 못했다. 성적 매력을 이용하는 통속적인 작품들에 주로 나왔다. 워런 비티^{Warren Beatty}와 공연하며 정신병자 여성을 연기한 〈릴리스〉(감독 로버트 로슨^{Robert Rossen, 1908~1966}, 1964) 이외에 영화사에서 특별히 언급되는 작품이 없다. 대신 세버그는 프랑스의 인기 작가 로맹 가리^{Romain Gary, 1914~1980}와의 사랑과 결혼으로 더욱 유명했다. 〈자기 앞의 생〉의 작가인 로맹 가리와 살며, 세버그는 사회적인 문제에 더욱 관심을 갖게 된다. 당시는 정치적 격동기인 '1968년 전야'였고 세버그는 인종차별, 여성차별, 반전 등 당대의 사회문제 전반에 적극적으로 참여했다. 특히 문제가 됐던 게 급진적인 흑인 결사단체인 '블랙팬서'와의 관계였다. FBI의 표적이 된 것이 바로 흑인단체와의 친연성 때문이었다. 세버그에 대한 도청, 미행, 협박 등이 이어졌다. 1970년 로맹 가리와의 사이에 둘째를 임신했는데, 그 아이의 아버지가 블랙팬서의 흑인 멤버라는 소문이 돌았다. 이 소문은 「뉴스위크」같은 권위지에서도 뉴스로 다뤘고, 특히 황색 저널의 표적이 됐다. 훗날 밝혀졌듯, 이것은 FBI의 공작이었는데 세버그는 악의적인 뉴스에 충격을 받아 아이를 조산하고 말았다. 불행하게도 딸아이는 태어난 지 이틀 만에 죽는다. 세버그는 언론의 잔인함에 대한 대응으로, 죽은 아이의 시신을 공개한 채 장례식을 치렀다.

이후 세버그의 삶은 점점 쇠약해져 갔다. 신경안정제에 더욱 의존했고, 로맹 가리와 헤어졌으며, 클린트 이스트우드Clint Eastwood 등 다른 남자들과의 스캔들도 끊이지 않고 일으켰다. 결국 진 세버그는 1979년 마흔 살의 젊은 나이에 약물과용으로 죽는다(혹은 자살한다). 로맹 가리는 세버그가 지난 9년 동안 딸이 죽은 날이 다가오면 매년 자살충동에 빠졌다고 밝혔다. 세버그가 죽은 날도 바로 그날 즈음이다. 불행은 여기서 그치지 않았는데, 로맹 가리는 세버그가 죽은 1년 뒤 자살한다. 유서에 세버그의 죽음과 관계없다고 썼지만, 사람들은 그의 죽음에서 세버그의 기구한 운명도 함께 떠올린다. 세버그는 정치적 부조리의 희생양이 됐지만, 세계영화사의 전환점이 된 걸작 〈네 멋대로 해라〉의 스타로 영원히 기억에 남을 것이다.

The Only One
〈네 멋대로 해라〉

긴장된 눈빛, 가늘게 떨리는 입술과 볼, 살짝 비틀거리는 걸음
걸이는 어떻게든 상처를 이겨내려는 절박한 몸짓으로 이해됐다.
내털리 우드는 비로소 성인으로 거듭났고, 스타라는 명칭에
걸맞은 연기력까지 갖추게 됐다. 불과 스물세 살 때다.

청춘의 초상,
꽃의 영광

내털리 우드
Natalie Wood

내털리 우드[1938~1981]가 니콜라스 레이 감독의 〈이유 없는 반항〉(1955)을 찍은 게 열여섯 살 때다. 제임스 딘은 20대였지만 10대 역을 연기했고, 반면에 내털리 우드는 자기 나이 그대로 나왔다. 집에서 사랑받지 못하고 바깥을 떠도는 주디(내털리 우드)는 불량 10대들이 잡혀오는 경찰서에서 처음 등장한다. 그때 그녀는 반항과 증오를 상징하는 붉은색 옷을 입고 있는데, 그 색깔의 지나친 강조는 소녀의 삶이 얼마나 불안에 사로잡혀 있는지 한눈에 알게 했다. 주디는 자기처럼 지나치게 붉은색 점퍼를 입은 짐(제임스 딘)과 운명적으로 결합된다. 그럼으로써 '붉은' 두 배우는 스크린 속의 영원한 커플로 각인된다.

니콜라스 레이와 엘리아 카잔

할리우드는 〈이유 없는 반항〉의 인기를 십분 활용하여, 내털리 우드를 계속해서 청춘 로맨스의 이상형으로 기용했다. 지금은 잘 기억도 나지 않는 영화들이지만, 당시는 꽤 인기를 끌었던 청춘물, 이를테면 〈그가 떠났던 소녀〉(The

〈초원의 빛〉

Girl He Left Behind, 1956), 〈불타는 언덕〉(The Burning Hills, 1956) 같은 작품들
이 연이어 발표됐다. 죽은 제임스 딘 대신에 탭 헌터^{Tab Hunter}라는 젊은 배우가
내털리 우드의 파트너로 반복해서 캐스팅되곤 했다. 내털리 우드는 자신처럼
아역배우 출신인 엘리자베스 테일러의 뒤를 잇는 또 한 명의 스타로 대접받
기 시작했다. 하지만 돌이켜보면 그때 우드는 스타성을 착취당했다. 만약 존
포드의 〈수색자〉(1956)에 나오지 않았다면, 〈이유 없는 반항〉 이후의 우드는
소모품이나 다름없었다.

　　〈수색자〉에서 우드는 인디언에게 납치되어 삼촌 존 웨인이 오랜 방황 끝
에 마침내 찾아낸 그의 질녀로 나왔다. 짧은 순간이었지만, 존 웨인의 간절한
'수색'의 대상인 까닭에 등장 자체는 굉장히 강렬한 이미지로 남아 있다. 불과
1년 전, 미국의 반항적인 10대 소녀를 연기했던 우드는 여기서 인디언 복장을
걸친 납치된 백인 소녀로 등장하는데, 아쉽게도 그 모습은 다시 아역배우로

되돌아간 것 같았다. 말하자면 〈이유 없는 반항〉 이후 우드는 성인배우로의 도약을 시도했지만 그 결과는 미성숙한 청춘에 머물렀고, 다시 아역에 가까운 이미지를 연기했을 때 영화계의 주목을 끌어냈다. 〈수색자〉의 우드는 소녀도 아니고, 그렇다고 처녀도 아닌, 어정쩡한 위치에 머물렀다.

따지고 보면 우드의 아역배우로서의 역할이 그만큼 강렬했다. 지금도 크리스마스 때면 종종 방영되는 〈34번가의 기적〉(1947)에서, 산타클로스의 존재를 믿지 않는 영리한 소녀 수잔 역을 맡았던 내털리 우드의 모습은 천재소녀의 출현을 알리고도 남을 정도로 인상적이었다. 〈유령과 뮤어 부인〉(1947)을 연출한 조셉 맨케비츠는 자신이 만난 아역배우 중 가장 영리한 소녀가 내털리 우드라고 말하기도 했다. 우드는 그 영화에서 독립적인 여성의 삶을 개척하던 뮤어 부인의 귀엽고 사랑스러운 어린 딸로 나왔다. 다시 말해 아역배우 내털리 우드에겐 '영리하고 귀여운' 이미지가 각인돼 있었는데, 관객은 그 이미지를 계속 소비하고 싶어 한 것이다.

수많은 청춘물의 등장에도 불구하고 미성년의 이미지를 떼지 못하고 있을 때 만난 감독이 엘리아 카잔이다. 니콜라스 레이가 소녀 우드를 성적인 매력을 지닌 10대의 우드로 변화시켰다면, 엘리아 카잔은 드디어 우드를 성인배우로 이끌었다. 〈초원의 빛〉(1961)을 통해서다. 당시는 카잔이 매카시즘의 오명에도 불구하고 〈욕망이라는 이름의 전차〉(1951), 〈워터프론트〉(1954), 〈에덴의 동쪽〉(1955) 등의 성공에 힘입어 할리우드의 거물로 행세할 때다. 그는 또 할리우드 메소드 연기자들의 대부였고, 그래서인지 그의 손을 거친 배우들 가운데 스타로 성장한 인물들이 많았다. 이를테면 말론 브랜도, 제임스 딘이 카잔의 메소드 연기를 계승한 스타들이다. 당시에 카잔이 발굴한 메소드 연기의 새로운 스타는 〈초원의 빛〉에서 내털리 우드의 파트너로 나왔던 워런 비티였다.

'초원의 빛이여, 꽃의 영광이여'

내털리 우드의 3대 작품으로는
〈이유 없는 반항〉, 〈초원의 빛〉 그
리고 〈웨스트사이드 스토리〉(감독
로버트 와이즈Robert Wise, 1914~2005, 1961)
가 꼽힌다. 만약 이들 가운데 단
하나의 작품을 고른다면 그 답은
〈초원의 빛〉일 것이다. 내털리 우
드의 최고의 연기가 발휘되기도

〈웨스트사이드 스토리〉

했고, 또 그녀의 가장 아름다울 때의 모습이 그대로 남겨져 있어서이기도 하
다. 말 그대로 우드는 '여신'처럼 빛났다. 〈이유 없는 반항〉이 제임스 딘의 것
이라면, 〈초원의 빛〉은 우드의 것이었다. 우드는 메소드 연기 수업을 받은 적
도 없고, 이 영화를 찍을 때 카잔으로부터 그런 연기를 요구받지도 않았다. 상
대역인 워런 비티는 메소드 연기를 하고, 내털리 우드는 어릴 때부터 익힌 전
통적인 연기를 했는데, 그 조합이 최고급의 아름다움을 빚어냈다.

〈초원의 빛〉은 공황시대를 배경으로, 제도의 억압을 10대들에 대한 성적
억압으로 치환한 사회비판적인 드라마인데, 여기서 우드는 첫사랑의 상처 때
문에 정신과 치료까지 받는 '순수한' 소녀 지니로 나온다. 카잔 특유의 드라마
처럼 도입부의 사랑에 들뜬 흥분은 뒤이어 사랑의 상실에 대한 불안으로 바
뀌고, 최종적으로는 상실의 상처를 견뎌내는 고통의 결말로 이어지는 복잡한
심리극이다. 우드는 여기서 대단히 섬세한 연기로 지니의 급격한 심리적 동요
를 소화해낸다. 특히 종결부에서 자신에게 상처를 남긴 비티를 찾아갈 때의
장면은 우드 최고의 연기 순간으로 평가받는다. 긴장된 눈빛, 가늘게 떨리는

입술과 볼, 살짝 비틀거리는 걸음걸이는 어떻게든 상처를 이겨내려는 절박한 몸짓으로 이해됐다. 내털리 우드는 비로소 성인으로 거듭났고, 스타라는 명칭에 걸맞은 연기력까지 갖추게 됐다. 불과 스물세 살 때다.

〈웨스트사이드 스토리〉는 〈로미오와 줄리엣〉을 뮤지컬로 변주한 것인데, 여기서 우드는 푸에르토리코 이주민의 딸 '마리아'로 등장한다. 이름도 그렇고 흰색 드레스의 순결한 이미지도 더해져서, 우드는 말 그대로 동정녀처럼 보였다. 〈초원의 빛〉의 유명한 대사인 윌리엄 워즈워스William Wordsworth, 1770~1850의 시처럼, 우드는 '초원의 빛과 꽃의 영광'이 상징하는 청춘의 초상으로 비친 것이다.

불행하게도 우드는 1981년 마흔세 살 때 요트 사고로 죽었다. 사고사인지 아니면 동승했던 남편 로버트 와그너Robert Wagner와의 밝혀지지 않은 또 다른 이유에서인지는 지금도 의혹으로 남아 있다. 결국 죽음 자체가 하나의 사회적 사건이 됐는데, 스타들의 죽음 가운데는 사실 이런 일들이 잦다. 우드의 영원한 스크린 파트너였던 제임스 딘이 그랬던 것처럼 말이다. 그런 유별난 죽음도 스타성의 한 부분일 것이다.

The Only One
〈초원의 빛〉

카라나 자신이 말했듯, 고다르와의 관계는 피그말리온과
갈라테이아 같았다. 고다르는 자신이 원하는 대로 카라나를
'조각'해 갔고, 카라나는 그 조각가가 빚어낼 수 있는
최고의 작품으로 보답했다. 서로가 서로에게 최고가 된 것이다.

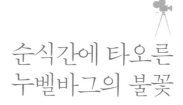

순식간에 타오른
누벨바그의 불꽃

안나 카리나
Anna Karina

안나 카리나¹⁹⁴⁰⁻가 처음 스크린에 모습을 나타낸 건 장 뤽 고다르의 〈여자는 여자다〉(1961)를 통해서다. 이제 막 스무 살의 훤칠한 여성은 덴마크 출신답게 프랑스어 억양이 부자연스러웠는데, 그게 또 매력으로 비쳤다. 영화에서 스트리퍼로 나오는 카리나는 곧바로 스트립쇼를 연기한다. 그런데 춤추는 카리나의 모습은 허구의 영화라기보다는 사랑하는 모델의 누드화를 그린 화가의 초상화에 더 가까웠다. 화면 가득히 카리나의 얼굴 클로즈업이 잡히고, 또 그녀의 머리칼, 눈매, 목덜미 등이 차례로 강조된다. 이 시퀀스는 영화를 이용한, 카리나라는 배우의 스타로서의 대관식에 가까웠다. 그리고 카메라 뒤의 고다르가 얼마나 카리나에게 반해 있는지 단박에 알 수 있었다. 예상대로 두 사람은 촬영 도중에 결혼한다. 신인 카리나는 이 작품 덕에 파격적으로 베를린영화제에서 주연상을 받았다. 누벨바그의 신성이 탄생하는 순간이었다.

〈미치광이 피에로〉

고다르에 의해 갑자기 등장한 신성

카리나의 경쾌하고 밝은 제스처, 행복한 미소, 동시에 눈가에 스치는 불안과 우울한 분위기의 이중적인 인상은 그녀의 개성이 됐다. 사실 이런 이미지는 고다르의 1960년대 초창기 영화들에 나오는 여배우들의 공통된 매력이자 고다르 영화의 전체적인 분위기였다. 그 초창기 영화들에서 가장 자주 주연으로 출연한 배우가 안나 카리나다.

사실 안나 카리나와 장 뤽 고다르의 첫 번째 작업은 〈작은 병정〉(1960년 제작, 1963년 개봉)이었다. 프랑스에서 광고모델을 하던 10대 소녀 카리나는 고다르의 눈에 띄어 영화계로 입문하는데, 이 작품이 당대의 민감한 테마인 '알제리 사태'를 다루는 바람에 검열에 걸려 개봉이 연기되고 말았다. 말하자면 카리나는 불행하게도 배우로서의 첫 작품은 알려보지도 못했다.

사실상 카리나의 데뷔작인 〈작은 병정〉에서도 고다르의 사적인 감정을 고스란히 느낄 수 있다. 카리나는 실제 자신의 직업 그대로 영화에서도 모델로 출연한다. 당시 카리나의 남자친구가 사진작가였는데, 영화에서도 그녀의 남자친구는 사진작가이자 정치범으로 나온다. 고다르는 늘 그렇듯, 실제의 상황을 허구 속에 교묘하게 섞어 넣었고, 사진작가의 시점을 빌려, 카리나의 매력을 십분 담아냈다. 연기 경험이 거의 없는 카리나는 거울 앞에서 자신의 아름다운 모습을 보며 머리를 빗는 게 연기의 대부분이었다. 〈작은 병정〉은 당시의 표현법을 빌리면 'Cinema Po', 곧 고다르의 '정치(politic) 영화'의 포문을 연 첫 작품인데, 이런 진지한 영화에서도 그는 카리나의 아름다움을 잡아내기에 여념이 없어 보였다. 이 영화를 찍으며 고다르는 매일 촬영장에 나타나던 카리나의 남자친구 면전에서 그녀를 뺏어버렸다.

〈여자는 여자다〉의 성공에 뒤이은 작품이 〈비브르 사 비〉(1962)이다. 그런데 첫 작품에서 느꼈던 밝고 경쾌한 분위기는 대단히 약화됐고, 영화는 우울 속에 빠져버린 듯한 느낌을 전달했다. 〈여자는 여자다〉에서 처음 제시됐던 팝아트 스타일의 컬러 표현법도 사라지고, 〈비브르 사 비〉는 다시 흑백필름으로 되돌아갔다. 나나(안나 카리나)라는 여성이 혼자의 힘으로 파리에서 배우가 되려고 고군분투하는데, 생존의 위협에 내몰리자 길거리에서 매춘에 나서고, 결국 비극적 결말을 맞는 내용이다. 말하자면 〈여자는 여자다〉에서의 뮤지컬 스타 같은 카리나의 모습은 온데간데없고, 〈비브르 사 비〉에서 그녀는 불과 1년 만에 멜랑콜리한 멜로드라마의 주인공처럼 무겁게 보였다. 사실 카리나의 성장기 자체가 멜로드라마처럼 우울했다.

'재투성이' 아가씨, 불행을 넘어서다

안나 카리나는 덴마크의 코펜하겐에서 성장했다. 배우가 되기까지 그녀의 삶은

전형적인 신데렐라의 판타지 같았다. 모진 고생 끝에 빛을 본 경우다. 카리나와 모친과의 불화는 대단히 유명했다. 카리나가 태어나기도 전에 이미 부모는 헤어졌고, 그래서 부친의 얼굴은 보지도 못했다. 모친은 일을 이유로 갓 태어난 딸을 외조모에게 보냈다. 카리나는 외할머니 아래서 자랐고, 네 살 때 할머니가 죽은 뒤에는 양모 아래서 자랐다. 여덟 살 때 카리나는 처음으로 친모와 함께 살았다. 모친이 새로 결혼을 하여 가정을 꾸릴 형편이 된 것인데, 새로 만난 아버지에게 정을 붙이며 친부처럼 따랐다. 그런데 그 관계도 얼마 가지 못했다. 모친이 또 다른 남자와 바람이 났기 때문이다. 이번의 새 남자는 카리나를 아주 귀찮아했고, 종종 그녀를 때리기까지 했다. 카리나는 10대 초부터 학교를 빼먹었고, 가출을 반복했다. 배우가 되고 싶다는 오직 한 가지 꿈을 안고, 열일곱 살 때 히치하이킹을 하여 파리로 간다. 모친과의 사실상의 이별이고 독립적인 삶의 출발이었다.

파리에서 굶다시피 하는 고생이 시작됐다. 그러나 행운이 일찍 찾아왔는데, 광고계 사람이 사진 촬영을 권하면서부터다. 이때부터 모델 일을 시작했다. 피에르 가르뎅Pierre Cardin, 코코 샤넬Coco Chanel, 1883~1971 같은 유명 디자이너의 모델도 됐다. 카리나의 덴마크식 원래 이름을 지금처럼 '안나 카리나'로 바꾼 사람이 코코 샤넬이다. 그때쯤 고다르를 만났다.

카리나 자신이 말했듯, 고다르와의 관계는 피그말리온과 갈라테이아 같았다. 고다르는 자신이 원하는 대로 카리나를 '조각'해 갔고, 카리나는 그 조각가가 빚어낼 수 있는 최고의 작품으로 보답했다. 서로가 서로에게 최고가 된 것이다. 사실상 헤어진 뒤 함께 만든 〈국외자들〉(1964), 〈미치광이 피에로〉(1965), 〈알파빌〉(1965)도 모두 영화사의 문제작으로 남아 있다. 두 사람의 마지막 작품은 〈메이드 인 유에스에이〉(1966)다. 이들의 결별을 예언하듯, 카리나는 여기서 처음으로 남자에 의해 희생되고 조종되는 수동적인 역할이 아니라, 살인 사건을 조사하는 적극적인 여성으로 나온다. 험프리 보가트처럼 트렌치코트를 입은 카리나가 모든 사건을 해결한 뒤, 영화의 마지막 대사를 말한다. "이제 미래에 무엇을 하지?" 말하자면 홀로서기에 대한 선언문 같은 말이었다.

카리나는 고다르와의 이별 뒤, 비스콘티와 〈이방인〉(1967), 파스빈더Rainer Werner Fassbinder, 1945~1982와 〈중국식 룰렛〉(1976) 등을 찍었지만, 과거와 같은 영광은 누리지 못했다. 고다르와 함께 만든 영화들(여기 소개된 일곱 편의 장편과 한 개의 단편)은 1960년부터 1966년까지의 결과물들인데, 짧은 기간 발표된 그때의 작품들이 영화사의 영원한 보석으로 남아 있다. 고다르와의 마지막 작품이자 사실상 자신의 마지막 대표작인 〈메이드 인 유에스에이〉를 만들 때, 카리나는 겨우 스물여섯 살이었다. 역시 '너무 빠르게' 살았고, 그렇지만 가장 화려하게 타오른 누벨바그의 불꽃이 됐다(카리나의 전기적 사실은 콜린 매케이브Colin MacCave가 쓴 『고다르』에서 참조).

The Only One
〈여자는 여자다〉

브뉘엘의 초현실주의 영화들은 즐기기엔 여전히
'모호한 대상'이었다. 그 모호함의 벽을 넘볼 수 있게 해준
작품이 칸영화제 황금종려상 수상작인 〈비리디아나〉이고
여기서 빛난 별이 실비아 피날이다.

성과 속의 야누스

실비아 피날
Silvia Pinal

나는 실비아 피날[1931~]을 〈비리디아나〉(1961)를 통해 처음 봤다. 1990년대 초반까지만 해도 한국에서 루이스 브뉘엘[Luis Bunuel, 1900~1983]의 영화를 보기란 여간 어렵지 않았다. 브뉘엘은 이미 〈부르주아의 은밀한 매력〉(1972)으로 아카데미 외국어영화상을 수상했지만, 다시 말해 서구에서는 대중적으로도 이름을 알렸지만, 우리에겐 여전히 멀었다. 그의 영화는 낯설었고, 그는 소문난 좌파였는데, 그런 게 어느 정도 영향을 미쳤을 것이다. 1990년대 중반에, 한국에서도 시네클럽 운동이 활발해지면서 비로소 브뉘엘의 영화들도 조금씩 소개됐다. 그러나 브뉘엘의 초현실주의 영화들은 즐기기엔 여전히 '모호한 대상'이었다. 그 모호함의 벽을 넘볼 수 있게 해준 작품이 칸영화제 황금종려상 수상작인 〈비리디아나〉이고, 여기서 빛난 별이 실비아 피날이다.

경력의 전환점은 브뉘엘의 〈비리디아나〉

〈비리디아나〉를 본 관객은 누구나 기억할 것이다. 혼자 사는 숙부의 집에 수

녀 비리디아나가 도착한 첫날 밤 말이다. 그날 밤 비리디아나는 회색의 수녀복 속에 숨어 있던 세속의 관능을 처음 보여준다. 성적 매력이 제거된 듯 보이는 여성의 극적인 반전인데, 그녀는 거울 앞에서 두건을 벗고, 긴 금발을 늘어뜨리며, 풍만한 가슴 윤곽을 드러낸다. 무슨 일이 벌어질 것 같은 불안은 그때 생겼다. 복도 건너편 방에선 숙부가 오르간의 페달을 열심히 밟으며(대단히 성적인 동작이다), 바흐 Johann Sebastian Bach, 1685~1750의 미사곡을 연주하고 있다. 관능의 금발도 위험한데, 곧이어 브뉘엘은 비리디아나의 허벅지까지 남김없이 보여주며, 이 영화가 얼마나 불안한 수준까지 갈 것인지 미리 엄포를 놓는 것 같았다. 세속적인 남자와 종교적인 여성 사이의 긴장, 근친상간의 불안, 신성모독의 공포 등이 한꺼번에 밀려온 도입부였다.

〈비리디아나〉에서 실비아 피날은 처음에는 청순한 수녀로, 곧이어 숙부를 무의식의 포로로 만드는 관능의 화신으로(물론 의도적이 아니라 카메라의 대상으로), 또다시 종교적 봉사에 힘쓰는 숭고한 여성으로, 결국에는 거울 앞에서 다시 금발을 빗어 내리는 세속의 여자로, 변신에 변신을 거듭한다. 표면과 내면, 이성과 본능 그리고 성과 속이 공존하는 브뉘엘의 일관된 테마는 한 배우의 몸에 그대로 새겨져 있었다. 칸영화제의 황금종려상 수상은 실비아 피날을 세계의 유명 배우로 만들었다. 멕시코 배우가 할리우드에 진출하여 세계적인 스타로 성장한 경우는 있었지만(이를테면 돌로레스 델 리오^{Dolores del Rio, 1904~1983}), 멕시코영화로 단번에 유명해진 것은 피날이 처음이었다.

브뉘엘은 원래 스페인 출신인데, 그의 정치적 성향 때문에 스페인의 파시스트 정권을 피해, 프랑스와 미국 그리고 나중에는 멕시코에서 망명 생활을 했다. 멕시코에서 영화감독으로 이름을 날리자, 스페인의 프랑코^{Francisco Franco, 1892~1975}는 브뉘엘을 조국에 다시 초대함으로써 파시즘에 대한 인상을 반전시키고자 했다. 프랑코 정부는 그의 영화제작을 도왔다. 하지만 결과는 신성모독과 부르주아 질서를 공격하는 문제작이었다. 프랑코는 〈비리디아나〉의 모든 프린트를 파괴할 것을 명했는데, 실비아 피날은 몰래 필름을 칸으로 그리고 멕시코로 반입했고, 그 덕에 영화는 빛을 볼 수 있었다.

사탄의 유혹 같은 위험한 매력

실비아 피날은 1950년대에 이미 멕시코에서 가장 사랑받는 코미디 배우였다. 출신 배경도 남달라서 일찌감치 영화계의 특별한 주목을 받았다. 외조부는 멕시코 독립운동의 영웅 중 한 명이었고, 부친은 언론인 출신 정치가였다. 학생 때부터 여러 미인대회에서 상을 받으며 미모를 알렸는데, 라디오 드라마의 성우를 한 뒤 연기에 관심을 갖기 시작했다. 영화계로 나와서 유리했던 것은 그녀의 노래 실력이었다. 당시 멕시코의 멜로드라마는 마리아치들의 연주를 배경으로 노래하는 장면이 거의 빠지지 않고 등장했는데, 피날은 노래하는 연인 역에 안성맞춤이었다.

　피날의 운명을 바꾼 것은 두 번째 남편인 구스타보 알라트리스테Gustavo Alatriste, 1922-2006와의 만남이었다. 배우 출신인 그가 제작자로 변신하며 브뉘엘의 작품 세계로 피날을 끌어들였고, 그럼으로써 피날은 과거와는 다른 배우가 됐다. 세 사람은 〈비리디아나〉로 처음 만난 뒤, 두 편을 더 만든다. 그래서 이것을 보통 '트리오의 3부작'이라고 부른다. 감독 브뉘엘, 주연 피날, 제작 알라트리스테 트리오는 〈비리디아나〉에 이어 〈절멸의 천사〉(1962) 그리고 〈사막의 시몬〉(1965)을 발표했다. 피날이 멕시코의 스타를 넘어 세계 영화계에 이름을 남긴 것은 바로 이 작품들 덕분이다. 알라트리스테는 자신에게 칸영화제 황금종려상이라는 명성을 안겨준 브뉘엘에게 더 큰 재량권을 주었다. 이때 나온 작품이 〈절멸의 천사〉이다. 프란시스코 아란다Francisco Aranda를 비롯한 브뉘엘 전문가들은 〈황금시대〉(1930)와 더불어 〈절멸의 천사〉를 감독 최고의 초현실주의 작품 베스트 1, 2위로 꼽는다. 그런데 피날의 팬으로서 약간 놀라운 것은 그가

〈사막의 시몬〉

주연이 아니라 20여 명의 주요 인물 가운데 한 명으로 나온 점이다. 〈절멸의 천사〉는 주연이 따로 없는 대단히 이질적인 작품이다. 그래서 브뉘엘이 먼저 "〈비리디아나〉의 주인공이 여기 나올 수 없다"고 말렸다. 그런데 피날의 대답은 "당신의 영화라면 아

무 역이라도 좋다"는 것이었다. 피날도 남편 알라트리스테처럼 브뉘엘의 천재성을 믿어 의심치 않았다.

〈비리디아나〉에서 보여준 피날의 이중적인 매력은 〈사막의 시몬〉에서 다시 빛난다. 영화는 5세기 시리아의 성인인 시몬의 이야기를 다룬다. 시몬은 절실히 원하는 사람들이 지금도 그렇듯, 기둥 꼭대기에 올라가서 참회의 기도를 하며 14년을 버틴 인물이다. 여기서 피날은 성인을 유혹하는 사탄으로 나온다. 한번은 교복을 입은 순진한 여학생 차림으로, 그러고는 점잖은 남장 성직자로, 마지막으로는 관 속에 누운 시체로 등장한다. 그런데 여학생은 갑자기 풍만한 가슴을 드러내고, 성직자는 세속의 쾌락을 설파하고, 시체는 뱀처럼 유혹적으로 혀를 날름거린다. 말하자면 사탄은 육체적 쾌락과 세속 권력의 달콤함으로 시몬을 유혹했다. 그 변신이 얼마나 실감나는지, 이때만은 피날이 진짜 사탄처럼 보였다. 그만큼 위험했고 동시에 매혹적이었다.

단 하나의 영화가 단숨에 세계 영화계에 그 국가 전체의 영화를 대표할 때가 있다. 로베르토 로셀리니의 〈무방비 도시〉(1945)가 대표적이다. 그런데 〈무방비 도시〉는 안나 마냐니의 존재가 없었다면 지금처럼 사랑받고 기억되진 않을 것이다. 바로 그런 역할을 멕시코의 경우 〈비리디아나〉와 이 작품의 주연인 실비아 피날이 한 것이다.

The Only One
〈비리디아나〉

대개 스타들은 자기를 알아주는 감독을 한번쯤은 만난다.
그럴 때 배우와 감독은 각각 자신의 경력에서 절정에 이른다.
잔 모로는 그런 만남을 훈장처럼 여러 개 달고 있는 배우다.

누벨바그 세대 지성과
퇴폐의 아이콘

잔 모로
Jeanne Moreau

대개 스타들은 자기를 알아주는 감독을 한번쯤은 만난다. 그 반대도 마찬가지
인데, 그럴 때 배우와 감독은 각각 자신의 경력에서 절정에 이른다. 존 포드에
게 존 웨인이 없었다면, 또 반대로 존 웨인이 존 포드를 못 만났다면, 두 영화
인의 위상은 지금과 달랐을 것이다. 명감독과 스타의 만남은 대개 한 번이고,
이것도 행운인 셈이다. 평생 이런 만남을 경험하지 못하는 영화인들이 더 많
다. 그런데 그런 만남을 훈장처럼 여러 개 달고 있는 배우도 있다. 그런 화려
한 경력의 대표적인 배우가 잔 모로[1928~]다.

루이 말, 프랑수아 트뤼포의 연인

잔 모로는 배우로선 뒤늦게 서른이 다 돼서야 주목받기 시작했다. 주로 연극
무대에서 활동하던 모로를 스크린의 스타로 발굴한 감독은 루이 말[Louis Malle,
1932~1995]이다. 〈사형대의 엘리베이터〉(1958)를 통해서다. 프랑스에서 누벨바그
가 막 시작될 때인데, 루이 말은 누아르 스타일의 범죄물에서 팜므파탈이기보

〈쥴과 짐〉

다는 자포자기의 비관주의자로 모로를 묘사했다. 사랑을 위해 범죄까지 저질렀지만 버림받았다는 슬픔에서, 파리의 밤거리를 혼자 방황하는 잔 모로의 외로운 이미지는 마일스 데이비스Miles Davis, 1926~1991의 트럼펫 연주와 어울려 관객을 아득한 고요 속으로 끌어당겼다. 이 영화를 통해 지적이고, 도시풍이고, 퇴폐적인 이미지가 잔 모로에게 각인된다.

이 작품은 스물여섯 살 청년 루이 말의 감독 데뷔작이다. 청년의 감상주의가 지나친 면도 있지만, 루이 말은 영화가 대중적으로 큰 성공을 거두자 〈사형대의 엘리베이터〉의 매력, 곧 사랑의 일탈과 감상적인 음악의 사용을 두 번 더 이용한다. 바로 다음해인 1959년 〈연인들〉에선 브람스Johannes Brahms, 1833~1897의 현악 6중주 1번곡, 그리고 〈도깨비불〉(1963)에선 에릭 사티 Eric Satie, 1866~1925의 피아노곡으로 데뷔작의 대중적 성공을 계속 이어갔다. 루이 말과의 작업으로 잔 모로는 단번에 프랑스를 대표하는 새 시대의 배우로 조명 받는다. 지적이고 외로운 이미지는 미켈란젤로 안토니오니를 만나

〈밤〉(1961)을 통해 다시 한 번 발휘된다.

우울한 이미지에 변화를 가져온 것은 프랑수아 트뤼포의 〈쥴 앤 짐〉(1962)이다. 두 남자와 동시에 사랑에 빠진 변덕스런 여성 역할이다. 사랑받을 때는 함박웃음이 터지고, 외로울 땐 눈가에 검은 그림자가 크게 드리운다. 성격만큼이나 외모도 변화무쌍하여 두 남자와 길거리를 뛰어다닐 때는 선머슴처럼, 사랑스러운 노래를 부를 때는 예쁜 소녀처럼 보이기도 한다(당시 모로는 서른세 살이었다). 하지만 남자들과의 관계에선 늘 주도권을 쥐고 있다. 그 주도권을 잃어버렸다고 생각될 때 영화의 절정도 찾아온다. 〈쥴 앤 짐〉은 당대의 페미니즘 분위기와도 어울렸고, 잔 모로는 적극적이고 독립적인 새 여성의 이미지를 대변했다. 〈쥴 앤 짐〉은 아마 감독과 배우 모두에게 자신들의 최고작으로 기억될 것 같다.

트뤼포와 작업할 때 두 사람은 연인 사이였다. 이들이 대중의 특별한 주목을 받은 것은 두 사람 모두 기혼자여서이다. 잔 모로는 첫 남편과 오랫동안 별거 중이었지만 법적으론 기혼녀였고, 트뤼포도 기혼남이었다. 하지만 이럴 때 여론의 관심이 누구에게 더 쏠리는지는 다들 알 것이다. 그런데 잔 모로는 데이트한 사실을 숨기기보다 당당하게 밝혔다. 더 나아가 모로는 트뤼포뿐 아니라 〈사형대의 엘리베이터〉를 촬영할 때 루이 말, 마일스 데이비스와도 데이트를 했다고 말했다. 〈쥴 앤 짐〉의 자유분방한 여성은 현실에서도 별로 다르지 않았던 것이다. 이런 행동도 당시 파리의 새 세대 여성들에겐 인기였다. 잔 모로의 태도에는 시대의 틀을 무시하는 듯한 스타의 오만함이 있었는데, 그게 팬들에겐 매력이었다.

1962년은 잔 모로의 경력에서 한 획을 그은 해가 된다. 평생의 동료인 오슨 웰스를 그때 만난다. 이제 막 데뷔한 동년배 감독들이었던 루이 말, 프랑수아 트뤼포와 달리 당시 웰스는 이미 전설이었다. 웰스는 미국에서 매카시즘이 한

창일 때, 사실상 자발적으로 유럽으로 피신했다. 〈악의 손길〉(1958) 이후에는 미국에 자유롭게 머물 수 있었지만, 유럽에서 영화작업을 하는 날이 더 많았다. 〈악의 손길〉에 이어 4년 만에 발표한 작품이 카프카^{Franz Kafka, 1883~1923}의 원작을 각색한 〈심판〉(1962)이다. 여기서 잔 모로는 밤무대 가수로 나온다. 도입부에서 비교적 짧게 등장하지만 요셉 K(앤서니 퍼킨스)의 꿈의 연인, 곧 금지된 대상으로서의 퇴폐적인 이미지로 강한 인상을 남겼다. 영화는 자그레브, 로마, 밀라노, 파리 등지에서 촬영됐고, 이때 웰스와 모로는 급격히 친해졌다.

오슨 웰스 말년의 뮤즈

1960년대 웰스는 자신의 마지막 극영화 세편을 발표한다. 그 세 작품 모두에 잔 모로가 출연하는 것은 물론이다. 첫 영화가 〈심판〉이었고, 두 번째는 헨리 5세의 청년 시절을 다룬 〈심야의 종소리〉(1965)이다. 셰익스피어의 여러 작품에 등장하는 '폴스타프'라는 노인이 주인공인데, 왕이 되기 전의 왕자에게 쾌락의 달콤함을 전수한 인물이 바로 그다. 모로는 이런 방탕한 노인(오슨 웰스)의 애인이자 창녀로 나온다. 역시 짧은 등장이지만, 15세기 영국 매춘부의 타락을 보여주기에는 충분한 시간이었다.

웰스와의 마지막 작품이 〈불멸의 이야기〉(1968)이다. 극영화로는 웰스의 유일한 컬러 작품이다. 마카오를 배경으로 부자 노인(오슨 웰스)이 자식을 갖기 위해 젊은 여성과 하룻밤을 원한다는 내용이다. 그 여성으로 잔 모로가 나오는데, 그녀의 부친은

바로 부자 노인의 젊은 시절 사업 파트너였고, 그 노인 때문에 파산을 하여 자살했었다. 말하자면 여성은 아버지의 복수를 실현하기 위해 하룻밤 사랑을 판다. 복수에 사로잡힌 여성의 어두운 분위기는 에릭 사티의 피아노곡과 어울려 시종일관 멜랑콜리한 느낌을 전달한다. 사랑 속에 죽음을, 또는 죽음 속에 사랑을 숨긴 여성의 복잡한 감정은 모로의 연기를 통해 오랫동안 기억될 것이다.

세 작품 모두 웰스가 유럽에 머물며 만들었고, 웰스 특유의 바로크적인 화면이 대단히 역동적으로 표현된 걸작들이다. 마지막 두 영화는 당시에 웰스가 살던 스페인에서 촬영됐다. 그런데도 더욱 영국처럼, 또 마카오처럼 보일 정도로 공간 표현이 발군이었다. 웰스 말년의 뮤즈는 단연 잔 모로였다. 세 작품 가운데 모로 특유의 퇴폐적인 지성미가 유독 빛났던 작품은 〈불멸의 이야기〉이다.

〈불멸의 이야기〉가 웰스의 극영화 마지막 작품인데, 우연찮게도 이때 잔모로의 스타로서의 경력도 끝난다. 1958년 〈사형대의 엘리베이터〉에 출연할 때 서른 살이었던 모로는 약 10년간 불같은 삶을 살았고, 1968년 마흔 살 즈음에 정점에서 내려온다. 그해에는 오랜만에 트뤼포를 만나 〈비련의 신부〉도 찍었다. 루이 말을 만나 함께 신인으로서 영화 경력을 시작한 모로는 오슨 웰스를 만나 함께 정상에서 내려오는 길을 걸은 셈이다.

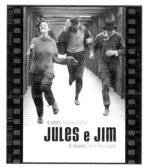

The Only One
〈쥴 앤 짐〉

베리만도 피카소처럼 새로운 여성들을 만나며 더욱 왕성한
활동을 선보였는데, 특히 통념을 무시하는 문제작들은
주로 잉그리드 툴린과 찍었다. 그 작품들은 전부 사회와의 긴장을
유발하는 것이었다. 사회와의 긴장 관계가 예술의 주요한 덕목이고,
툴린은 그 덕목의 불편한 끈을 놓지 않았다.

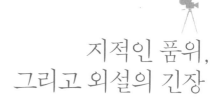

지적인 품위,
그리고 외설의 긴장

잉그리드 툴린
Ingrid Thulin

피카소$^{Pablo\ Picasso,\ 1881~1973}$의 예술세계를 이야기할 때 빠지지 않고 인용되는 사실이 그의 여성 관계다. 피카소는 끝없이 여성들과 스캔들을 일으켰다. 딸 같은 여성과의 교제는 말할 것도 없고, 말년에는 손녀 수준의 여성(모델인 자클린로크$^{Jacqueline\ Roque,\ 1926~1986}$)과 결혼했다. 누군가에겐 부러움을, 또 누군가에겐 혐오감을 줄 수 있는 행보인데, 묘하게도 피카소는 새로운 여성을 만날 때마다 화풍의 변화 혹은 더욱 왕성한 작품 활동을 선보이곤 했다. 영화계의 피카소를 꼽자면 단연 잉그마르 베리만$^{Ingmar\ Bergman,\ 1918~2007}$이다. 널리 알려진 대로 베리만의 여성 편력도 '염치없는' 수준이다. 협연한 배우들은 거의 모두 연인이었다. 잉그리드 툴린$^{1926~2004}$은 '베리만 사단'의 고정 배우였는데, 다른 여배우들과는 사뭇 다른 행보를 보여 흥미로운 경우다.

'베리만 사단'의 지성파 배우

'베리만 사단'은 물론 공식적인 단체가 아니라, 그와 평생 인연을 맺은 동료들

〈산딸기〉

을 말한다. 베리만 사단에 포함되는 여배우들은 대개 한번쯤은 베리만의 연인
이었다. 이 점이 많은 추문을 낳았는데, 주로 베리만이 그들을 발굴할 때 사랑
도 싹트는 식이었다. 이를테면 〈모니카와의 여름〉(1953)을 찍을 때는 하리에
트 안데르손Harriet Andersson과, 〈한여름 밤의 미소〉(1955)를 찍을 때는 비비 안데
르손Bibi Andersson과 연인이었고, 또 오랜 기간 동거도 했다. 베리만은 물론(?) 기
혼자였다.

　'베리만의 여성 배우 넷'을 꼽자면 만남의 순서대로, 하리에트 안데르손,
비비 안데르손, 잉그리드 툴린, 그리고 리브 울만이다. 리브 울만과는 〈페르소
나〉(1966)를 찍으며 연인이 됐고, 둘 사이에는 딸도 하나 있다. 결혼은 하지 않
았다. 네 명 중 유일하게 '표면적'으로는 베리만과 아무런 일이 없었던 배우가
잉그리드 툴린이다(베리만의 평소 행실로 볼 때 믿기가 좀 어렵긴 하다). 다른 배우
들이 전부 베리만의 감성에 파문을 던졌다면, 툴린은 베리만의 머리에, 곧 이
성에 어필한 경우다. 툴린의 매력은 우선 냉정한 이성에 있다. 그렇다고 툴린

에게 에로티시즘이 없었느냐면 결코 그렇지 않다. 차가운 이성의 매력 혹은 약간 남성적인 성적 모호성이 더욱 돋보였을 뿐이다.

평범한 배우였던 툴린은 베리만을 만나 스타로 발돋움한다. 〈산딸기〉(1957)에서 주연과 다름없는 비중 있는 역할을 맡은 뒤부터다. 시아버지(빅토르 시외스트롬Victor Seastrom, 1879~1960)와 자동차 여행을 함께하는 며느리 역인데, 그녀는 반듯한 인상과 차분한 말투로, 명예의학박사 학위를 받는 지식인 시아버지에 견줘 전혀 밀리지 않는 지적인 분위기를 풍겼다. 〈산딸기〉로 툴린은 지성미와 품위를 남겼다.

중성적인 매력은 〈마술사〉(1958)를 통해 소개된다. 남편(막스 폰 시도Max Von Sydow)은 마술로 관객을 현혹시키는 배우이고, 그녀는 유랑극단의 남장배우로 나온다. 낮에는 몸이 약간 작은 과묵한 남자배우 행세를 하는데, 밤이면 긴 머리칼을 늘어뜨린 매력적인 아내로 둔갑한다. 낮의 멜랑콜리한 분위기와는 너무 달라진 모습이라서 그런지 밤의 그녀는 요염한 여우 그 이상으로 관능적이었다. 지적인 배우들이 대체로 그렇듯 툴린은 여기서 '과묵한 미소년' 같은 이미지를 심는다.

1960년대 베리만의 전성기 시절의 걸작인 〈침묵〉(1963)에서 툴린의 지적이고 중성적인 이미지는 더욱 복잡해진다. 번역가인 툴린은 책에 파묻혀 활기를 잃고, 생명마저 곧 놓칠 것처럼 연약해 보인다. 바싹 감정이 마른 여성으로 보였는데, 예상과는 달리 그녀는 여동생을 지나치게 사랑하고, 급기야 혼자 남은 호텔에서 자위까지 한다. 도수 높은 안경을 쓰고, 손에서는 책을 놓지 않는, 질서정연해 보이는 여성이 놀랍게도 성적 일탈을 연기하니 그런 반전도 없었다. 아무리 자유로운 스웨덴이라지만 〈침묵〉은 개봉 당시 외설 파문에 휩싸이기도 했는데, 툴린은 그런 과정에서 '불편한 연기'에 주저하지 않는 용감한 배우라는 미덕을 자신의 개성에 하나 더 추가했다.

외설의 긴장을 몰고 온 역할들

잉그리드 툴린은 어부의 딸이다.
넉넉하게 자라지 못했지만, 배우
가 되려고 상업고등학교를 다니
며 자신이 번 돈으로 발레 교습
을 받았다(매력적인 몸매는 발레 덕
분일 테다). 연기도 독학하다시피
했다. 그런데 스톡홀름의 왕립드

라마학교에 입학하면서 기회가 찾아오기 시작했다. 졸업 뒤에는 역시 왕립드
라마극장에서 배우로 일했는데, 여기서 잉그마르 베리만을 만난다. 1956년이
었고, 당시 베리만은 유명 영화감독이자 지방인 말뫼극장의 연극감독이었다.

그의 영화경력에 베리만만큼 영향을 미친 남자가 남편인 해리 샤인Harry
Schein, 1924~2006이다. 샤인은 스웨덴 문화계의 유명인이었다. 언론인이었고, 영화
비평가였으며, 문화계의 논쟁가였고, 나중에는 스웨덴영화협회(SFI)의 회장이
된다. 진보정치가들과 친분이 두터웠던 그가 회장이 된 1963년, 영화법을 개
정하여 제작사에 유흥세를 감면해주고 대신 수익의 10%를 협회에 지원하는
제도를 마련한 것은 유명한 일화다. 협회는 그 자금으로 제작 지원을 했고, 베
리만은 최대의 수혜자 가운데 한 명이었다. 1960, 70년대 스웨덴영화의 부활
은 그 법 덕분이라고들 말한다. 말하자면 툴린은 '베리만 사단'의 다른 배우들
과는 달리 사회적 권력층의 한 부분으로 편입해 들어갔다. 베리만의 스캔들에
그녀의 이름이 나오지 않은 데는 이런 사회적 조건도 이유가 됐을 터다.

그렇다고 연기에까지 권위를 내세우는 일은 없었다. 나이가 들어가며, 특히
40대에 접어들면 여배우들은 종종 이미지에 손상을 입는 역할은 피하려고 하

는데, 툴린은 더욱 용감한 역할을 소화해냈다. 툴린은 〈늑대의 시간〉(1968)에서 지적이다 못해 교활하기까지 한 여성으로 나온다. 그녀는 옛 애인(막스 폰 시도)을 나체로 유혹하고, 남자가 유혹에 넘어가자 곧바로 순진하다고 비웃는 탕녀를 연기한다. 그때 툴린은 마흔두 살이었는데, 전면노출의 악역 연기에 주저함이 없었다. 거의 상체를 드러내고 연기하는 〈의식〉(1969), 비스콘티를 만나 모자 사이의 근친상간을 역시 나체로 연기하는 〈저주받은 자들〉(1969), 그리고 위선적인 남편에 대한 거부의 표시로 성기관을 자해하는 아내 역을 맡은 베리만 말년의 걸작인 〈외침과 속삭임〉(1972) 등에서 툴린의 연기는 늘 외설과 긴장된 위치에 있었다.

이런 외설과의 긴장이 베리만 사단의 다른 배우들과 비교할 때 돋보이는 대목이다. 베리만도 피카소처럼 새로운 여성들을 만나며 더욱 왕성한 활동을 선보였는데, 특히 통념을 무시하는 문제작들은 주로 잉그리드 툴린과 찍었다. 그 작품들은 전부 사회와의 긴장을 유발하는 것이었다. 사회와의 긴장 관계가 예술의 주요한 덕목이고, 툴린은 그 덕목의 불편한 끈을 놓지 않았다.

The Only One
〈침묵〉

돌이켜보면 그런 죄의식의 비밀이 배우 카르디날레를
더욱 성장시켰을지도 모를 일이다. 미혼모 스캔들이
알려진 뒤에도 카르디날레의 스타덤은 견고했다. 배우로서의
빼어난 경력이 이미 사적인 스캔들을 넘어섰기 때문일 터다.

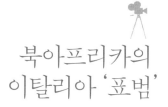

북아프리카의
이탈리아 '표범'

클라우디아 카르디날레
Claudia Cardinale

이탈리아 배우인 클라우디아 카르디날레[1938~]는 이탈리아어를 잘하지 못했다. 그녀는 북아프리카의 튀니지에서 시칠리아 출신 부모 아래 태어나 그곳에서 10대까지 자랐다. 당시 튀니지는 프랑스의 지배를 받았다. 카르디날레는 튀니지의 프랑스 학교에 다녔다. 프랑스어로 교육 받고, 튀니지 친구들과는 아랍어로 사귀고, 그리고 집에서는 이탈리아어, 정확히 말해 시칠리아 지역어를 썼다. 말하자면 어릴 때부터 말 그대로 '다문화' 속에서 성장했다. 지역주의에서 벗어난 개방성이 카르디날레의 개성이 됐는데, 이런 특성은 훗날 역시 개방적인 감독 루키노 비스콘티를 만나 활짝 꽃핀다. 북아프리카에 숨겨져 있던, 시칠리아 말도 겨우 하던 이탈리아 소녀는 비스콘티의 〈레오파드〉(1963)를 통해 세계적인 스타로 성장하는 것이다.

'죽을 때까지' 사랑하는 여인

카르디날레가 배우의 정체성을 진지하게 고민하기 시작한 것은 피에트로 제

〈레오파드〉

르미 Pietro Germi, 1914~1974의 〈형사〉(1959)에 출연하면서부터다. 이전까지는 10대 소녀로서 정신없이 시키는 대로 했다면, 여기서 처음으로 '카메라를 친구'로 받아들였다. 카르디날레는 조연인 하층민 하녀로 출연한다. 비교적 짧은 등장이지만 훗날 그녀의 특성이 되는 불안한 눈빛, 관능적인 몸매, 어딘가 비밀이 있을 것 같은 태도 등이 이 영화를 통해 알려지기 시작한다. 특히 영화의 주제곡인 '죽을 때까지'(Sinno Me Moro) 사랑한다는 애절한 가사의 노래는 카르디날레의 테마곡으로 쓰이며, 그녀의 개성으로까지 비쳤다.

불안한 눈빛의 하층민 여성이 죽도록 사랑할 것 같은 이미지는 발레리오 추를리니 Valerio Zurlini, 1926~1982의 멜로드라마 〈가방을 든 여인〉(1961)을 통해 더욱 확산된다. 카르디날레는 당대의 급격한 경제부흥기를 맞아 신분상승이라는 헛된 꿈을 꾸는 시골 출신 여성으로 나오는데, 도시의 약삭빠른 남성들에게 실컷 이용만 당할 뿐이다. 사랑이라고 부를 만한 순수한 대상은 10대 소년이 유일하고, 영화는 소년과의 사랑과 어른과의 타락을 대조하며, 카르디날레의 추락을 안타깝게 바라본다. 여기서 미나가 부르는 주제곡 〈방 안의 하늘〉(Il Cielo In Una Stanza)은 순수한 사랑을 원하는 카르디날레의 마음으로 읽혀, 역시 그녀의 테마곡으로 오랫동안 기억나게 했다.

비스콘티와는 〈로코와 그의 형제들〉(1960)을 통해 처음 만났다. 하지만 그 영화의 주인공은 알랭 들롱을 비롯한 남자들이었고, 카르디날레의 비중은 대단히 낮았다. 하지만 이탈리아의 가난한 남부 출신으로, 산업도시인 밀라노로 이주한 뒤 정착하기 위해 안간힘을 쓰는 여성의 강인함을 보여주기에는 짧지 않은 시간이었다. 비스콘티는 〈레오파드〉에서 카르디날레에게 역시 신분상승을 달성하는 부르주아 여성 안젤리카 역을 맡겼다. 주체할 수 없는 부를 축적한 부친 덕분에 사실상 '신세계의 공주'처럼 행세하는 당찬 여성이다. 구질서를 상징하는 귀족 버트 랭커스터와 신질서를 상징하는 부르주아 여성 클라우디아 카르디날레가 함께 추는 왈츠 장면은 영화 속 안젤리카의 '여왕 대관식'이나 다름없었는데, 이 순간은 실제로 카르디날레의 세계 영화계의 '여왕 대관식'이었다. 이 영화를 통해 카르디날레의 명성은 세계 속으로 퍼져나갔다.

비스콘티는 프랑스어를 모국어처럼 구사할 정도로 프랑스 문화에 밝은 감독이다. 카르디날레는 현장에서 프랑스어로 감독과 소통하며, 물 만난 고기처럼 자유롭게 개성을 발휘했다. 특히 지역주의를 넘어서는 감독의 태도에서 자신의 미래를 보기도 했다. 카르디날레가 이탈리아뿐 아니라 프랑스, 영국 그리고 할리우드에서도 왕성한 활동을 펼칠 수 있었던 것은 어릴 때의 다문화 배경과 비스콘티의 개방성에서 큰 영향을 받았다고 말했다. 〈레오파드〉는 칸 영화제에서 최고상인 황금종려상을 받았고, 당시에 카르디날레는 세계 영화계의 스타덤으로 '표범'처럼 뛰어오르고 있었다.

루키노 비스콘티의 '표범'

튀니지 카르타고에 있는 사범학교에서
초등교사 자격증까지 딴 카르디날레가
영화계에 데뷔할 수 있었던 것은 그곳
에서 이탈리아 영화인들이 개최한 '튀니
지에서 가장 아름다운 이탈리아 여성'
이라는 미인대회에 참가하면서다. 큰 키
(170cm)와 약간 검은 피부, '바비 인형'
같은 몸매 그리고 강렬한 눈빛으로 카르
디날레는 1등에 당선됐다. 초등학교 교

사를 희망했던 소녀는 갑자기 베네치아로, 로마로 초대되는 행운을 누렸다.
특혜를 받아 로마국립영화학교의 연기과정에 입학할 수도 있었다. 그런데 문
제는 언어였다. 그녀의 이탈리아어 실력으로는 수업 과정을 따라갈 수 없었
다. 그리고 카르디날레는 문화적으로 볼 때, 당시에는 여전히 프랑스 소녀였
다. 카르디날레의 데뷔작도 프랑스영화인 〈고하〉(Goha, 1958)다. 초창기 영화
들에서 그녀는 프랑스어로 연기했고, 이탈리아어 더빙이 덧붙여졌다. 자신의
목소리로 이탈리아어를 연기한 것은 페데리코 펠리니의 〈8과 1/2〉(1963)이 처
음이다. 카르디날레는 이탈리아에서의 갑작스런 변화들에 적응하는 데 애를
먹었다. 겨우 스무 살도 안 된 카르디날레는 영화를 하지 않기로 결심하고, 고
향 튀니지로 돌아갔다.

  카르디날레의 장래성을 알아보고, 다시 영화계로 끌어낸 인물이 이탈리
아의 유명 제작자이자 한때 남편이기도 했던 프랑코 크리스탈디Franco Cristaldi,
1924-1992이다. 비스콘티와 더불어 카르디날레의 영화 경력에 결정적인 역할을

한 인물이다. 카르디날레는 마리오 모니첼리Mario Monicelli, 1915~2010의 코미디 〈마돈나 거리의 한탕〉(1958)에 나오며 이탈리아영화의 데뷔에도 성공하고, 곧바로 인기를 끌기 시작했다. 그런데 그녀에겐 말 못할 비밀이 하나 있었다. 그 영화를 찍을 때 아직 10대였는데, 이미 임신한 상태였다. 아기의 부친은 영화계의 프랑스 남자라고만 전해진다. 10대 미혼모라는 사실이 알려지면 카르디날레의 경력이 지금과 같지는 않았을 것이다. 이 모든 비밀을 관리하며 카르디날레를 스타로 성장시킨 조력자가 크리스탈디이다.

아들에 대한 비밀은 7년간 유지됐다. 뒷날 그 죄책감의 무게를 고백했던 카르디날레는 특히 〈가방을 든 여인〉을 찍을 때가 가장 힘들었다고 말했다. 〈가방을 든 여인〉의 주인공은 실제의 자기처럼 비밀의 아들을 둔 채 처녀 행세를 하는 여성이었다. 돌이켜보면 그런 죄의식의 비밀이 배우 카르디날레를 더욱 성장시켰을지도 모를 일이다. 미혼모 스캔들이 알려진 뒤에도 카르디날레의 스타덤은 견고했다. 배우로서의 빼어난 경력이 이미 사적인 스캔들을 넘어섰기 때문일 터다. 카르디날레는 크리스탈디와 결혼(1967년)한 뒤, 세르지오 레오네Sergio Leone, 1929~1989의 〈옛날 옛적 서부에서〉(1968)에 출연하며, 다시 세계적인 스타로 사랑을 받았다. 세계 영화계에서의 경력을 따져, 카르디날레는 지나 롤로브리지다, 소피아 로렌과 더불어 '이탈리아의 3대 여배우'로 꼽힌다.

The Only One
〈레오파드〉

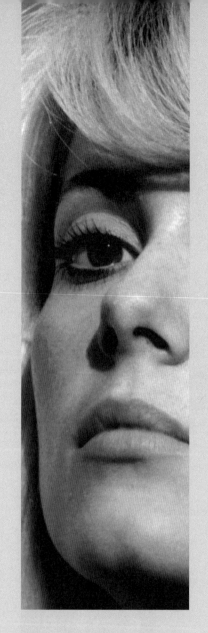

드뇌브를 가리켜 "당신에겐 두 여성이 있소"라고 한
드파르디유의 말은, 수동/능동, 순결/타락, 고급/통속, 우아/퇴폐 같은
이항대립의 이미지를 떠올리게 한다.

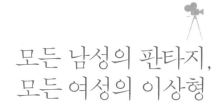

모든 남성의 판타지,
모든 여성의 이상형

카트린느 드뇌브
Catherine Deneuve

카트린느 드뇌브^{1943~}는 배우집안의 딸이다. 언니인 프랑수아 도를레악^{Francoise} ^{Dorleac, 1942~1967}을 따라 10대 때부터 배우생활을 시작했다. 빛나는 외모를 가진 자매는 거의 동시에 스타가 됐는데, 1964년에 언니는 프랑수아 트뤼포의 〈부드러운 살결〉을 통해, 그리고 동생은 자크 드미^{Jacques Demy, 1931~1990}의 〈셀부르의 우산〉을 통해 단숨에 유명해졌다. 두 사람 모두 청순하고 우아했다. 카트린느 는 부친의 성을 따르지 않고 모친을 따라 드뇌브라는 성을 쓰며 언니와의 차별화를 시도했다. 이런 시도의 전환점이 된 작품이 로만 폴란스키^{Roman Polanski} 의 〈혐오〉(1965)이다.

로만 폴란스키, 루이스 브뉘엘의 도발적 캐릭터

〈혐오〉의 주인공인 캐롤은 남성에 대해 지나친 결벽증을 갖고 있다. 같이 사는 언니가 유부남 남자친구를 데려와 침대에서 내는 소리에 신경이 쓰여 잠을 못 잘 정도다. 호의를 보이는 남자친구의 손이 몸에 대이면 질겁한다. 상처

〈혐오〉

받기 쉬운 소녀 같은 여성인데, 바캉스 기간에 홀로 집에 남게 됐을 때, 남성으로부터 성적 공격을 받는 환각에 시달리더니, 급기야 끔찍한 사고를 저지르는 역할이다. 폴란스키 특유의 강박관념이 폐쇄공포증을 유발하는 작품으로, 여기서 드뇌브는 청순한 이미지를 벗고 손에 피를 묻히는 광기를 연기한다. 인형처럼 보이는 여성의 내부에 용광로와 같은 불덩이가 숨겨져 있다는 점을 한 눈에 알게 한 작품이었다.

〈혐오〉의 캐롤이 추락하는 이유는 어쨌든 〈셸부르의 우산〉을 통해 각인된 드뇌브의 캐릭터인 청순함 때문이었다. 너무 순수해서 상처를 받은 것이다. 여기에 비하면 루이스 브뉘엘의 〈세브린느〉(Belle De Jour, 1967)는 한 술 더 뜬다. 통속적인 사람들과는 전혀 어울릴 것 같지 않은 우아한 외모의 세브린느는 의사의 아내인데, 알고 보니 놀랍게도 자발적인 고급창녀다. 남편과의 섹스에는 애를 먹고, 반면에 매음굴에서 얼굴도 모르는 남성들과는 쉽게 관계를 갖는다. 도입부에서 이브 생 로랑의 고급스런 옷을 입고, 마부들로부터 채찍으로 맞으며 오르가슴을 연기하는 세브린느의 상상장면은 지금 봐도 경악할 정도로 퇴폐적이다. 프랑스의 상징 같은 우아한 여성이 역겨움을 줄 수 있는 마조히즘의 도착증을 연기했던 것이다.

폴란스키와 브뉘엘, 두 감독을 통해 아름답기만 하던 드뇌브는 이중적인 캐릭터를 갖게 됐다. 트뤼포의 〈마지막 지하철〉(1980)에서 드파르디유^{Gérard} ^{Depardieu}가 하는 말, 곧 "당신에겐 두 여성이 있소"란 말은 드뇌브의 이중성을 적절하게 표현하는 것이다. 드뇌브의 이미지에서 수동/능동, 순결/타락, 고급/통속, 우아/퇴폐 같은 이항대립이 자연스럽게 떠올랐다. 이런 이중성은 현실세계에도 연장됐다.

처음에 드뇌브는 유명한 여성편력가인 로제 바딤^{Roger Vadim, 1928~2000} 감독의 연인으로 알려지기 시작했다. 그와 동거할 때 겨우 열일곱 살이었고, 열아홉 살 때 아들도 낳았다. 결혼은 하지 않았으니 〈셸부르의 우산〉 속 주인공처럼 미혼모였다. 말하자면 현실에서의 남자와의 관계는 청순한 이미지와는 달리 고정관념을 쉽게 뛰어넘었다. 특히 문제가 됐던 게 1970년대의 마르첼로 마스트로이안니와의 동거다. 당시에 두 배우는 모두 유럽 최고의 스타였고 기혼자였는데, 결혼은 하지 않은 채 함께 살며 딸 키아라 마스트로이안니^{Kiara} ^{Mastroianni}까지 낳았다. 그런데 결혼제도를 무시하는 듯한 이들의 행위는 불쾌감만 줬던 것은 아니었다. 당시 유럽의 진취적인 사회분위기와도 맞물려 이들의 행위는 통념에 대한 의도적인 위반으로 비치며, 야릇한 해방감 같은 것도 느끼게 했다. 특히 일부 여성들에게는 더욱 그랬다. 이를테면 이탈리아의 아시아 아르젠토^{Asia Argento}(다리오 아르젠토 감독의 딸)도 결혼은 하지 않고 록밴드 블루버티고^{Blue Vertigo}의 리더와의 사이에서 딸을 낳았는데, 호기심을 드러내는 언론에 대해 "드뇌브는 이미 30년 전에 그랬어요"라고 태연하게 말하기도 했다.

앙드레 테시네, 드뇌브의 후반기 전성기 열다

마스트로이안니를 통해 만난 감독이 이탈리아의 기인 마르코 페레리^{Marco}

Ferreri, 1928~1997다. 풍자극의 장인 이자 마르크시스트 페레리는 뛰어난 예술적 영감에도 불구하고 정치적 극단성 때문에 점점 고립돼 갈 때인데, 마스트로이안니와 드뇌브는 캐스팅에 애를 먹던 페레리의 영화 두 편에 연속해서 출연한다. 〈암캐〉(1972)와 〈백인여성에 손대지 마라〉(1973)가 그것이고, 특히 부르주아 사회의 인간관계를 사도마조히즘으로 해석한 〈암캐〉에서, 주인의 사랑을 독점하기 위해 개처럼 마스트로이안니의 손을 핥는 드뇌브의 모습은 기존의 이미지를 또 다시 뛰어넘을 정도로 위험해 보였다.

말하자면 작가감독들은 드뇌브에게 각인된 일반적인 이미지, 곧 우아하고 순결한 이미지를 전복했고, 드뇌브는 그런 역할을 적극적으로 해내며 자신의 페르소나를 확대했다. '샤넬 넘버 5'의 고결한 이미지가 어느 순간에는 '암캐'가 되는 식이다. 그런데 이런 이중성은 1980년대 들어 약화됐다. 자신의 이미지가 프랑스의 상징인 '마리안느'(Marianne, 자유·평등·박애의 프랑스 정신을 표현하는 여성상)로 쓰이고, 향수 모델로 더욱 알려지면서부터다.

이런 조건은 사회적으로 존경받고 사랑받게도 하지만, 배우에게는 위기를 가져올 수도 있는데, 드뇌브는 꾸준히 작가감독들과의 협업을 통해 그런 위기를 돌파했다. 드뇌브가 40대가 되기 전까지, 그녀의 감독으로 보통 자크 드미, 프랑수아 트뤼포, 로만 폴란스키, 루이스 브뉘엘, 마르코 페레리 등이 꼽힌다. 1980, 90년대 드뇌브의 후반기 전성기를 연 감독은 단연 앙드레 테시네Andre Techine이다.

두 사람의 인연은 1981년 〈아메리카 호텔〉부터 시작됐다. 테시네의 고

향과 가까운 프랑스 남서부의 바다를 배경으로, 잘 못 맺어진 운명의 잔
인함을 표현한 멜로드라마인데, 여기서 드뇌브는 죽은 연인을 잊지 못하
는 마취전문 여의사로 나온다. 테시네 특유의 섬세한 심리 드라마는 드
뇌브의 내면 연기를 더욱 돋보이게 했는데, 완벽해 보이는 겉모습과 달
리 치유되지 않는 상처로 고통 받는 드뇌브의 캐릭터는 이후 〈범죄 현
장〉(1986), 〈내가 좋아하는 계절〉(1993) 등으로 이어지며 후반기의 대표적인
페르소나로 자리 잡았다. 〈내가 좋아하는 계절〉에서 근친적 관계의 남동생으
로 나오는 다니엘 오테이유^{Daniel Auteuil} 가 하는 말, 곧 "(드뇌브는) 모든 남자들의
판타지이고, 모든 여성들의 이상"일 정도로 완벽한 인물인데, 사실은 아무도
모르는 큰 상처를 안고 있는 캐릭터인 것이다.

드뇌브의 후반기 경력은 테시네와의 협업 이외에 라울 루이즈^{Raúl Ruiz}, 마노
엘 데 올리베이라^{Manoel De Oliveira, 1908~2015}, 그리고 최근의 아르노 데스플레생^{Arnaud}
^{Desplechin}까지 이어지고 있다. 아마 함께 작업한 작가감독 리스트로 배우를 평
가한다면 드뇌브처럼 풍부한 경험을 갖고 있는 배우도 드물 것 같다. 올해 일
흔두 살인 드뇌브는 여전히 현역으로 활동하고 있다(반면에 언니 프랑수아 도를
레악은 불행하게도 스물다섯 살에 교통사고로 요절했다).

The Only One
〈쉘부르의 우산〉

리브 울만은 베리만과 처음부터 영화로 인연을 맺었다.
그것도 곧바로 주연부터 시작했다. 이것은 신인배우에겐
파격적인 대우였고, 베리만이 노라를 연기하는 울만에게
얼마나 반했는지 알 수 있는 대목이다.

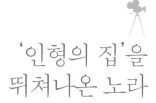

'인형의 집'을
뛰쳐나온 노라

리브 울만
Liv Ullmann

리브 울만[1936~]은 잉그마르 베리만의 유명 배우들이 대개 그렇듯 연극 무대 출신이다. 그런데 영화 데뷔는 베리만의 다른 배우들과는 약간 달랐다. 이를테면 막스 폰 시도, 잉그리드 툴린, 비비 안데르손 등은 전부 스웨덴의 연극 무대에서 연극연출가 베리만과 인연을 맺은 뒤, 베리만을 따라 자연스럽게 영화계로 진출했다. 리브 울만은 노르웨이 출신이고, 스웨덴이 아니라 노르웨이에서 연극을 했다. 이름을 알린 것은 역시 노르웨이 출신인 헨리크 입센[Henrik Ibsen, 1928~1996]의 고전 〈인형의 집〉을 통해서다. 여기서 집을 뛰쳐나오는 '노라'를 연기하며, 울만은 연극 무대의 '인형'이 된다. 베리만이 울만을 발견한 것도, 그녀가 〈인형의 집〉에서 노라를 연기할 때다. 울만은 베리만을 따라 스웨덴으로 왔고, 곧바로 〈페르소나〉(1966)에 출연했는데, 이 작품을 통해 단박에 세계 영화계의 유명배우가 된다.

〈페르소나〉

베리만의 연인이 된 '노라'

말하자면 리브 울만은 베리만과 처음부터 영화로 인연을 맺었다. 그것도 곧
바로 주연부터 시작했다. 이것은 신인배우에겐 파격적인 대우였고, 베리만이
노라를 연기하는 울만에게 얼마나 반했는지 알 수 있는 대목이다. 실제로 베
리만은 〈페르소나〉를 촬영하기 시작한 1965년부터 울만과 연인 사이가 된다.
두 사람은 스무 살 차이다. 베리만의 여성 편력은 웬만한 영화팬이라면 다 아
는 사실이다. 함께 공연한 여배우들은 거의 다 베리만의 한때의 연인이라고
봐도 된다. 베리만은 이들 배우들과는 결혼은 하지 않았고, 다른 여성들과 모
두 다섯 번 결혼했다. 배우들 가운데는 해리엇 안데르손Harriet Andersson(〈모니카와
의 여름〉의 주연), 그리고 비비 안데르손(〈제7의 봉인〉의 주연)과 짧은 동거를 한
적이 있다. 리브 울만과는 〈페르소나〉를 찍을 때인 1965년부터 5년간 동거했
고, 딸도 한 명 낳았다.

그런데 출세작 〈페르소나〉에서는 사실 울만의 개성이 충분히 발휘되지 못

했다. 울만은 이 작품에서 갑자기 말을 하지 않는, 혹은 말을 잃은 연극배우로 나오는데, 불안한 시선과 주저하는 겸손한 동작 등으로 주변의 분위기를 단번에 결정짓는 존재감을 보였지만, 이는 연출가에 의해 조종되는 모델 같은 연기이기도 했다. 영화계가 기억하는 울만의 캐릭터, 그것은 곧 '영원한 노라'인데, 그것과 비교하면 〈페르소나〉의 연기는 오히려 로베르 브레송의 '모델'에 가까운 것이었다.

리브 울만의 개성은 베리만이 발견한 〈인형의 집〉의 노라와 비슷한 캐릭터로 나올 때 더욱 빛났다. 그래서인지 베리만의 영화에서도 점점 노라 같은 역할을 자주 맡았다. 처음에는 여성스럽고, 밝고, 순종적으로 보이지만 결국 자신을 위해 아무 조건 없이 집을 뛰쳐나가는 독립적인 여성의 이미지를 굳혔다.

〈페르소나〉를 전환점으로, 베리만 영화의 여주인공은 단연 리브 울만이 된다. 베리만 자신의 남성성은 막스 폰 시도를 통해 그리고 여성성은 리브 울만을 통해 적극적으로 표현될 때가 바로 이때다. 막스 폰 시도의 연약한 듯 폭력적인 면, 그리고 리브 울만의 순종적인 듯 독립적인 면, 곧 '노라'의 캐릭터가 발휘되기 시작할 때였다. 〈늑대의 시간〉(1968)에서 두 배우는 짝을 맞춘 뒤, 〈수치〉(1968), 그리고 〈열정〉(1969)까지 세 작품에서 연속으로 함께 연기했다. 세 작품 모두 처음에는 울만이 연약해 보였지만 결말부에서는 오히려 남성인 막스 폰 시도가 심리적 파탄을 겪는 공통점을 갖는다.

〈결혼의 풍경〉, 베리만과 울만의 자전적 작품

베리만의 경력을 시대별로, 곧 1950년대, 1960년대, 그리고 1970년대 전후의 3단계로 나누면 각 시대를 대표하는 여배우는 먼저 해리엇 안데르손, 두 번째 단계는 비비 앤더슨과 잉그리드 툴린, 그리고 마지막 단계는 리브 울만이다.

리브 울만의 영화적 캐릭터가 가장 돋보인 작품이자, 베리만 후반기의 대표작이 〈결혼의 풍경〉(1973)이다. TV용으로 제작된 6부작이고, 파트마다 상영시간이 대략 50분쯤 된다. 여기서 리브 울만은 변호사 마리안을, 그리고 막스 폰 시도의 뒤를 이은 울만의 스크린 파트너 에를란드 요셉슨Erland Josephson, 1923~2012이 의사 요한으로 나온다. 〈화니와 알렉산더〉(1982)가 베리만의 자전적 작품이라면, 〈결혼의 풍경〉은 베리만과 울만 두 사람 모두의 자전적인 작품이다.

여기서도 울만이 연기한 마리안은 전형적인 노라이다. 처음에는 사랑스럽고, 순종적이고, 자식들에게 자상하고, 늘 미소를 띤 밝은 표정이다. 상대역인 요셉슨이 연기한 요한은 미래가 촉망되는 의사로, 아내를 사랑하는 사려 깊은 남자인데, 부부관계의 주도권을 쥐려는 전통적인 성격도 갖고 있다. 마리안은 남편을 존중하고, 보기에 따라서는 의존하며, 전통의 관습을 따른다. 그런데 남편이 의과대학의 동료의사, 또는 젊은 제자와 사랑에 빠지면서 부부 사이는 파탄을 맞는다. 그러면서 마리안은 남편의 아내가 아니라, 한 개인으로서의 자신의 참모습을 거울에 비쳐보기 시작하는 것이다. 다시 말해 〈결혼의 풍경〉은 〈인형의 집〉을 베리만 스타일로 풀어낸 실내극이다.

마치 2막짜리 연극을 보듯, 스톡홀름의 집과 바닷가의 여름 별장, 이 두 곳에서 이야기는 거의 다 진행되는데, 부부는 베리만과 울만의 실제 관계처럼 이별과 재결합의 위기를 넘나든다. 스칸디나비아 특유의 단순한 실내장식과 간결한 가구들은 인물들의 말라가는 마음을 그 어떤 대사나 연기보다 더욱 효과적으로 전달한다. 간단한 공간과 두 명의 배우, 이런 소박한 장치로 베리만은 여섯 개의 이야기를 연결해 놓았다. 마치 에릭 로메르 Eric Rohmer, 1920~2010의 코미디 시리즈 같은, 또는 미하엘 하네케 Michael Haneke의 〈아무르〉(2012)처럼 간결한 실내극 같은 느낌도 든다. 영화 만들기에 관련된 사람이라면 감탄이 나올 정도로 소박한 구성이 인상적이다. 많은 감독들이 이 작품에 찬사를 보냈고, 우디 앨런은 〈우디 앨런의 부부일기〉(1992)에서 〈결혼의 풍경〉의 주요한 구조를 그대로 가져온다.

　베리만의 후반기 작품인 〈결혼의 풍경〉은 리브 울만의 '페르소나'는 노라라는 사실을 다시 확인케 했다. 2003년 베리만은 마지막 작품인 〈사라방드〉를 발표했는데, 이것은 〈결혼의 풍경〉의 후속편이다. 30년 뒤, 마리안과 요한의 모습을 그렸다. 곧 리브 울만의 늙은 노라를 상상한 것이다.

The Only One
〈페르소나〉

블라디는 뭔가를 열심히 사고 소비하기 위해 '검은돈'을 버는데,
관능적인 육체와 달리 표정은 권태의 나락에 떨어진 것처럼
심심해 보인다. 관능적인 육체와 무관심한 태도의 대조적인,
혹은 이중적인 인상은 이후 그녀의 스크린 이미지로 오래 남아 있다.

누벨바그의 스타,
데탕트의 상징이 되다

마리나 블라디
Marina Vlady

마리나 블라디[1938~]가 세계 영화계에 이름을 알린 것은 장 뤽 고다르의 〈그녀에 대해 알고 있는 두세 가지 것들〉(1966)을 통해서다. 고다르가 극단적인 영화운동인 '지가 베르토프 그룹' 활동을 하기 바로 직전의 작품으로, 초창기의 다른 고다르 영화들처럼 팝아트 스타일의 현란한 색상과 사회비판적인 테마가 강하게 표현돼 있다. 마리나 블라디는 여기서 '그녀'를 상징하는 여성으로 나온다. '그녀'는 하루 종일 쇼핑만 하고 돌아다니는 파리의 여성이기도 하고, 그런 여성들이 상징하는 파리이기도 하고, 더 나아가 현대 소비사회 전체이기도 하다. 마리나 블라디는 뭔가를 열심히 사고 소비하기 위해 '검은돈'을 버는데, 관능적인 육체와 달리 표정은 권태의 나락에 떨어진 것처럼 심심해 보인다. 관능적인 육체와 무관심한 태도의 대조적인, 혹은 이중적인 인상은 이후 마리나 블라디의 스크린 이미지로 오래 남아 있다.

장 뤽 고다르의 '그녀'

〈그녀에 대해 알고 있는 두세 가지 것들〉의 마리나 블라디 캐릭터는 미켈란
젤로 안토니오니의 '권태의 인물', 곧 대부분 모니카 비티가 연기한 인물과 비
교되는데, 달랐던 점은 관능성에 있다. '블라디의 그녀'는 '비티의 그녀'처럼
마른 몸매의 지적인 여성이 아니다. 건강한 육체를 가졌지만 공식적인 직업은
없고, 경제적으로는 남편에 의존해 있는 '보통' 여성이다. 극중 남편도 보통의
노동자임을 강조하기 위함인지 줄곧 푸른 셔츠만 입고 나오는 정비공이다. 노
동하지 않는 (혹은 못하는) 블라디는 권태 속에 빠져 있는데, 육체의 건강함은
그런 권태의 무력감을 더욱 역설적으로 강조한다. 이런 불균형이 그녀의 어두
운 비밀을 암시하고 있다.

  〈그녀에 대해 알고 있는 두세 가지 것들〉은 그녀의 '평범한' 하루를 좇아간
다. 오전에 아이들을 보육원에 '버리다시피' 맡기고, 그녀는 쇼핑을 다닌다. 돈
이 필요하자 오랫동안 그랬던 사람처럼 너무나 자연스럽게 매춘을 하고, 그
돈으로 오후에는 미용실에 가서 머리를 하고 손톱을 가다듬는다. 미용실의 친
구가 주선하자, 이번에는 미국인 사업가를 상대로 또 매춘을 한다. 두 프랑스

여성이 미국 항공기 가방을 머리에 쓰고, 미국인 남자를 상대로 매춘을 하는 상징적인 장면은 유명하다. 그러고는 낮에 쇼핑하며 봐뒀던 유명 브랜드의 옷을 산다. 이쯤 되면 그녀는 보드리야르^{Jean Baudrillard, 1929~2007}의 이름을 들먹이지 않아도 알 수 있는 '소비주의의 포로', 곧 소비함으로써 존재하는 현대사회의 특징적인 인물인 셈이다.

블라디는 여기서 시종일관 무표정한 모습으로 나온다. 남편과 이야기할 때도, 우는 아이들을 달랠 때도, 심지어 매춘을 할 때도 그녀의 얼굴에는 표정 변화가 없다. 유명 브랜드의 옷을 살 때 약간 보였던 미소가 거의 유일한 변화다. 세상 모든 일에 무관심한 여성, 오직 소비하며 존재를 확인하는 자본주의적 페티시즘의 희생자, 동시에 묘한 성적 매력을 드러내는 이미지를 통해 블라디는 누벨바그의 새로운 주인공으로 떠오른 것이다.

그녀의 신비한 성적 매력의 스타성을 발견한 감독은 이탈리아의 루치아노 엠메르^{Luciano Emmer, 1918~2009}이다. 블라디의 첫 출세작인 〈유리창의 여자〉(1960)를 통해서다. 네덜란드의 탄광이 주배경인 이 영화에서 블라디는 이탈리아 이주민 광부들을 주로 상대하는 암스테르담의 매춘부로 나온다. 블라디는 가난한 이탈리아 노동자와 하룻밤 사랑을 나눈다. 이 영화를 통해 블라디의 관능, 소외, 무관심 등의 개성들이 본격적으로 알려졌다.

〈유리창의 여자〉의 성공 덕분에 블라디는 단번에 프랑스와 이탈리아에서 가장 주목받는 신성이 됐다. 블라디를 신성을 넘어 유럽의 스타로 성장하게 만든 작품은 이탈리아의 마르코 페레리가 만든 〈여왕벌〉(1963)이다. 결혼을 앞둔 보수적인 여성이, 자신은 '마리아의 딸'임을 강조하며 약혼자의 육체적 접근을 단호하게 차단하더니, 결혼 후에는 단 하루도 사랑을 거르지 않으려는 '여왕벌'로 돌변하는 코미디다. 결혼과 종교라는 제도가 서구 사회의 '위선'임을 맹렬히 비판하는 페레리의 코미디에서 블라디는 성처녀 같은 순결한 이미

지와 육체의 화신 같은 퇴폐적인 이미지를
동시에 표현하고 있다. 블라디는 〈여왕벌〉
로 칸영화제에서 여우주연상을 받으며, 유
럽의 스타 대열에 합류했다.

블라디미르 비소츠키의 '그녀'

마리나 블라디는 러시아계 프랑스인이다.
부모가 혁명을 피해 프랑스로 망명했다. 부모 모두 아티스트였다. 부친은 러
시아의 오페라 가수였고, 모친은 발레리나였다. 10대 때부터 연기자로 활동한
블라디는 배우이자 감독인 로베르 오셍Robert Hossein과 결혼하며 본격적으로 배
우 생활을 시작했다. 열일곱 살 때다. 단역과 조역에 머물던 블라디가 행운을
잡은 것은 앞에서 본 대로 프랑스보다는 이탈리아 감독들 덕분이었다. 칸영화
제에서 여우주연상을 받으며 최고의 인기를 누릴 때, 블라디는 오슨 웰스의
〈심야의 종소리〉(1965)에서 반군 리더의 아내로 출연하며 활동영역을 더욱 넓
혔고, 고다르와의 협업으로 명성은 세계로 퍼져갔다. 이럴 때쯤 블라디는 삶
의 전환점이 되는 한 남자를 만난다. 바로 옛 소련의 배우이자 시인이며, 특히
저항가수로 유명한 블라디미르 비소츠키Vladimir Vysotsky, 1938~1980다. 우리에겐 〈야
생마〉를 부른 가수로 유명하다.

블라디와 비소츠키는 1969년 결혼한다. 서른한 살 때이고, 두 사람은 동갑
내기다. 기타 하나만 들고 포효하듯 노래하는 비소츠키는 이미 러시아를 넘
어 유럽의 스타였다. 당시는 냉전의 긴장이 팽팽할 때였고, 두 사람은 어쩔 수
없이 기러기처럼 간혹 만나는 결혼 생활을 이어갔다. 이런 정황들이 알려지며
냉전의 부조리는 다시 유럽 시민들에게 각인되고, 두 사람은 시대의 희생양처

럼 비쳐지기 시작했다.

　여론은 국경을 넘어 사랑을 나누는 두 사람 편이었다. 사람들은 자유를 상징하는 프랑스 여성과 반항을 상징하는 러시아 남성 사이의 사랑을 낭만화했다. 블라디는 프랑스공산당의 협조를 받아 모스크바 입국의 자유를 얻어냈다. 그럼으로써 비소츠키의 입장도 과거와 달리 점점 자유로워졌다. 알다시피 비소츠키는 당국의 통제 때문에라도 앨범을 정식으로 발매하지 못했던 가수다. 친구들이 카세트테이프에 녹음한 노래들이, 사람들의 손을 거쳐 은밀히 퍼져나가며 이름을 알린 경우다. 그는 이후 프랑스말 노래도 부르고, 또 두 사람이 함께 공연하기도 했다.

　비소츠키가 1980년 심장마비로 급사하는 바람에 두 사람의 10여 년에 걸친 관계는 끝났다. 하지만 두 사람의 관계를 통해 억지스러운 이데올로기의 폐해는 뚜렷이 각인됐다. 러시아의 대도시인 예카테린부르크 시내에는 비소츠키의 동상이 있는데, 기타를 들고 노래하는 그의 옆에 앉아 남자를 바라보고 있는 긴 머리의 여성이 마리나 블라디다. 정치적 부조리를 증거하는 두 사람의 낭만적 사랑은 미래 속에 영원히 각인될 것이다.

The Only One
〈그녀에 대해 알고 있는 두세 가지 것들〉

오드랑은 보통의 악녀와 다른 악녀다.
무엇보다 남성의 말을 듣지 않았다.
대개 악녀는 최종적으로 참회하거나 처벌을 받는다.
그녀는 그것을 두려워하지 않는 진정한 악녀다.

성 역할을 부정한
암사슴

스테판 오드랑
Stéphane Audran

스테판 오드랑[1932~]은 클로드 샤브롤[Claude Chabrol, 1930~2010]의 〈착한 여자들〉(1960)
에서 처음으로 이름을 알리기 시작했다. 파리의 양품점에서 일하는 네 명의
'착한' 여성 혹은 '착해 보여야 하는' 여성들의 서로 다른 사랑 이야기를 다룬
작품인데, 여기서 오드랑은 비밀이 많아 늘 따로 행동하는 의심스러운 여성으
로 나온다. 첫눈에 별로 착한 것 같지 않고, 퇴근 이후에 무슨 엉큼한 짓을 하
는지 한껏 상상하게 만드는 인물이다. 이 영화에서 맡은 역할, 곧 일반적으로
여성성으로 인지하는 착해 보이는 것과 사뭇 다른 게 오드랑의 개성인데, 그
럼에도 그는 대중의 사랑을 받는 배우이자 나아가 프랑스 누벨바그 영화사에
큰 족적을 남기는 스타로 성장했다.

남녀 관계 주도, 착한 역할 거부

할리우드영화에 비하면 스크린 속 유럽 여배우들의 위치가 남성 시선에서 상
대적으로 자유롭기는 하지만, 그런 자유가 대중적인 사랑까지 보장하는 것

은 아니다. 여배우는 전통적인 위치, 곧 영화감독이자 평론가인 로라 멀비^{Laura} Mulvey의 용어를 빌리면 '남성 시선의 대상'에 머물 때 훨씬 쉽게 사랑받는다. 곧 남성들이 원하는 위치에 서 있을 때, 여성은 더욱 아름답게 보이고, 그래서 청순한 이미지가 대중의 사랑을 받는 데 유리한 것이다(잉그리드 버그먼의 할리우드 시절이 그렇다).

스테판 오드랑은 악녀다. 무엇보다 남성의 말을 듣지 않았다. 그렇지만 보통의 악녀와 다르다. 대개 악녀는 최종적으로 참회하거나 처벌을 받는다. 말하자면 통념의 질서에 통합되는데, 오드랑은 남성 질서 밖에 머무는 역할로 주목을 받았고, 또 스타로 대접받았다. 시대적 변화가 있었고 변화에 앞서가는 배우의 노력이 빚은 결과다.

금발에 관능적인 몸매, 여유 있는 태도, 큰 눈동자를 가졌지만 오드랑은 20대에는 별다른 활약을 보여주지 못했다. 20대 후반에 클로드 샤브롤을 만나 배우의 경력을 시작했고, 그와 결혼한 뒤 30대가 되어서야 뒤늦게 개성을 발휘했다. 샤브롤은 누벨바그 감독 가운데 가장 먼저 상업적 성공을 거둔 인물이다. 그런데 이상하게도 샤브롤은 초기작인 〈미남 세르주〉(1958)와 〈사촌들〉(1959)의 성공 이후로는 10여 년간 믿어지지 않을 정도로 범작들을 내놓았다.

샤브롤의 경력에 전환점을 마련한 작품이 〈암사슴〉(1968)이다. 이 작품의 주인공을 맡은 이가 스테판 오드랑인데, 바로 못된 짓을 도맡아 하는 인물이다. 이때부터 샤브롤은 물론 오드랑의 개성도 꽃피기 시작한다. 돈 많은 양성애자인 그녀는 팜므파탈처럼 검정 옷을 입고 등장해 젊은 화가 지망생 여성(자클린 사사르 Jacqueline Sassard)을 돈으로 유혹하고 애인으로 만든다. 남프랑스로 휴가를 가서는 현지의 건축가(장 루이 트랭티냥 Jean Louis Trintignant)에게 여성 애인을 뺏길 위기에 놓이자, 이번에도 돈으로 그 남자를 유혹하고 사랑을 방해한다.

이처럼 오드랑은 동성애자 여성, 양성애자 여성이라는 불편한 역할에, 사랑도 고급 차를 바꾸듯 돈으로 사려드는 여성으로 나왔다. 대개 그런 역할은 남성에게 한정되던 시대였다. 말하자면 오드랑은 남성의 영역을 빼앗으면서 유명세를 타기 시작했는데, 여기에는 1968년이라는 시대적 변화도 한몫한 셈이다. 가부장 질서의 억압, 곧 부르주아 이데올로기의 허구가 맹렬하게 공격받을 때, 샤브롤의 영화는 다시 생명을 얻었고 그런 작품의 중심에 오드랑이 있었다. 두 사람은 소위 '68혁명'의 변화 속에서 〈암사슴〉을 계기로 새로운 경력을 시작할 수 있었다.

클로드 샤브롤과 누벨바그의 트로이카로

전통적인 여성의 역할을 무시하는
오드랑의 변신은 〈부정한 여인〉(1969)
에서 극에 달한다. 이 영화의 주인공
역시 경제적으로 최상위층인 부부다.

그런데 부족할 게 없어 보이는
아내는 남편 몰래 바람을 피운다.

아내의 탈선은 결국 꼬리가 잡히고, 남편(미셸 부케Michel Bouquet)은 아내의 연인
을 충동적으로 살해한다. 경찰의 수사가 진행되는 가운데, 아내는 우연히 남편
의 옷 속에서 자기 애인의 사진을 보게 되고, 결국 범인이 남편이라는 사실을
알게 된다. 하지만 아내는 애인을 죽인 남편에게 속죄하지 않고, 살인에 분노
하지도 않으며, 애인의 죽음을 애도하지도 않는다. 결국 남편은 경찰에 잡혀가
고, 아무런 비밀도 들통나지 않은 아내가 화려한 저택 앞에 아들과 함께 서 있
는 것으로 영화는 끝난다. 아마 충직한 남편은 경찰에서도 아내의 비밀을 지켜
줄 것이고, 아내는 물려받은 재산으로 여전히 사회적 특권을 유지할 것이다.

말하자면 부르주아의 편의주의를 비판한 작품인데, 오드랑은 지금 누리는
상류계급의 안락함 이외에는 모든 것을 쉽게 포기하는 여성으로 나왔다. 게
다가 이번에는 처벌받지도 않는다. 윤리적으로 방탕하고, 계산적이며, 보기에
따라서는 지나치게 영리한 악녀의 이미지는 이 영화로 더욱 굳어졌다.

〈암사슴〉, 〈부정한 여인〉 그리고 연속해 발표한 〈도살자〉(1970)까지 이 세
작품은 전반기 샤브롤의 '3대 작품'으로 꼽힌다. 〈도살자〉에서도 오드랑은
남성 파트너와의 관계를 주도하는 여성으로 나온다. 초등학교 교사 역인 오
드랑은 독립적으로 살아가는 싱글 여성의 환상을 충족시킬 정도로 엄격하게

260 •

자신을 통제하고, 무엇보다도 기품 있고 당당한 태도로 사람들의 마음을 사로잡는다. 차라리 남성이 곁에 없을 때, 더 아름다워 보이기까지 하는 것이다. 어느덧 오드랑은 남녀 관계에서 주도권을 쥔 여성이라는 역할에 자연스러워 보였다.

〈암사슴〉에서 시작된 샤브롤-오드랑 커플의 성공 행보는 1978년 두 사람이 헤어질 때 발표한 〈비올렛 노지에〉까지 이어진다. 이제 40대 중반이 된 오드랑은 딸(이자벨 위페르Isabelle Huppert)에게 살해당하는 불행한 어머니 역을 맡았는데, 아이러니컬하게도 이 영화가 끝난 뒤 샤브롤은 오드랑과 헤어지고 당시의 신성인 위페르와 협업하며 두 번째의 전성기를 맞는다.

보통 누벨바그의 3대 배우로 잔 모로, 안나 카리나, 그리고 스테판 오드랑을 꼽는다. 이들은 각자 프랑수아 트뤼포, 장 뤽 고다르, 클로드 샤브롤과 협업하며 최고의 경력을 쌓았다. 오드랑이 남달랐다면, 남성들이 원하는 위치에 서 있지 않았다는 점이다. 최종적으로 참회하는 경우도 드물었고, 그래서 남성 질서에 통합되지도 않았다. 그것이 본인이 원한 캐릭터인지, 예쁜 역할은 이미 다른 배우들이 차지했기에 전략적으로 선택한 것인지는 알 수 없지만, '68세대' 성 역할의 고정관념에 균열을 낸 것은 오드랑의 용감한 태도에 많은 빚을 지고 있다.

The Only One
〈도살자〉

"은희씨가 어여쁘지만 그걸 넘어선 무언가가 있소.
힘들었던 시절이 없었다면 도저히 나올 수 없는 깊은 무언가가.
내가 사랑하는 건 바로 그런 은희씨요"

'국민배우'의 초상

최은희

배우에 대한 최고의 호칭 가운데 하나가 '국민배우'다. 많은 사랑을 받는 배우이자, 국민을 상징하는 배우라는 뜻이다. 말하자면 국민의 동일시 대상이다. 그 배우가 우리 같고, 더 나아가 국가의 정체성까지 표상하고 있어서다. 해방 이후 한국인의 동일시의 대상이자, 한국의 국가 정체성까지 표상한 국민배우를 꼽자면, 가장 먼저 떠오르는 배우가 최은희¹⁹²⁶~다. 전통적인 한국 여인상은 차치하고 신상옥¹⁹²⁶~²⁰⁰⁶ 감독의 〈성춘향〉(1961)의 주인공인 게 첫째 이유다. 한국영상자료원에 따르면 당시 최고 흥행기록을 세운 〈성춘향〉은 서울에서만 36만 관객을 동원했다. 흔히 그 숫자는 요즘의 '천만 관객'과 비교된다. 말하자면 최은희는 지금도 어려운, 여성주인공 흥행대작의 첫 스타다. 한국의 관객은 〈성춘향〉을 통해 자기의 모습을, 더 나아가 한국의 정체성까지 보았다. 〈성춘향〉은 국민배우 탄생의 서곡인 셈이다.

〈성춘향〉, 국민배우 탄생의 서곡

멜로드라마의 주인공들은 대개 춘향처럼 사회적 약자다. 세속적 권력 혹은 능
력에선 내놓을 게 없는 인물이다. 그가 주인공인 이유는 오직 고귀한 윤리의
소유자이기 때문이다(『멜로드라마적 상상력』, 피터 브룩스Peter Brooks 지음). 춘향은
태생적으로 떳떳하지 못한 집안의 딸이다. 그것도 서러울 수 있는데, 사랑하
는 남자 몽룡(김진규1923~1998)을 포기하지 않는다고 매를 맞는다. 양심을 지켰
더니 죽을지도 모를 벌이 뒤따르는 것이다. 멜로드라마가 심장이 뛰는 매력을
선사하는 것은 이렇듯 허구가 현실을 압도할 때다. 예나 지금이나 타락한 권
력은 신분이 낮은 사람 앞에서 기고만장하다.

사또 변학도의 유명한 대사, 곧 "수청 들라"는 부당한 명령에, 춘향/최은희는 "유부녀를 강간하는 죄"를 상기시킨다. 그 표정이 어떻게나 실감나는지 당시 악인 전문 배우였던 이예춘[1919~1977]의 기가 수그러들 정도다. 춘향이 죄목에 일심(一心, 곧 몽룡에 대한 단 하나의 사랑)이라고 서명을 하며, 붓을 땅바닥에 내동댕이칠 때는 살기가 느껴질 정도로 기세가 등등하다. 일심, 곧 윤리를 방어할수록 처벌은 가혹해진다. 아마 많은 관객은 최은희가 여기서 매를 맞으며 한이 맺힌 듯 통곡할 때, 함께 울었을 것 같다. 권력은 비겁하게 여성의 사랑마저 제멋대로 뺏으려 들고, 아무런 방어수단이 없는 춘향은 잔인하게 매를 맞는데, 그건 남녀를 떠나 관객 대다수의 벼랑 끝 삶과 다를 바 없(었)다.

희생하는 최은희의 정체성은 〈성춘향〉을 통해 한국인 정체성의 은유가 됐다. 권력에 휘둘리는 춘향처럼 한국인은 태생적인 한계를 지닌 볼품없는 집안의 자식 같았다. 그러나 맑은 영혼은 고귀했고, 그것을 지키려다 대가를 치르는 수난은 신상옥 감독의 다른 작품에서 연속하여 반복된다. 가족을 위해 개인의 사랑을 포기하는 〈사랑방 손님과 어머니〉(1961), 여성에게 부과된 가부장 윤리에 희생되는 〈열녀문〉(1962), 가난 때문에 팔려온 신부가 되는 〈벙어리 삼룡〉(1964) 등은 모두 최은희의 대표작이자 당대 한국인의 초상화였다.

하지만 최은희가 전통적인 여성상뿐 아니라 이색적인 역할도 잘 소화했음을 기억할 필요가 있다. 한국영화 '팜므파탈'의 시조격인 〈지옥화〉(1958)에서의 양공주 소냐, 호러인 〈백사부인〉(1960)의 뱀 같은 마녀, 유흥업소 여성인 〈로맨스 그레이〉(1963)의 만자 등은 전통적인 여성과는 판이하게 다른 최은희의 모습을 선보인다. 모두 신상옥 감독의 작품들이다. 흥미로운 점은 관객이 이런 최은희의 모습은 크게 좋아하지 않았다는 것이다. 관객은 최은희가 특히 김진규와 짝을 이뤄, 전통적인 여인으로 나오는 걸 더 좋아했다. 최은희는 김진규 옆에 있을 때 가장 빛났다.

신상옥 감독과 만든 보석들

최은희는 경기도 광주에서 1928년
(자서전에선 1930년)에 태어났다. 부친
은 전화국 공무원이었다. 스타들이 대
개 그렇듯, 10대 때 연극을 보고 배우
가 되고 싶어서 가족의 반대를 무릅쓰
고 극단에 가입할 정도로 예술적 열정

이 대단했다. 부친은 딸의 예인 생활을 반대했지만, 자신이 한때 연극을 했으
니, 최은희는 부친의 열정을 닮은 셈이다. 1942년 연극 〈청춘극장〉으로 데뷔
했고, 영화는 〈새로운 맹서〉(신경균1912~1982 감독, 1947)로 데뷔했다. 주목을 받기
시작한 것은 〈마음의 고향〉(윤용규 감독, 1949)에서 미망인 역으로 나온 뒤부터
다. 전통적인 어머니 이미지, 한복이 제격인 맵시는 이 영화를 통해 알려진다
(한국영상자료원의 VOD로 볼 수 있다).

　막 인기를 끌 때 전쟁이 났고, 그 전쟁 기간 중 평생의 상처가 되는 수치를
겪는다. 휴전 뒤, 시중에는 '최은희가 여러 인민군에게 폭행당했다'는 잔인한
소문이 나돌았다. 자서전『최은희의 고백』에 따르면, 한국의 스타를 욕보인
장본인은 인민군도 미군도 아닌 한국군 장교였다. 〈성춘향〉의 "유부녀 강간"
의 대사가 그렇게 절절했던 건 현실이 허구에 들어왔기 때문일 터다. 스타에
겐 자의든 타의든 역사의 흔적이 기록되기 마련인데, 전쟁의 잔인함은 그대로
최은희의 삶이 됐다.

　전쟁이 끝난 뒤 최은희는 평생의 동료이자 감독인 신상옥과 결혼한다. 신
감독은 최은희가 입은 상처를 다 알고 있었다. 최은희가 신상옥의 사랑 앞에
서 마치 〈사랑방 손님과 어머니〉의 주인공처럼 주저하자, 청년은 이렇게 청혼

한다. "은희씨가 어여쁘지만 그걸 넘어선 무언가가 있소. 힘들었던 시절이 없었다면 도저히 나올 수 없는 깊은 무언가. 내가 사랑하는 건 바로 그런 은희씨요."(『최은희의 고백』) 대장부 신상옥과 국민배우 최은희의 역사는 이렇게 시작됐다. 이들 부부의 첫 화제작은 〈젊은 그들〉(1955)이었고, 그 이후의 대부분 작품들이 한국 영화사의 보석이 됐다.

스타의 삶에 역사가 침투하는 또 다른 일은 그 유명한 납북사건이다. 1978년 홍콩에서 최은희는 납북됐고, 곧바로 남편인 신상옥도 납북됐다. 이후 부부는 9년간 북한에서 살며 영화인으로 활동했고, 1986년 극적으로 북한을 탈출했다. 하지만 탈출 뒤에도 조국에 바로 돌아오지 못하고 미국에서 망명생활을 했다. 드라마보다 더 극적인 사건, 곧 한반도의 분단과 냉전의 부조리가 운명처럼 스타의 삶에 기록된 것이다.

최은희는 북한에서 만든 영화 〈소금〉(신상옥 감독, 1985)으로 모스크바영화제에서 여우주연상을 받았다. 최은희는 북한에서도 영화사의 한 부분을 기록했다. 한국의 스타로는 유일한 경우다. 우리는 최은희를 보며 한(恨) 많은 한국인의 역사를 기억하는데, 먼 훗날 정치가 안정되면, 북한에서도 그를 국민배우라고 부를지 모르겠다. 그럴 가능성이 결코 적지 않다.

The Only One
〈성춘향〉

문정숙은 종종 남성들에게 맞섰다. 이를테면 배신당한 사랑에
굴복하지 않고 복수하려 할 때, 그녀의 존재감은 더욱 빛났다.
문정숙은 낮의 태양보다는 밤의 달빛에 더 어울리는
어둠의 캐릭터로 스타 반열에 오른 흔치 않은 배우이다.

바바리코트의 로맨티스트

문정숙

문정숙^{1927~2000}은 적대자(antagonist)의 이미지로 주목을 받았다. 전통적인 여성, 곧 순종적이고 희생적인 연약한 여성과는 너무나 달랐다. 그는 남성들이 위험을 느끼는 여성으로 나올 때 더 자연스러워 보였다. 그는 종종 남성들에게 맞섰다. 이를테면 이만희 감독의 〈마의 계단〉(1964)에서 배신당한 사랑에 굴복하지 않고 복수하려 할 때, 문정숙의 존재감은 더욱 빛났다. 문정숙은 낮의 태양보다는 밤의 달빛에 더 어울리는 어둠의 캐릭터로 스타 반열에 오른 흔치 않은 배우이다.

달빛의 어둠에 더 어울리는 캐릭터

문정숙은 1950년대 후반 '최루성' 멜로드라마들이 양산될 때 주연으로 나오기 시작했다. 유현목^{1925~2009} 감독의 〈유전의 애수〉(1956), 이강천^{1921~1993} 감독의 〈생명〉(1958) 등의 멜로드라마에 출연했는데, 그때 이미 너무 '요염'해서, 순종적인 보통의 멜로드라마 역할과는 맞지 않다는 평가를 받았다(『여성영화

〈민주〉

인사전』, 주진숙 외 지음). 1960년대 들어 문정숙의 요염하고 공격적인 캐릭터가
본격적으로 계발되기 시작했다. 두 감독, 곧 권영순[1923~1992]과 한형모[1917~1999]가
문정숙의 남다른 캐릭터를 잘 표현했다.

　권영순은 이광수[1892~1950]의 원작을 각색한 〈흙〉(1960)에서 문정숙을 시골의
청순한 여성(조미령)의 대립항으로 제시했다. 서울 세력가의 딸로, 건방지고
야망을 품고 있으며, 1930년대가 배경인데 위험하게도 다른 남자들을 제멋대
로 만나는 여성으로 나왔다. 결말 부분에선 멜로의 공식대로 남편(김진규)의
세계 안으로 통합돼 들어가지만, 그전에 관객은 이미 남성 질서를 헤집고 돌
아다닌 문정숙의 모습을 다 본 뒤였다. 남편은 일본의 고등고시에 합격한 식
민지 조선의 인재인데, 더 높은 곳을 원하는 아내의 위압적인 시선 앞에서는
꼬리를 내리는 애완동물처럼 볼품없어 보였다. 그만큼 문정숙의 눈빛은 남성
을 압도했다.

〈표류도〉(감독 권영순, 1960)에서 문정숙은 사생아를 낳은 여성으로 나온다. 말하자면 사회의 명령을 이미 한 번 위반한 여성이다. 그는 생계를 위해 다방을 운영하는데, 미혼모에 다방 '마담'이라는 사실 때문에 주위로부터 늘 무시당하며 산다. 대학동창 모임에서도 따돌림 당하는 것은 물론이다. 온갖 편견을 이겨내고 살인까지 저지른 뒤, 마침내 자신의 남자(김진규)와 겨우 합쳐졌을 때, 그만 병이 들어 죽고 마는 여성이다. 말하자면 관객 입장에선 동일시하기가 대단히 주저되는 비운의 주인공이다. 문정숙은 그런 비운의 여성으로도 강한 인상을 남겼다. 〈마의 계단〉의 간호사도 살인과 비운의 모티브를 가진 역할이다.

한형모 감독이 발견한 캐릭터는 문정숙의 남성성이다. 먼저 〈질투〉(1960)를 통해 문정숙의 동성애성을 묘사한다(필름은 분실됐다). 문정숙은 의동생을 지나치게 사랑한 나머지, 그녀의 남편까지 질투하는 역할을 맡았다. 남성과 맞서는 역할이 자연스러워 보이는 문정숙이 어떤 연기를 펼쳤을지 궁금하지 않을 수 없다. 코미디에도 남다른 재능을 보였던 한형모는 〈언니는 말괄량이〉(1961)에서 문정숙을 유도 선수로 등장시켜 남편(김진규)을 걸핏하면 집어던지는 여장부로 만들었다. 다시 말해 한형모는 문정숙을 남자처럼 그렸다. 두 감독에 의해 계발되기 시작한 문정숙의 남다른 캐릭터는 1960년대에 이만희1931~1975 감독을 만나 더욱 발전한다.

이만희 감독과의 '화양연화'

문정숙은 이북 출신으로, 10대 때부터 연기수업을 받았다. 고교를 졸업하자마자 극단 '아랑'에 가입해 기성 무대에 섰다. 결혼은 그때 연극계에서 만난 배우 장일과 했다. '아랑'은 배우 황철1912~1961이 이끌던 신생 극단이었는데, 문정

숙의 언니인 문정복(훗날 북한의 인민배우가 된다) 그리고 배우 최은희 등이 단원으로 있었다. 자매 가운데 언니는 북한에서, 그리고 동생은 남한에서 스타가 된 셈이다. 영화 데뷔는 신상옥 감독의 데뷔작인 〈악야〉(1952)를 통해서 했다. 스물세 살 때다.

문정숙의 경력에 큰 전환점을 맞은 것은 감독 이만희와의 만남이다(그 역도 마찬가지다). 문정숙은 이만희를 만나면서 연기가 더욱 발전한 원숙한 배우로 성장하고, 이만희도 여성심리에 눈뜨며, 특히 멜로드라마와 스릴러에 발군의 솜씨를 발휘하기 시작한다. 첫 만남은 1962년작 〈다이얼 112를 돌려라〉였고, 그 뒤 〈7인의 여포로〉(1965), 〈시장〉(1965), 〈군번 없는 용사〉(1966), 〈만추〉(1966), 〈귀로〉(1967), 〈싸리골의 신화〉(1967), 〈여자가 고백할 때〉(1969)까지 한국 영화사의 보석들을 연속해 내놓는다. 기혼자인 두 사람은 당시 연인 관계였는데, 문정숙이 이만희보다 두 살 위였다. 두 사람의 관계는 마치 로베르토 로셀리니와 잉그리드 버그먼 혹은 우디 앨런과 미아 패로가 그랬던 것처럼, 자신들 경력의 최고치의 작품으로 결실을 맺었다. 그들과 달랐다면, 이만희와 문정숙 커플의 연장자 혹은 리더는 여성이라는 점이다. 말하자면 스크린에서의 문정숙의 원숙한 이미지는 현실에서도 기시감(旣視感, dejavu)을 느끼게 했다.

그래서인지 이들의 최고작인 〈만추〉는 두 사람의 관계가 많이 투영된 것으로 짐작된다. 아쉽게도 필름이 분실된 바람에 지금 〈만추〉를 볼 수는 없지만, 이만희 감독처럼 짧은 머리에 건장한 몸을 가진 신성일의 등장이 그런 상상을 더욱 자극하는 것이다. 시간이 정해진 짧은 여정, 청년과 연상의 여인, 꽃기는 남자와 여유 있는 여성, 성적 매력을 가진 두 남녀 등 허구 속의 상황이 현실과 겹쳐 보이는 까닭이다. 신화는 이렇게 만들어지는 것인지, 〈만추〉는 어느덧 이만희의 대표작을 넘어 한국영화 최고급의 작품으로 격상된 감이 있다. 수많은 영화인들로부터 만장일치에 가까운 찬사를 받고 있지만, 볼 수 없으니 더욱 그리운 것이다.

한국영상자료원에 있는 177장의 〈만추〉 관련 사진들을 보면, 고(故) 이영일 평론가가 "한국영화가 도달한 또 하나의 높은 예술적 수준"(『한국영화전사』)이라고 평가한 찬사가 허사가 아닐 것이라는 확신이 든다. 특히 바바리코트 차림으로 인천 앞바다의 갯벌 주변을 거니는 두 남녀의 외로운 모습은 늦은 가을의 쌀쌀함이 그대로 느껴질 정도로 표현력이 발군이다. 〈만추〉에서 문정숙은 (아마도) 사형수이고, 특별휴가를 받아 잠시 밖으로 나왔는데, 그 며칠 사이에 바바리코트 하나 걸치니 영원히 기억될 사랑을 경험하는 여성이 되는 것이다. 왠지 문정숙에게는 그런 로맨틱한 원숙함이 있었고, 그래서인지 20대의 청춘이 아니라 30대에 들어 더 빛나는 배우가 됐다. 아마도 문정숙은 〈만추〉의 외로운 바바리코트 하나만으로도 한국 영화사에 오래 기억될 것 같다.

The Only One
〈마의 계단〉

Chapter 4

'배우'라는 이름으로

1970년대

패로의 삶은 그 자체가 세상에 전시된 멜로드라마였다.
사적인 부분이 보호되지 않고 전부 공적으로 알려지는
노출된 삶, 이것은 스타와 배우를 가르는 기준점이기도 한데,
그녀는 일상의 모든 것이 낱낱이 관음의 대상이 되는
전형적인 스타의 운명을 살았다.

외설로 치른 스타의 영광

미아 패로
Mia Farrow

미아 패로[1945~]는 성적 매력이 별로 없는 배우다. 취향의 문제이긴 하지만, 일
반적인 관능과는 거리가 먼 외모를 가졌다. 앙상하게 말랐고 너무 어려 보였
다. 대중을 사로잡는 카리스마를 가진 것도 아니었다. 배우를 하기에는 부끄
럼도 많고, 노출되는 것도 싫어할 것 같았다. 그런데 패로는 10대 때 배우가
된 뒤 우디 앨런과의 한판 싸움이 정리된 최근까지 그 어떤 스타 못지않게 팬
덤의 중심에 있었다. 종종 세상을 놀라게 하는 스캔들을 일으키며, 패로의 삶
은 그 자체가 세상에 전시된 멜로드라마였다. 사적인 부분이 보호되지 않고
전부 공적으로 알려지는 노출된 삶, 이것은 스타와 배우를 가르는 기준점이기
도 한데, 패로는 일상의 모든 것이 낱낱이 관음의 대상이 되는 전형적인 스타
의 운명을 살았다.

스캔들을 디딤돌로

스캔들은 허구에서 일어나는 외설이 현실에까지 침범한 윤리적 위반이다. 허

구 속의 외설도 불쾌한데 그게 현실의 일이라면 역겨움의 대상이 되기 쉽다. 문제는 그 외설이라는 것이 종종 우리 삶의 비밀을 들추는 데 있다. 잉그마르 베리만의 아무 영화나 기억하면 될 터이다. 그래서 사람들은 외설을, 그렇게 악을 쓰며 역겹다고 거부하는지도 모르겠다. 그래야 내면이 들켜버린 수치를 벗어날 수 있는 것 아닌가. 스타의 속성에서 빠뜨릴 수 없는 게 외설이다. 허구의 위반이 실제의 삶에 끼어든 경우다. 스타를 통해 외설은 허구와 실제의 경계를 넘나들고, 그래서 판단의 기준을 허문다. 외설, 그게 그렇게 나쁜 것인지 의문까지 들기도 한다.

패로는 비벌리힐스에서 자란 할리우드 집안의 딸이다. 영화감독인 아버지의 영향으로 어릴 때부터 배우를 했다. 어머니는 〈타잔〉 시리즈의 제인 역으로 유명한 배우다. 7남매 중 네 자매가 전부 배우로 데뷔했는데, 그 누구도 모친의 경력을 따라갈 조짐을 보이지는 못했다. 맏딸이던 패로가 그나마 TV드라마 〈페이튼 플레이스〉로 조금 이름을 알렸다. 그런데 그녀가 당돌하게도 사고를 쳤다. 바로 '살아 있는 전설'이던 프랭크 시나트라와 전격적으로 결혼을 한 것이다. 그때는 1966년이고 패로의 나이는 스물하나, 시나트라는 쉰하나였다. 이 결혼, 결코 건강해 보이지 않았다. 보기에 따라서는 미성년인 딸이 성공한 아버지와 결혼한 것 같은 복잡한 감정을 불러일으켰다. 근친적이고, 계산적이고, 부도덕한 행위로도 보였다.

당시는 로만 폴란스키가 영국 생활을 접고, 미국으로의 진출을 모색할 때이기도 하다. 그가 미국에서 만든 첫 작품이 〈악마의 씨〉(Rosemary's Baby, 1968)다. 폴란스키에게는 대중에게 호소할 수 있는 여배우가 필요했고, 경제적 여건이 넉넉하지 못한 폴란스키의 눈에 들어온 배우가 패로였다. 고액을 지불하지 않고도 관객의 주목을 끌 수 있는 배우였다. 곧 시나트라의 어린 아내라는 게 캐스팅의 큰 이유였다. 그런데 이 작품으로 패로는 예상과 달리 보란 듯 배우로서의 기량을 유감없이 발휘했다. 순진하고, 희생적이고, 청승맞고, 겸손하고, 연약하고, 부드럽고……. 말하자면 남성 판타지를 충족해줄 전통적인 여성 이미지를 종합했다.

패로는 더 이상 시나트라의 후광을 업은 배우가 아니라 진정한 연기자로 평가됐다. 패로는 본격적인 스타의 행보를 보일 것으로 예상됐다. 연기에 전념하기 위해 시나트라와도 이혼했다. 그런데 전성기를 열 것 같던 1970년대에 패로는 별로 발전하지 못했다. 로버트 레드포드^{Robert Redford}와 공연한 〈위대한 개츠비〉(1974) 정도가 겨우 기억날 정도다. 배우보다는 스캔들로 또 유명세를 치렀는데, 이번 대상은 음악계의 거물인 앙드레 프레빈^{Andre Previn}이었다. 역시 나이 차이가 많이 나는 남자(열여섯 살 위)였고, 시나트라와 달리 그는 기혼자였다. 프레빈의 아내도 음악가였는데, 남편을 뺏긴 일이 얼마나 상처가 됐던지, 〈어린 여성들을 조심하라〉(Beware of Young Girls)라는 싱글을 발표하기도 했다. "문으로 들어서는 어린 여성들을 조심하라. 스물하고 네 살 쯤의 그윽한 눈과 창백한 얼굴, 가냘픈 손에는 데이지꽃이 들려 있어……." 누가 봐도 젊은 여성은 패로를 가리키는 노래였다.

우디 앨런과의 화양연화

우디 앨런과 미아 패로의 싸움은 너무나 유명하고 잘 알려진 대로다. 짧게 말해 패로와 프레빈 사이에 입양된 순이와 앨런이 사랑했고, 결혼한 이야기다. 패로 입장에서는 기가 막히는 게 그녀는 앨런과 결혼은 하지 않았지만 사실상 부부관계였는데, 전남편과의 사이에서 입양한 딸과 앨런이 결혼한다고 하니, 남편과 딸이 결혼하는 것 같은 역겨움이 드는 것이다. 패로는 과거에 자신이 '어린 여성'의 장본인이었는데, 무슨 운명의 장난인지 또 다른 '어린 여성'에게 우디 앨런을 뺏긴 것이다.

두 사람 사이의 관계는 막장 드라마가 됐지만, 영화적 삶은 절정이었다. 패로와 앨런은 1980년에 만나 1992년에 헤어졌는데, 이때 만든 앨런의 영화는 감독의 최고작이자, 패로의 최고작이 됐다. 특히 〈브로드웨이의 대니 로즈〉(1984)에서의 마피아 두목 애인, 〈카이로의 붉은 장미〉(1985)에서의 얼빠진 영화 애호가, 〈한나와 그 자매들〉(1986)에서의 편안한 아내, 〈또 다른 여인〉(1988)에서의

〈브로드웨이의 대니 로즈〉

청승맞은 임신부, 〈우디 앨런의 부부일기〉(1992)에서의 걱정 많은 아내 등 이 모든 역할은 패로가 보여준 최고의 연기였고, 영화들은 모두 앨런의 최고작이 됐다. 두 사람이 만든 영화 가운데 가장 못 만든 영화도 아마 〈로마 위드 러브〉(2012)보다는 나을 것 같다. 〈로마 위드 러브〉가 못 만들었다는 게 아니다. 당시에 앨런이 만든 영화는 범작도 수작이 될 정도로 총기가 번쩍였다. 그 모든 영화에 패로가 등장했다. 이쯤 되면 앨런은 피그말리온이고, 패로는 갈라테이 아였던 것이다.

아버지 같은 남자 시나트라와 결혼했고, 역시 아버지나 다름없는 프레빈을 다른 여성으로부터 뺏었지만, 드디어 자신과 어울리는 남자를 만나 배우로서 절정의 삶을 살았는데, 그만 입양한 딸에게 그 행복을 뺏기고 말았다. 그 과정이 전부 외설이나 다름없었고, 또 잔인할 정도로 대중에게 노출됐다. 그런데 그런 게 스타의 운명이기도 하다. 의도하지는 않았겠지만 결과적으로 외설의 경계를 위반하는 것 말이다. 리처드 다이어(『스타, 이미지와 기호』의 저자) 같은 이론가에 따르면 그럴 때 스타는 사회적 의미를 갖는다. 통념의 권위에 균열을 내는 이유에서다. 스타이기에 그런 권한을 위임받는 것이고, 그래서 스타는 외설이라는 죄악의 공포와 공존할 운명인 것이다.

The Only One
〈한나와 그 자매들〉

줄리 크리스티는 외모로 신데렐라가 됐지만 결국
뒤늦게 연기에 눈을 떠, 영화사의 스타로 성장한 대표적인 배우다.
아직까지도 그녀를 〈닥터 지바고〉의 '라라' 정도로만
기억하는 건 애석한 일이다.

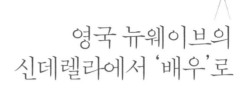

영국 뉴웨이브의
신데렐라에서 '배우'로

줄리 크리스티
Julie Christie

줄리 크리스티[1941~]는 1960년대 소위 '영국의 점령'(British Invasion) 시대의 아이콘이다. 팝 음악, 패션, 문학, 생활 스타일 등 영국의 문화가 미국을 비롯해 전세계로 퍼져나갈 때의 이야기다. 비틀스[Beatles]로 대표되는 로큰롤, 트위기[Twiggy] 같은 모델이 입고 나온 모던한 의상, 그리고 존 오스본[John Osborne, 1929~1994] 같은 작가가 주도하던 '성난 젊은 세대'(Angry Young Men)의 문학이 전후의 세대교체를 선언하며 청년들의 환대를 받을 때다. 정치적 위상은 약화됐지만 영국은 문화 영역에서는 여전히 '제국주의'의 지위를 향유했다. 줄리 크리스티는 이때 등장한 '영국 뉴웨이브'(British New Wave) 영화의 신데렐라였다. 그녀의 등장에선 청춘의 상징인 자유와 독립 그리고 '속도의 삶'이 느껴졌다.

〈닥터 지바고〉의 스타에 대한 저평가

줄리 크리스티는 존 슐레진저[John Schlesinger, 1926~2003] 감독에 의해 발굴됐다. 그는 토니 리처드슨[Tony Richardson, 1928~1991], 카렐 라이스[Karel Reisz, 1926~2002] 등과 더불어 영

국 뉴웨이브를 이끈 주인공이다. 이 감독들이 주목한 것은 청년 세대, 대도시
런던, 그리고 노동자 계급이었다. 말하자면 지금의 켄 로치Ken Loach의 선배들이
다. 이들의 영화는 결국 전쟁을 승리로 이끌었다는 자부심이 강한 부친 세대
와 충돌하며, 자기선언에 안간힘을 쓰는 노동자 계급 아들들의 분투기인 셈인
데, 슐레진저는 진지하고 반항적인 동료들과 달리 청년 세대를 풍자하는 코미
디에 특별한 재능을 보였다. 슐레진저의 출세작은 〈거짓말쟁이 빌리〉(1963)이
다. 부모한테 인정받지 못하는 아들 빌리(톰 코트니Tom Courtenay)는 온갖 거짓말
을 하며 자신의 볼품없는 현실을 위장하는 위험한 삶을 산다. 이 영화에서 크
리스티는 빌리의 애인 역을 맡았는데, 충동적으로 미래에 도전하는 변두리의
위험한 인물이기는 마찬가지다. 이 영화를 통해 크리스티는 영화계의 주목을
받는다. 금발의 푸른 눈, 바싹 마른 몸매, 세련된 패션 감각, 자신감 넘치는 인

상 그리고 자유분방한 태도(특히 성적으로)는 당대 여성의 이미지를 표상하는 것이었다.

크리스티는 슐레진저의 후속작 〈달링〉(1965)에서 드디어 주연을 맡는다. 지루한 것은 잠시도 참지 못하고, 부와 명예를 좇아 변신을 거듭하는 여성이다. TV의 스타 방송인, 광고계의 큰손, 이탈리아의 귀족 등 수많은 남자를 섭렵하며 삶의 속도를 즐기는 당돌한 인물을 연기했다. 이 영화로 불과 스물네 살이던 줄리 크리스티는 아카데미 주연상까지 받는다. 졸지에 신데렐라가 된 것이다.

신데렐라의 행운은 여기서 그치지 않는다. 곧이어 자신의 평생의 영화인 〈닥터 지바고〉(1965)에서 지바고의 연인 라라로 나왔다. 볼셰비키 혁명에 가담한 청년(톰 코트니)의 어린 애인이자 모친의 정부(로드 스테이거Rod Steiger, 1925~2002)를 뺏는 당돌한 딸, 그리고 지바고(오마 샤리프Omar Sharif, 1932~2015)와 질긴 인연을 이어가는 연인 역이었다. 필름누아르의 감성으로 보자면, 남자들을 전부 파멸로 이끈 팜므파탈이다. 그럼에도 라라가 관객의 사랑을 받았다면, 그녀 자신도 남성들과 더불어 시대의 희생양으로 고통 받기 때문일 터다. 데이비드 린David Lean, 1908~1991 감독 특유의 광활한 화면만큼이나 지바고에 대한 라라의 사랑은 한계가 없었지만, 그녀의 헌신은 끝내 보답 받지 못했다.

그런데 〈달링〉으로 아카데미 여우주연상을 받고 〈닥터 지바고〉로 흥행 스타가 됐지만, '배우' 크리스티를 따라다닌 평가는 대체로 부정적이었다. 운 좋게 성공한 신데렐라일 뿐 연기력은 형편없다는 의견이 대부분이었다. 돌이켜보면 빨리 유명해진 젊은 여배우에 대한 의도적인 무시일 수도 있지만, 이런 혹평이 결과적으로는 1970년대 '연기파' 크리스티의 탄생을 알리는 거름이 된 것은 분명하다. 1970년대 들어 크리스티는 좋은 감독들을 많이 만난다. 사실 이것도 스타의 주요한 조건 중 하나인데, 그 시작은 조셉 로지Joseph Losey, 1909~1984였다.

조셉 로지의 〈사랑의 메신저〉가 전환점

20대의 폭풍 같은 인기가 식을 무렵, 크리스티는 조셉 로지를 만나 〈사랑의 메신저〉(The Go-Between, 1970)에 출연한다. 그해 칸영화제 황금종려상 수상작으로, 20세기 초를 배경으로 한 시대극이다. 그녀는 하층민 남성과 사랑에 빠지는 귀족여성으로 나왔다. 영화의 회화주의에 관한 한 이탈리아에 비스콘티가 있다면 영국에 로지가 있는데, 〈사랑의 메신저〉도 마치 낭만주의 화가 존 컨스터블John Constable, 1776~1837의 고독한 풍경화를 보는 듯한 표현법이 압도적인 걸작이다. 그런 신화적인 배경에서 크리스티는 육욕의 사랑 때문에 가문의 명예를 위협하는 지극히 세속적인 악녀로 나온다. 어린 남동생의 친구를 메신저 삼아 비밀 연애편지를 주고받는데, 남자의 몸이 그리워 메신저 역할을 거부하는 순진한 소년을 협박하는 장면은 그녀를 악질 이기주의자로 둔갑시켰다. 그런데 대중적 이미지를 바꾼 이 영화를 통해 크리스티는 비로소 배우로 평가받기 시작했다. 〈사랑의 메신저〉는 크리스티에게 배우 경력의 전환점이 됐다.

당시 크리스티는 미국의 스타 워런 비티와 연인사이였다. 미국에 진출해 워런 비티와 함께 출연한 영화가 로버트 알트먼Robert Altman, 1925~2006의 〈맥케이브와 밀러 부인〉(1971)이다. 역시 20세기 초가 배경인데, 크리스티는 서부의 탄광에서 매음 업소를 운영하며 떼돈을 벌려는 매춘부로 나온다. 어느덧 탄광까지 밀려난 나이 든 매춘부, 그렇지만 일확천금을 포기하지 못하는 파멸이 예정된 세속적인 여자 역할이다. 눈이 끝없이 내려 세상이 온통 진창으로 변한 모습에서 그녀의 운명은 충분히 상상이 되는데, 바싹 마르고 얼굴에 핏기가 없는 크리스티는 비평가 폴린 카엘Pauline Kael, 1919~2001의 말대로 진짜 탄광의 창녀처럼 보였다. 미국에서도 '배우' 크리스티에 대한 상찬이 줄을 이었음은 물론이다.

연이은 문제작은 영국 감독 니콜라스 뢰그Nicolas Roeg의 〈쳐다보지 마라〉(1973)이다. 그녀는 연못에 빠져 죽은 어린 딸의 죽음에 죄책감을 느낀 나머지 정신적인 병을 앓는 여성으로 나온다. 물에 빠져 죽은 딸, 물의 도시 베네치아, 딸의 복원을 꿈꾸는 크리스티, 부식된 교회를 복원하는 남편(도널드 서덜런드Donald Sutherland) 등 뢰그 특유의 대칭적인 모티브들이 기하학적인 화면 속에 조합된 작품이다. 특히 남편과의 실제 같은 섹스 장면은 최근 개봉한 〈님포 매니악〉(2013)에 비교될 정도로 충격적이다. 말하자면 1970년대 들어 크리스티는 거장들을 만나, 마치 스크린 속이 일상인 듯한 자연스러움을 보여줬다. 이때가 연기자로서는 절정이었다.

외모로 신데렐라가 됐지만 결국 뒤늦게 연기에 눈을 떠, 영화사의 스타로 성장한 대표적인 배우가 줄리 크리스티다. 신데렐라로 끝나는 배우가 얼마나 많은가. 크리스티는 지금도 연극 무대에서, 스크린에서 현역으로 활동하고 있다. 2000년대 들어서는 사라 폴리Sarah Polley 감독의 〈어웨이 프롬 허〉(2006)에서 노익장을 과시하기도 했다.

The Only One
〈사랑의 메신저〉

건달에 반해버리는 불량한 눈빛, 웨이트리스이지만
특별하게 살고 싶은 욕망이 덕지덕지 묻어나는
여성잡지 모델 같은 헤어스타일과 유행을 타는 의상,
그리고 성적 관계에 대한 겁 없는 충동 등으로
더너웨이의 개성은 단숨에 각인됐다.

'뉴할리우드'의 초상

페이 더너웨이
Faye Dunaway

프랑스에서 시작된 새로운 영화 경향, 곧 누벨바그는 전세계에 영향을 미친다. 영화청년들은 너도나도 장 뤽 고다르처럼 '작가'가 되고 싶어 했다. 독일의 '뉴저먼 시네마', 영국의 '브리티시 뉴웨이브', 브라질의 '시네마 노부' 등의 흐름이 그것이다. '새로움'을 갈망하는 이런 변화는 영화제작이 고도로 시스템화돼 있는 할리우드에도 영향을 미친다. 청년들은 고비용의 스튜디오보다는 '독립영화'라는 소규모의 제작 시스템을 선호했다. 연출에서 상대적인 자유를 확보하여, 전통적인 할리우드 스타일과는 다른 영화를 만들고 싶어서였다. 그 상징적인 작품이 아서 펜Arthur Penn, 1922~2010의 〈우리에게 내일은 없다〉(1967)이다. 바야흐로 '뉴할리우드'의 모험이 시작됐는데, 〈초원의 빛〉(1961)으로 이미 스타가 된 워런 비티와 신인 페이 더너웨이1941~가 주연으로 나왔다. 말하자면 〈우리에게 내일은 없다〉로 '뉴할리우드'의 새로운 스타에 등극한 배우는 페이 더너웨이였다.

건달과 웨이트리스

〈우리에게 내일은 없다〉에서 더너웨이가 처음 등장하는 순간은 1960년대 청년의, 특히 여성의 심리를 극적으로 보여주는 것이었다. 텍사스의 시골에서 웨이트리스로 일하는 보니 파커(페이 더너웨이)는 아무런 변화가 없는 일상이 지겨워 죽을 지경이다. 창밖을 보니 핸섬하게 생긴 건달이 그녀 엄마의 차를 훔치려 하고 있다. 보니는 "헤이, 보이!"라고 소리치며, 도둑질을 저지한다. 그런데 클라이드 배너(워런 비티)라는 청년은 당황하기는커녕 만면에 미소를 띤 채 권총을 보여주며 자신은 차나 훔치는 좀도둑이 아니라, 은행을 터는 강도라고 소개한다. 보니도 전혀 겁을 내지 않고, 오히려 총에 반했는지 감탄하는 표정으로 그 권총을 쓰다듬으며(의미는 다들 알 것이다), 은행을 턴다는 범죄에 스릴마저 느낀다. 만나자마자 보니는 운명처럼 클라이드의 애인이자 동료가 되고, '보니와 클라이드'(원제목)의 범죄의 '전설'이 시작된다. 이 영화는 실제로 있었던 1930년대의 유명한 은행강도 사건에서 스토리를 빌려왔다. 조셉 루이스Joseph Lewis, 1907~2000 감독의 누아르 고전인 〈건 크레이지〉(1950)도 그 사건에서 모티브를 가져왔었다.

건달에 반해버리는 불량한 눈빛, 웨이트리스이지만 특별하게 살고 싶은 욕망이 덕지덕지 묻어나는 여성잡지 모델 같은 헤어스타일과 유행을 타는 의상, 그리고 성적 관계에 대한 겁 없는 충동 등으로 더너웨이의 개성은 단숨에 각인됐다. 〈우리에게 내일은 없다〉의 시대적 배경은 1930년대의 경제공황기다. 가난한 농민들, 도시의 하층민들은 은행 빚에 재산을 날리고, 집을 잃고, 길바닥에 쫓겨날 때다. 그래서인지 '보니와 클라이드'는 은행강도인데, 당시의 보통 사람들은 그들의 범죄에서 묘한 쾌감을 느꼈다. 그만큼 은행에 대한 반감이 컸고, 영화가 개봉될 때도 일부 관객은 강도들에게 감정이입까지 했다. 남성들은 클라이드가 은행에서 총을 발사하는 장면에서 사회적 울분의 표출은 물론, 성적 쾌감까지 느꼈다. 보기에 따라서는 클라이드가 보니와 사랑을 나누듯 은행을 터는 것 같기도 했다. 반면에 여성들은 보니가 강도질을 하는 순간에도 패션 매거진의 모델처럼 멋있게 치장을 하고, '갑갑한 세상'을 향해 총을 쏘아댈 때, 제도를 무시하는 그 무모한 태도에 대리만족을 느끼기도 했다. 말하자면 1960년대 반문화시대의 청년들은, 공황시대의 범죄영화에서 자기 시대의 고민을 그대로 읽고 있었던 셈이다.

페이 더너웨이는 단숨에 청년세대의 아이콘이 됐다. 제도와 전통에 대한 무시의 태도가 매력으로 다가왔다. 그리고 1960년대 스타일의 '자유로운' 기성복 패션은 새 세대의 자기선언처럼 보이기도 했다. 하지만 이후의 영화적 성취는 기대에 미치지 못했다. 반문화시대의 길들여지지 않는 청춘 같은 캐릭터는 잊혀지고, 〈우리에게 내일은 없다〉에서 보여준 패션 감각을 인용하는 영화들이 많았다. 그나마 케이퍼 필름인 〈토마스 크라운 어페어〉(감독 노먼 주이슨Norman Jewison, 1968), 이탈리아를 배경으로 마르첼로 마스트로이안니와 공연한 멜로드라마 〈연인의 장소〉(감독 비토리오 데 시카, 1968) 등이 기억에 남을 정도다.

당돌하고 자신감 넘치는 태도

페이 더너웨이는 대학 시절부터 연극활동을 하며 연기를 익혔다. 졸업 이후에는 뉴욕의 브로드웨이에서 연극 경험을 쌓았다. 오토 프레민저 감독을 만나 〈허리 선다운〉(Hurry Sundown, 1967)에 출연하며 영화에 데뷔했는데, '독재'로 유명한 프레민저로부터는 좋은 기억을 만들지 못했다. 하지만 이때의 모습을 보고, 바로 그해에 아서 펜이 〈우리에게 내일은 없다〉의 주역으로 캐스팅했다. 원래 당대의 스타였던 제인 폰다 또는 내털리 우드가 주연 후보였다는 점을 고려하면, 신인에겐 파격적인 기회였다.

1960년대의 히피세대, 정치변혁기, 청년문화를 상징하던 더너웨이는 30대를 맞아 마땅한 역할을 찾지 못하고 잠시 헤매고 있었는데, 이때 만난 감독이 로만 폴란스키다. 더너웨이가 새로운 캐릭터를 찾아낸 작품이 바로 폴란스키의 〈차이나타운〉(1974)이다. 당돌한 청춘이 아니라 많은 상처가 있는, 복잡한

〈차이나타운〉

심리의 히스테리컬한 캐릭터이다. 상대역인 잭 니콜슨 Jack Nicholson 이, 다시 말해 경험이 풍부한 남성도 쉽게 이해하지 못할 정도로 내면이 복잡한 여성을 연기했다. 카리스마 넘치는 부친을 사랑하고 증오하는, 부서질 것 같은 딸

의 연기로 더너웨이는 심리묘사에서 최고급이라는 평가를 받았다. 〈차이나타운〉으로 더너웨이는 다시 할리우드의 주목을 받는 배우로 돌아왔다.

내면의 세계를 풍부하게 표현하는 능력은 시드니 루멧 감독의 〈네트워크〉(1976)에서도 빛났다. 방송의 속성을 적나라하게 예시한 작품으로 유명한 〈네트워크〉에서 더너웨이는 시청률을 위해선 못할 짓이 없을 것 같은 맹목적인 프로듀서로 나왔다. 복잡한 내면이기보다는, 아예 내면이 부재하는 '텅 빈' 캐릭터를 연기한 이 작품으로 더너웨이는 아카데미 주연상을 받았다.

더너웨이는 '뉴할리우드' 시대라는 변화의 물결에 잘 올라탄 배우이다. 새 시대를 대변하는 청년들이 영화계로 몰려와 '새로운 영화'들을 내놓을 때 더너웨이는 '새로운 얼굴'로 등장한 것이다. 더너웨이가 〈우리에게 내일은 없다〉에서 "헤이, 보이!"(Hey, Boy!)라며 당돌하게 워런 비티를 부를 때, 그것은 옛 질서에 억눌려 살던 청년들(특히 여성들)의 자기선언처럼 비치기도 했다. 그런 당돌하고 자신감 넘친 태도는 지금도 매력으로 각인돼 있다.

The Only One
〈우리에게 내일은 없다〉

"시나리오도 없고, 연기도 없고, 결국 영화가 없다"는 경우는
바로 여기에 해당된다. 영화가 곧 현실이라는 과찬의 수사인데,
〈영향 아래 있는 여자〉로 지나 롤랜즈는
1970년대 미국의 대표적인 메소드 연기자로 입지를 굳혔다.

배우가 '작가'라는
말을 들을 때

지나 롤랜즈
Gena Rowlands

지나 롤랜즈[1930~]는 '작가 배우'이다. 작가 배우란 '작가 감독'을 의식해서 존 카사베츠[John Cassavetes, 1929~1989]가 고안한 개념이다. 자기 스타일이 분명한, 혹은 예술적 입장이 뚜렷한 감독이 있듯, 그런 배우도 있다는 것이다. 예술적 영예 가 감독에게만 너무 치우친 경향에 대해 시대의 반항아로서 카사베츠가 비틀 기를 한 셈인데, 본심은 배우에게도 예술가의 월계관을 씌워주려는 데 있었 다. 여기에는 아마 연극배우였던 자신의 경력도 이유가 됐을 터다. 그는 허구 의 매끈한 연기보다 현실 속에 살아 있는 인물이 '되는' 연기자들을 작가라고 봤다. 그렇지만 메소드 연기자와도 좀 달랐다. 그는 배우에게 메소드에 즉흥 까지 요구했다. '작가 배우'라는 카사베츠의 주관적이고 모호한 개념을 스크 린 위에 펼쳐 보인 배우가 바로 그의 아내이자 평생의 동료였던 지나 롤랜즈 이다.

《영향 아래 있는 여자》

배우들의 배우

롤랜즈를 '배우들의 배우'로 각인시킨 작품이 〈영향 아래 있는 여자〉(1974)이다. 카사베츠의 영화는 대개가 자기 삶에 포로가 된 인물들의 탈출에 대한 욕망을 다루고 있는데, 이 작품의 내용도 그렇다. 주인공들은 똑같은 일상에서 벗어나려고 안간힘을 쓰지만, 실패가 예정돼 있다는 데서 존 업다이크John Updike, 1932~2009의 '토끼'들과 비교되기도 한다. 업다이크의 소설 속 인물들이 주로 중산층 백인들이라면, 카사베츠의 인물들은 이주민의 후손 같은 주변인들인 게 다른 점이다.

〈영향 아래 있는 여자〉에서 롤랜즈는 이탈리아계 후손인 공사판 노동자 닉 롱게티(피터 포크Peter Falk, 1927~2011)의 아내 메이블로 나온다. 남편과 아내는 서로를 사랑하고, 세 아이들과 행복한 가정을 꾸린다. 그런데 문제는 그녀의 조울증이 너무 심해 가족은 물론 주위 사람들을 불안하게 만든다는 점이다. 도입부에서 롤랜즈는 기다리던 남편이 특근 때문에 집에 오지 않자, 홧김에 시내로 나가 술집에서 다른 남자를 유혹한다. 술은 입에도 대지 않았지만 이미

296 •

눈동자는 초점을 잃었고, 상의는 멀쩡하게 입었는데 구두는 신지 않아 맨발이다. 누가 봐도 그녀는 '미친 사람' 같다. 그녀의 광기에 가까운 불안은 그만큼이나 흔들리는 카메라의 움직임을 통해 숨 막히는 긴장을 몰고 오는데, 이런 팽팽한 분위기는 영화가 끝날 때까지 풀어지지 않는다. 카사베츠 영화의 매력이 이런 것이고, 그 중심에는 지나 롤랜즈의 진짜 같은 연기가 있다.

카사베츠 영화 특유의 즉흥연기가 장점을 발휘하는 것인데, 실제로 그는 배우들에게 어떤 연기적 지침도 전달하지 않고, 카메라 앞에서 배우의 연기가 나올 때까지 기다리곤 했다. 말하자면 배우들은 그 순간만은 자발적이고 즉흥적인 인물을 연기해야 했다. 곧 메소드에 즉흥을 더할 수 있는 배우, 카사베츠의 입장에 따르면 그런 배우는 '작가'이다.

카사베츠는 〈영향 아래 있는 여자〉를 3막 연극처럼 꾸몄고, 세 부분 모두에 오랫동안 기억에 남을 명장면을 넣어놓았다. 1막에서는 롤랜즈와 남편 친구들(주로 이탈리아 이주민과 흑인들)과의 식사 장면이 있다. 롤랜즈는 남자들과 함께 스파게티를 먹는데, 여전히 불안한 눈동자를 하고 남자들을 이리저리 쳐다본다. 그러곤 하필이면 흑인 남자를 지목한 뒤, '난 저런 얼굴이 좋아'라며, 삼가야 할 말을 예사로 한다. 남자들은 즐거움을 위장하기 위해 〈돌아오라 소렌토〉 같은 이탈리아 민요까지 부르지만, 이 식사의 분위기는 언제든 깨질 수 있다는 것을 롤랜즈의 불안한 눈빛이 한눈에 알게 한다.

이 순간은 허구라기보다는 어느 노동자 집안의 불안한 점심식사를 그대로 관찰하는 현실이나 마찬가지이다. 영화평론가 앙드레 바쟁Andre Bazin, 1918~1958이 〈자전거 도둑〉(1948)의 리얼리즘 미덕을 찬양하며 했던 말, "시나리오도 없고, 연기도 없고, 결국 영화가 없다"는 경우는 바로 여기에 해당된다. 영화가 곧 현실이라는 과찬의 수사인데, 〈영향 아래 있는 여자〉로 지나 롤랜즈는 1970년대 미국의 대표적인 메소드 연기자로 입지를 굳혔다. '배우들의 배우'라는 별칭이 이때부터 나왔다.

그리고 2막에서 정신병원 입원 문제를 놓고 시어머니(카사베츠의 진짜 모친이 연기한다)와 말다툼을 벌이는 시퀀스, 종결부에서 갑자기 죽은 백조를 연기한다며 차이코프스키의 〈백조의 호수〉에 맞춰 황당한 춤을 추는 시퀀스는 지금도 롤랜즈 연기의 정점으로 찬양받고 있다.

카사베츠─롤랜즈─가자라의 인연

지나 롤랜즈와 존 카사베츠는 뉴욕에 있는 명문 연기학교인 드라마예술 아카데미(American Academy of Dramatic Arts) 동문이다. 이들은 1954년 결혼하여 카사베츠가 죽을 때인 1989년까지 함께 살았다. 말하자면 롤

〈오프닝 나이트〉

랜즈는 카사베츠의 배우자이자 평생의 미학적 동지로 지냈다. '카사베츠 사단'에서 만난 배우들과도 동지적 관계를 맺으며 서로의 경력을 빛냈는데, 〈영향 아래 있는 여자〉에서는 '형사 콜롬보'로 유명했던 피터 포크와 공연했고, 곧이어 역시 걸작 평가를 받는 〈오프닝 나이트〉(1977)에서는 남편만큼이나 가까웠던 벤 가자라Ben Gazzara, 1930~2012와 공연한다. 벤 가자라는 카사베츠와 형제 같은 우정을 나눴는데, 그래서인지 세 사람은 마치 가족처럼 보일 정도로 가까웠다. 무슨 우연인지, 카사베츠와 가자라의 기일이 같다. 카사베츠는 1989년 2월 3일, 가자라는 2012년 2월 3일 죽었다.

〈오프닝 나이트〉는 자기반영성의 테마를 다룰 때 빠지지 않고 거론되는 작

품이다. 여기서 롤랜즈는 연극계의 스타로, 카사베츠는 남자배우로, 그리고 가자라는 연출가로 나온다. 카사베츠와 가자라의 역할만 바꾸면 실제 그들의 삶을 그대로 무대에 올린 셈이다. 특히 주목되는 게 롤랜즈의 역할이다. 중년의 배우는 10대 때부터 무대에 섰고 지금은 스타가 됐지만 여전히 그런 정체성이 어색하고 불편하다. 업다이크의 인물들처럼 기회만 된다면 자신의 운명에서 내리고 싶고, 다른 운명을 살고 싶은 것이다. 불가능한 삶에 대한 간절함이 롤랜즈의 몸동작에 그대로 새겨져 있음은 물론이다. 그 순간만은 롤랜즈가 실제로 그런 갈등으로 고통 받는 것처럼 보이는 것이다.

롤랜즈는 다른 감독들과는 별 성과를 내지 못했다. 아마 미학적 동지를 못 만난 게 큰 이유일 터다. 예외가 있다면 우디 앨런이 감독한 〈또 다른 여인〉(Another Woman, 1988)을 들 수 있다. 이 영화의 제목은 〈오프닝 나이트〉에서 극중에 공연되던 연극 제목 〈두 번째 여인〉(Second Woman)에서 따왔다. '배우들의 배우' 롤랜즈에게 헌정한 영화라고 봐도 될 정도로 그녀의 내밀한 갈등이 허구의 스토리로 쓰였다. 허구가 사실처럼 실감난 데는 롤랜즈의 진짜 같은 연기 덕이 컸다. 이번에도 그녀는 연기라기보다는 허구의 현실 속에 살았던 것이다.

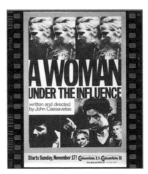

The Only One
〈영향 아래 있는 여자〉

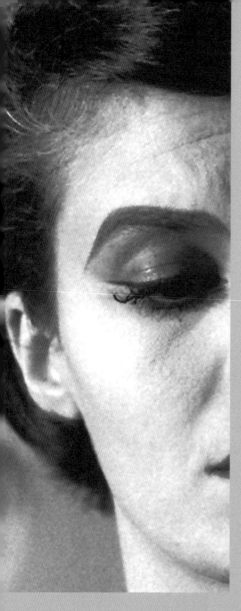

델핀 세리그는 지적인 이미지로 각인됐다.
날카로운 눈매, 차가운 표정 그리고 대화를 통해
남성을 주도하는 태도 등 당시의 일반적인 여배우들과는
사뭇 다른 지성미가 넘쳤다.

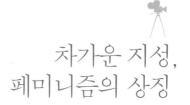

차가운 지성,
페미니즘의 상징

델핀 세리그
Delphine Seyrig

프랑수아 트뤼포는 〈훔친 키스〉(1968)에서 델핀 세리그[1932~1990]를 '사람이 아니라 가상'이라고 감탄한다. 주인공인 장 피에르 레오[Jean Pierre Leaud]의 대사를 통해서다. 탐정 수업 중인 레오는 구둣방 주인의 아내인 세리그를 뒷조사하는 임무를 맡았는데, 그만 그녀의 미모에 정신을 잃고 사랑의 열병에 빠져버린다. 청년 레오의 눈에 세리그는 '첼로의 목소리'를 가진 천상의 존재처럼 보였던 것이다. 영화 경력의 초기에 세리그는 그런 신비한 모습으로 등장했다.

알랭 레네의 뮤즈로 등장

델핀 세리그는 알랭 레네[Alain Resnais, 1922~1914]의 〈지난해 마리앙바드에서〉(1961)에 출연하며 단숨에 주목받았다. 기억되지 않는 과거, 혹은 상상된 과거와 현재의 관계를 다루는 난해한 작품에서 세리그는 그 작품만큼이나 지적인 이미지로 각인됐다. 날카로운 눈매, 차가운 표정 그리고 대화를 통해 남성을 주도하는 태도 등 당시의 일반적인 여배우들과는 사뭇 다른 지성미가 넘쳤다. 세리

그는 여기서 코코 샤넬 디자인의 검정색 드레스를 주로 입고 나오는데, 그 색
깔처럼 엄숙하고, 권위적이고, 또 죽음을 느끼게 했다. 엄정한 이성과 유령 같
은 권능이 매력으로 돋보였는데, 트뤼포가 말한 '아름다운 가상'은 여기서의
캐릭터에서 연유했을 것 같다. 아름답지만 초월적인 존재 같다는 의미일 터다.

　〈지난해 마리앙바드에서〉는 당대 문학의 첨단을 걷던 '누보로망'(Nouveau
Roman, 전통적인 소설의 기법과 관습을 파기하고 새로운 스타일을 창조하고자 하
는 문예 사조 _편자)의 아방가르드적 성격을 갖고 있었다. 세리그는 이들 젊
은 개척자들, 곧 알랭 로브그리에 Alain Robbe-Grillet, 1922~2008, 마르그리트 뒤라스
Marguerite Duras, 1914~1996, 아녜스 바르다 Agnes Varda 그리고 알랭 레네 등 '좌안파'(Rive
Gauche)로 불리는 영화 집단과 어울리며 자신의 지적 이미지를 더욱 부각시
켰다. 그리고 누벨바그 영화인들과는 달리 좌안파들은 자신들의 좌파적 정치
성향을 더욱 분명히 드러냈는데, 세리그도 마찬가지였다. 세리그는 여성주의

철학자인 시몬느 드 보부아르Simone de Beauvoir, 1908~1986 의 열정적인 지지자였다.

세리그는 레네의 〈뮈리엘〉(1963)에 연속해 출연하며, '좌안파'의 대표 배우로 수용됐다. 세리그는 배신당한 사랑의 기억 때문에 고통 받는데, 그 기억의 사실 여부는 늘 흐릿해져 있어서, 〈지난해 마리앙바드에서〉처럼 〈뮈리엘〉도 결국 과거와 현재라는 시간의 연대기적 순서가 붕괴되는 실험작이 됐다. 〈뮈리엘〉에서 세리그는 서른 살에 50대 후반으로 보이는 어머니를 연기했다. 아들은 알제리 전투의 기억으로 점점 죄의식에 사로잡히고, 세리그는 첫사랑의 상처와 아들의 고통 사이에서 신경증을 앓는다. 이 역할로 세리그는 베니스영화제에서 여우주연상을 받았다.

세리그가 지적인 배우라는 일방적인 이미지를 탈피하고, 코미디 감각도 갖고 있음을 보여준 게 루이스 브뉘엘의 작품들을 통해서다. 브뉘엘의 '여행 3부작'의 첫 작품인 〈은하수〉(1969)에서 매춘부로 짧게 나온 뒤, 두 번째 작품인 〈부르주아의 은밀한 매력〉(1972)에서는 사업가의 아내이자 밀수를 서슴지 않는 남미 국가 대사의 정부로 출연했다(3부작의 마지막은 1974년작 〈자유의 환영〉). 여기서 세리그는 대단히 우아한 척하는 프랑스의 위선적인 부르주아 여성을 연기한다. 그 위선이 더욱 충격적이었던 것은 세리그의 이미지, 곧 진지한 여성의 이면이 벗겨진 것 같았기 때문이다.

오래 기억될 〈잔느 딜망〉의 마지막 장면

델핀 세리그는 학자 집안의 딸이다. 부친은 고고학자이고, 모친은 역사학자이자 장 자크 루소Jean Jacques Rousseau, 1712~1778 전문가이다. 특히 외가가 명망가 집안인데, 큰외할아버지가 기호학의 태두인 페르디낭 드 소쉬르Ferdinand de Saussure, 1857~1913이다. 그녀의 외할아버지도 유명한 천문학자였다. 부모의 직업 때문에

세리그는 외국을 돌아다녔
는데, 어릴 때 레바논에서 성
장했고 10대 초반에는 뉴욕
에서 살았다. 특히 중동에서
의 경험은 훗날 그녀가 탈식
민주의에 관심을 갖는 토대
가 됐다. 마르그리트 뒤라스의 누보로망 스타일의 작품인 〈인디아 송〉(1975)
에서의 몽환적인 무드의 연기는 레바논에서의 경험이 큰 도움이 됐다고 밝히
기도 했다.

세리그는 10대 중반이 돼서야 프랑스로 돌아왔다. 이때부터 연기 수업을
받았다. 10대 후반에는 다시 뉴욕에 가서 '액터스 스튜디오'(Actor's Studio)에
가입했고, 여기서 메소드 연기의 기본을 익혔다. 뉴욕에서 당대 미국의 '비트
제네레이션'과 친분을 맺은 게 인연이 되어, 잭 케루악Jack Kerouac, 1922~1969이 각
본을 쓴 〈풀 마이 데이지〉(Full My Daisy, 1959)라는 작품을 통해 영화에 데뷔했
다. 프랑스어, 영어, 독어를 구사하는 세리그는 데뷔 때부터 전세계적인 변화
에 민감한 배우였다.

스크린에서의 이성적이고 지적인 이미지는 현실에서도 실천됐다. 시몬 드
보부아르의 지지자인 세리그는 1971년, 보부아르의 낙태의 권리를 위한 '전
투적'인 선언(Manifesto of the 343 Bitches)을 주도하기도 했다. 1982년에는 '시
몬 드 보부아르 시청각센터'의 공동설립자로 참여했다. 이 기관은 여성의 권
리, 여성의 영화 만들기를 지원하는 곳이다.

스크린의 이미지와 현실에서의 이미지가 통합된 세리그의 최고의 작품으
로는 샹탈 애커만Chantal Anne Akerman의 〈잔느 딜망〉(1976)을 꼽고 싶다. 애커만 감
독이 약관 스물다섯 살에 발표한 페미니즘 테마의 상징적인 작품이다. 감독은

지금도 그렇지만, 당시는 포효하는 사자 같은 이미지가 강한 젊은 페미니스트였다. 영화는 어느 중산층 여성의 일상화된 매춘을 다룬다. 주인공 잔느 딜망(델핀 세리그)은 마치 청소나 설거지를 하듯 매춘을 가사노동처럼 한다. 자신과 아들이 사는 집을, 또는 중산층으로서의 생활수준을 유지하기 위해서다. 그건 노동이기 때문에 딜망은 죄의식도 갖지 않는다. 문제는 어느 날 예기치 않게, 어떤 손님과의 관계에서 오르가슴을 느끼는 날 찾아온다. 너무나 많은 논란을 몰고 온 결말인데, 딜망은 관계가 끝나자마자 갑자기 남자를 가위로 찔러 죽이는 것이다. 카메라는 살인을 저지른 뒤, 딜망이 식탁에 가만히 앉아, 무언가를 생각하는 모습을 오래 비춘다.

딜망의 행위는 부르주아 가치관의 노예가 된 어느 여성의 자기각성의 순간으로 주로 읽혔다. 중산층의 편의를 무비판적으로, 혹은 자기편의대로 해석해온 여성이 삶의 본질과 갑자기 맞닥뜨린 자각 같은 것이다. 사람을 죽이는, 그래서 자신을 죽이는 것과 같은 대가를 치르지 않고는 결코 인식되지 않을 중산층 여성의 거짓된 삶에 대한 강력한 비판인 것이다. 일종의 여성으로서의 자기선언인데, 그 자각의 주인공으로 델핀 세리그가 출연한 것은 운명처럼 보였다. 그만큼 세리그는 진지한, 실천하는 여성주의 스타였다.

The Only One
〈잔느 딜망〉

대중은 혁신을 좋아하지 않는다.
아니 전통을 긍정하는 순응자에게 더 호감을 갖는다.
폰다는 스타의 위치에서 전통과 한판 승부를 벌인,
혹은 그런 대결에의 초대를 마다하지 않은 드문 삶을 살았다.

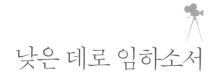

낮은 데로 임하소서

제인 폰다
Jane Fonda

제인 폰다[1937~]는 자기 세대의 대변인이다. 그는 1970년대에 배우로서 절정을 보냈다. 1970년대는 이른바 '정치영화의 시대'인데, 폰다는 '68세대' 이후에 등장한 진보세력의 맨 앞줄에 서 있었다. 대중의 지지로 먹고사는 스타가 혁신의 대변인이 된다는 것은 쉬운 일이 아니다. 자칫 스스로 존재의 토대를 허물 수 있기 때문이다. 사회학자 마르쿠제[Herbert Marcuse, 1898~1979]의 말을 빌리면 대중은 혁신을 좋아하지 않는다. 아니 전통을 긍정하는 순응자에게 더 호감을 갖는다(『일차원적 인간』). 폰다는 스타의 위치에서 전통과 한판 승부를 벌인, 혹은 그런 대결에의 초대를 마다하지 않은 드문 삶을 살았다.

그러나 시작은 섹스 심벌

제인 폰다의 데뷔는 아버지의 후광으로 가능했다. 알다시피 그의 부친은 전설인 헨리 폰다다. 데뷔작은 앤서니 퍼킨스와 공연한 〈키 큰 이야기〉(Tall Story, 1960)이다. 농구 선수와의 로맨스를 그린 청춘물로, 감독은 〈피크닉〉(1955)으

〈캣 벌루〉

로 유명한 조슈아 로건이고, 폰다는 치어리더로 나온다. 1970년대의 정치영화 때문에 폰다의 초기 경력은 거의 잊혀져 있는데, 사실 그녀도 처음에는 일반 적인 여배우들처럼 외모로 대중의 시선을 사로잡았다. 특히 어릴 때부터 무용 으로 단련된 쭉 뻗은 다리는 뮤지컬 배우 시드 채리스가 기억날 정도로 예뻤 다. 영화도 하체를 드러낸 폰다의 모습을 반복해서 우려먹는다.

폰다의 몸매는 단번에 관객의 주목을 받았고, 이런 특징은 그녀가 1965년 프랑스 감독 로제 바딤과 결혼하면서 절정에 이른다. 바댕은 감독이기보다는 카트린느 드뇌브 같은 여성 스타 수집가로 더 유명했다. 당시의 폰다는 바댕 의 전처인 브리지트 바르도Brigitte Bardot와 비교되는 섹스 심벌로 알려졌다. 게다 가 성적 관계를 리드하는 폰다의 적극적인 태도는 남성 판타지의 은밀한 대 상이었다. 이때의 작품들은 대부분 폰다의 몸매를 전시하는 것들인데, 특히

〈캣 벌루〉(1965)는 폰다의 육체적인 아름다움을 웨스턴으로까지 끌어온 것으로, 이 작품의 흥행 성공 덕분에 폰다는 본격적으로 스타덤의 중심에 오른다.

그런데 사실 이때부터 폰다의 반항적인 기질은 조금씩 드러났다. 어찌 보면 몸매 때문에, 혹은 여성이라는 이유로 진정성이 가려져 있었다. 평생 민주당 지지자인 부친의 영향으로, 제인 폰다는 상대적으로 진보적인 정치적 조건에서 성장했다. 데뷔하기 전인 20대 초반에는 파리에서 미술사 등을 공부하기 위해 2년간 머물렀는데, 이때 유럽의 진보세력과 친교를 맺었다. 폰다는 당시의 자신을 '소문자 c의 공산주의자'(Small-c Communist)로 소개했다. 본격적인 공산주의자는 아니고, 맛을 본 것 정도라는 의미였다. 한창 섹스 심벌로 이름을 알릴 때인 1964년, 폰다는 옛 소련을 방문하여, 냉전의 한계를 넘어서려는 의도도 보였다.

제인 폰다가 정치적 의견을 적극적으로 개진하기 시작한 것은 역시 1968년 이후다. 인디언의 인권 옹호, 흑인차별 금지, 베트남 전쟁 반대, 그리고 페미니즘과 관련된 행사에서 그녀를 자주 볼 수 있었다. 특히 문제가 된 것은 반전시위였다. 현재 미국의 국무장관인 존 케리^{John Kerry}와 함께 시위를 이끌기도 했다. 참전용사 출신인 존 케리가 2004년 대통령 선거에서 부시^{George W. Bush}에게 패배한 이유 중에는 당시의 반전시위 주도가 여전히 중요하게 꼽힌다. 많은 미국인들이 북베트남을 적으로 간주하고 참전을 애국심으로 해석할 때, 폰다는 반대로 미국의 정치지도자들을 '전범자'로 부르며 공격했다. 그러면서 그의 영화도 점점 정치화됐다. 이런 계열의 영화의 시작은 시드니 폴락^{Sydney Pollack, 1934~2008} 감독의 〈그들은 말을 쏘았다〉(1969)이다. 1930년대 공황시대를 배경으로 돈의 노예로 변해가는 세상에서 폰다는 더 내려갈 데가 없는 주변인 여성으로 나온다. 제목은 심하게 다친 말은 고통을 줄이기 위해 차라리 쏘지 않느냐는 뜻에서 나왔다. 말하자면 폰다는 그런 말과 같은 여성을 연기한다.

정치 스타로 치른 고난

폰다는 1972년 당시 북베트남의 수도인 하노이를 전격 방문했다. 물론 전쟁 종식을 촉구하는 일종의 시위였다. 용기 있는 행동이었지만, 그 대가도 컸다. 1년 전 폰다는 아카데미에서 〈클루트〉로 여우주연상을 받으며 '미국의 스타' 가 됐다. 그런데 폰다는 괘씸하게도 적국의 수도에서, 적국 시민들에게 환영을 받으며, 특히 미국의 전투기를 공격하는 대공기관총 아래 앉아 있었다. 한 번 상상해보라. 미국의 보통 사람들은 폰다를 어떻게 생각했을까? 한마디로 폰다는 배신자가 됐다. 온갖 욕설과 모욕이 폰다에게 쏟아졌다. 그녀의 얼굴에 침을 뱉는 남자들이 나타났고, 폰다의 얼굴이 그려진 소변기도 출시됐다. 더 모욕적인 것은 폰다의 모든 정치적 행위를 철없는 '여성 딴따라'의 순간적인 충동으로 폄하하는 것이었다. 학벌을 중시하는 미국사회가 이때는 폰다가 명문 바사 칼리지(Vassar College) 동문이라는 사실을 무시했다.

그런데 쇠는 맞으면서 더 단련되는 것처럼, 폰다의 배우로서의 입지는 이 때 더욱 굳어졌다. 〈클루트〉와 더불어 폰다의 '3대 정치영화'로 평가되는 〈줄리아〉(1977)와 〈귀향〉(1978)이 발표되는 1970년대 말은 그의 연기 경력의 정점이었다. 폰다처럼 정치적 활동이 활발했던 바네사 레드그레이브와 공연한

북베트남에서 폰다

〈줄리아〉(프레드 진네만 감독)는 여성 사이의 우정에 관한 고전으로 평가된다.

폰다의 대표작 하나를 꼽는다면 그것은 〈귀향〉(할 애시비Hal Ashby, 1929~1988 감독)이라고 생각한다. 한 평범한 여성이 베트남전

참전 해병장교와 결혼한 뒤, 처음으로 정치에 관심을 갖게 되고, 남녀의 상하 관계에 의문을 품고, 남편이 아닌 사람에게 사랑을 느끼고, 죄의식 속에서 자신을 알아가는 성장 과정이 당시의 시대 상황을 압축하고 있어서다. 뭐랄까? 변해가는 세상에 내몰린 채, 운명을 받아들이는 폰다의 연기는 정치적 투사이기보다는 당대 여성의 불안한 정체성을 그대로 투사하고 있다. 1970년대 폰다의 영화는 이런 식이었다. 곧 그녀는 주연이 아니라 주연을 비추는 빛 같은 인물을 연기했다. 폰다는 다시 아카데미 주연상을 받았다.

마르쿠제의 주장에 따르면 문화가 소비의 대상이 되면서 스타는 긍정의 아이콘이 됐다. 그래야 대중의 호감을 얻는다. 대중의 지지가 없는 스타는 공허한 수사이기 쉽고, 그래서 스타와 정치는 점점 거리가 멀어지는 것이다. 게다가 정치의 내용이 혁신이라면 스타와 양립하기 어렵다. 혁신은 대중과 맞지 않는다. 그래서인지 스타 되기를 의식하는 배우는 모난 모서리를 둥글게 깎는다. 폰다는 대중의 인기로 살아가는 스타로서는 드물게도 당대의 통념과 물러서지 않는 한판 싸움을 벌였다. 그것이 얼마나 어려운 일인지는 용광로와 같은 한국정치 속의 시민이라면 누구나 상상이 갈 것이다.

The Only One
〈귀향〉

배우가 하나의 미학을 대표하는 경우가 있다.
안나 카리나 혹은 잔 모로와 누벨바그가 그렇다.
뉴 저먼 시네마를 대표하는 배우 한 명을 꼽는다면
영화인들은 단연 쉬굴라를 떠올릴 것이다.

뉴 저먼 시네마의 아이콘

한나 쉬굴라
Hanna Schygulla

배우가 하나의 장르를 상징하는 경우가 있다. 존 웨인과 웨스턴의 관계가 그렇다. 또 배우가 하나의 미학을 대표하는 경우도 있다. 안나 카리나 혹은 잔 모로와 누벨바그가 그렇다. 뉴 저먼 시네마를 대표하는 배우 한 명을 꼽는다면 영화인들은 단연 한나 쉬굴라[1943~]를 떠올릴 것이다. 쉬굴라는 파스빈더를 만나 함께 연극을 하고, 함께 영화계로 진출해 그가 서른일곱 살의 젊은 나이로 죽을 때까지 주요 영화에 모두 출연했는데, 그게 전부 파스빈더의 대표작이자 쉬굴라 자신의 대표작이고, 더 나아가 뉴 저먼 시네마의 대표작이 됐다.

문학 소녀, 파스빈더의 뮤즈가 되다

한나 쉬굴라는 문학을 좋아했다. 독일문학은 물론이고, 프랑스문학을 특히 좋아했다. 대학을 다니며 연기가 배우고 싶어 연극 스튜디오에 다녔는데, 그곳에서 훗날 뉴 저먼 시네마의 대표 감독으로 성장하는 파스빈더를 만났다. 첫인상은 별로였고, 약간 거칠어 보이는 그에게 관심도 없었다. 쉬굴라는 뮌헨

대학교 문학부 학생이었고, 파스빈더는 공적인 경력이라고는 거의 내세울 게
없는 건달이나 다름없었다. 때는 1966년, 쉬굴라는 스물세 살, 파스빈더는 스
물한 살이었다. 그런데 그때부터 두 사람 사이의 평생의 관계는 시작됐다.

　파스빈더는 고아나 다름없는 성장기를 보냈다. 여섯 살 때 부모가 이혼했
고, 그는 아무도 보살펴주는 사람 없이 거의 혼자 자랐다. 그는 학교에 전혀
적응하지 못했다. 초등학교도 여러 번 전학 가며 겨우 졸업했다. 혼자 있기를
죽기보다 싫어할 정도로 외로움을 잘 타는 이 소년은 시 쓰기와 그림 그리기
를 빼고는 모든 과목에서 낙제점을 받았다. 파스빈더의 예술적 상상력은 사
춘기가 된 뒤, 드라마에 대한 애정으로 발전했다. 학교를 안 가는 소년은 거의
매일 영화관이나 극장에서 살았다. 청년이 된 뒤, 그는 연극을 알고 싶어 그
스튜디오를 찾아간 것이다.

　쉬굴라는 '보티첼리의 비너스'처럼 금발의 곱슬머리에 육감적인 몸매로 뭇

남성의 관심을 끌었는데, 파스빈더로부터는 아무런 시선을 끌지 못한다고 생각했다. 사실 파스빈더의 입장은 달랐다. 그는 첫눈에 쉬굴라를 좋아했다. 만약 자신이 연출가가 된다면 그녀를 배우로 쓰겠다고 다짐할 정도였다. 파스빈더는 외모에 콤플렉스를 갖고 있었고, 용기가 없어 쉬굴라에게 다가가지 못했을 뿐이었다.

소위 '68 혁명'이 유럽을 휩쓸 때, 파스빈더는 '안티 테아터'(Anti-Theater, 반연극이란 뜻)라는 극단에 참여하고 있었는데, 여기서 그는 동료들과 일종의 '코뮌'(commune)을 형성했다. 말하자면 함께 창작하고 공연하며, 함께 살아가는 조직이다. 따라서 이들에게 공연은 무엇보다도 먼저 생활비를 벌기 위한 터전이었고, 그래서 끝없이 공연을 올려야만 했다. 여기서 파스빈더는 능력을 드러내기 시작한다. 그는 불과 스물세 살밖에 되지 않았지만 대본, 연기, 연출 등 공연의 주요 역할을 도맡으며 극단의 리더가 됐다. 파스빈더는 다시 학교로 돌아간 쉬굴라를 불러내, 소포클레스Sophoklés, BC496~406의 〈안티고네〉의 주연을 맡겼다. 드디어 두 사람 사이의 본격적인 협업 관계가 시작된 것이다.

파스빈더의 장편영화 데뷔작인 〈사랑은 죽음보다 차갑다〉(1969)가 곧 쉬굴라의 영화 데뷔작이다. 할리우드의 갱스터 장르와 고다르의 브레히트 스타일을 혼합한 이 영화에서 쉬굴라는 범죄자들에게 착취당하는 창녀로 나온다. 낯선 형식 때문에 관객과 금방 친해질 수는 없었지만, 영화의 주인공인 쉬굴라는 허공을 바라보는 텅 빈 시선, 매사에 관심이 없는 넋 놓은 태도, 세속적인 욕심과는 거리가 먼 단념한 분위기 등으로 단박에 관객의 시선을 끌었다.

빨리 찍기로 유명한 파스빈더는 두 번째 장편 〈카첼마허〉(1969)를 불과 9일 만에 촬영했는데, 독일사회에 늘어나기 시작한 외국인 노동자와 외국인 혐오증을 표현한 것으로, 유럽 내 시네클럽의 히트작이 됐고, 파스빈더는 물론 쉬굴라까지 이름을 알리기 시작했다. 카메라를 지배하려는 일반적인 배우들과

달리 카메라로부터 떨어져 있으려는 쉬굴라의 체념한 듯한 태도는 감정이입을 의도적으로 방해하는 낯선 연기였다. 브레히트의 영향이 컸는데, 결과적으로 그의 연기에는 늘 여유가 보였다.

시대극 〈에피 브리스트〉(1974)의 성공으로 두 사람은 시네클럽을 넘어 일반 관객에까지 알려진다. 테오도르 폰타네Theodor Fontane, 1819~1898의 소설을 각색한 것으로, 파스빈더가 멜로드라마에서 특별한 기량을 갖고 있다는 사실을 알린 작품이다. 부르주아 계급의 순응주의를 비판한 내용인데, 이 작품의 성공으로 두 사람은 데뷔 5년 만에 독일을 대표하는 영화인이 됐다. 그러나 아쉽게도 두 사람은 제작 과정에서 작품 해석을 둘러싸고 의견 충돌을 빚고, 결국에는 헤어지고 만다. 쉬굴라는 영화를 더 이상 하지 않겠다며, 뮌헨대학교로 돌아가 미뤄뒀던 문학공부를 다시 시작했다.

앙금이 컸던지, 쉬굴라와 파스빈더가 다시 만나는 데는 5년이 걸렸다. 쉬굴라의 복귀작은 파스빈더의 영화 가운데 가장 많이 알려진 〈마리아 브라운의 결혼〉(1979)이다. 전후 독일사회에서 살아남기 위해 투쟁하는 기구한 운명의 여성을 그린 작품으로, 쉬굴라는 베를린영화제에서 여우주연상을 받았고, 영화는 전세계로 소개됐다. 미국 영화계는 쉬굴라를 가리켜, 마를레네 디트리히 Marlene Dietrich, 1901~1992 이후 처음 등장한 독일의 스타라고 소개했다.

내겐 너무 사랑스러운

1982년 파스빈더가 요절한 뒤, 쉬굴라는 잠시 방향을 잃은 듯 보였다. 이때 만난 감독이 이탈리아의 기인인 마르코 페레리다. 외설과 브레히트적인 반미학의 태도는 파스빈더와도 비교되는 감독이다. 그와 만든 작품이 〈피에라의 이야기〉(1983)이다. 노조간부 아버지와 정신병을 앓는 어머니 사이에서 태어난 피에라(이자벨 위페르)라는 여성의 성장기다. 여기서 쉬굴라는 아무 데서나, 아무 남자와 관계를 맺는 미친 어머니 역을 맡았고, 이 영화로 칸영화제에서 여우주연상을 받았다.

쉬굴라는 파스빈더를 만나 열심히 연극을 하고 영화를 찍은 게 결과적으로 뉴 저먼 시네마의 주인공이 됐다. 사실 파스빈더라는 독특한 캐릭터와 협업하는 것 자체가 쉬운 일이 아니었다. 파스빈더는 양성애자이고, 마약과 알코올 중독자에, 단원들에게는 무례한 사디스트였다. 그런데 파스빈더는 쉬굴라만 특별히 대접했고, 쉬굴라는 평생 파스빈더 곁에 있었다. 많은 전기작가들이 두 사람 사이의 남다른 관계를 설명하려 했지만 고개가 끄덕여질 정도의 설득력은 보여주지 못했다. 서로에 대한 본능적인 끌림을 설명하려는 게 오히려 부질없는 짓일 것이다.

The Only One
〈마리아 브라운의 결혼〉

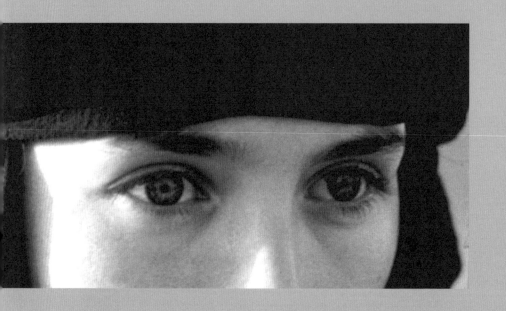

스타가 사회의 민감한 문제를 대변하며
여론과 맞서는 건 쉬운 일이 아니다.
아자니는 더 이상 배우를 못할 수도 있었다.
프랑스의 반이슬람주의와 반외국인정서는
극우 정치가들의 단골 메뉴이다. 그럴 때마다 아자니는
'상식'을 환기하는 소중한 스타로 소환된다.

'미친 사랑'의
낭만주의 연인

이자벨 아자니
Isabelle Adjani

이자벨 아자니[1955~]는 데뷔하자마자 '제2의 브리지트 바르도'라는 애칭을 들으며 영화계의 비상한 주목을 받았다. 특히 스무 살이 채 안 됐을 때 출연한 프랑수아 트뤼포의 〈아델 H 이야기〉(1975)가 결정적이었다. 이 작품에서 표현된 광기, 열정, 신비 그리고 무엇보다도 관능의 매력으로 아자니는 스타 감독들의 캐스팅 목록 1순위에 올랐다. 곧바로 아자니는 로만 폴란스키의 〈하숙인〉(1976), 앙드레 테시네의 〈바로코〉(1976) 등 유명 감독들의 문제작에 잇따라 출연하며, 프랑스를 대표하는 배우가 됐다. 그런데 1980년대 중반 이후, 아자니의 이런 평판은 변한다. 아자니가 당시 세를 불려가던 프랑스의 인종주의를 비판하고, 특히 극우 정당 '인민전선'과 각을 세우면서부터다. 더 나아가 아자니가 자신의 아버지는 알제리인이라고 밝힌 뒤부터, 순식간에 그녀는 "프랑스의 스타이기는커녕 종종 프랑스인이라는 사실까지 부정당하는" 처지에 놓인다.

프랑수아 트뤼포의 신성

아자니의 등장은 실로 인상적이었다. 〈아델 H 이야기〉에서 그녀가 맡은 역할은 대문호 빅토르 위고^{Victor Hugo, 1802~1885}의 딸인 아델이다. 그녀는 자신이 일방적으로 사랑하는 영국인 장교를 붙들기 위해 그의 영지인 미국으로, 또 카리브해로 따라가며 사랑을 쟁취하려고 안간힘을 쓴다. 여성 혼자 외국을 떠도는 것 자체가 위험할 때인데, 그때마다 경우에 따라서는 아버지의 명성을 이용하며, 오직 연인 곁에 머물기 위해 모든 지혜를 다 짜낸다. 아델이 사랑하는 대상은 사실 노름에 빠져 있는 볼품없는 하급장교인데, 그녀의 마음은 전혀 변하지 않는다. 대상을 이상화하고 사랑의 감정을 숭고의 차원으로 끌어올리며, 자신의 감정에 충실히 따른다. 말하자면 아델이 사랑하는 것은 그 남자라기보다는 사랑을 실천하는 자신의 고결한 마음이다. '미친 사랑' 혹은 '낭만적 사랑'은 아마 이런 경우에 해당될 것이다.

19세기 낭만주의의 절대화된 사랑을 실현하는 듯한 아델의 광기는 곧바로 아자니의 개성이 됐다. 아델은 괴테Johann Wolfgang von Goethe, 1749~1832의 베르테르처럼, 사랑의 순결한 감정 그 자체를 위해 목숨마저 내놓을 준비가 돼 있는 '낭만적' 인물인데, 그런 '미친 사랑'의 주인공으로 아자니는 더없이 맞아 보였다. 혼 들린 눈동자, 관능적인 입술, 강인한 검은 머리칼은 아자니의 광기를 상징하는 이미지가 됐고, 그런 이미지는 이후 그녀의 스타성으로 남는다.

곧이어 폴란스키가 아자니의 광기의 이미지를 이용했다. 〈하숙인〉에서 아자니는 정체를 알 수 없는 신비한 여성으로 등장한다. 〈하숙인〉은 폴란스키의 소위 '아파트 3부작' 가운데 마지막 작품인데, 앞의 두 작품인 〈혐오〉(1965)와 〈악마의 씨〉(1968)처럼 여기서도 폐쇄공포를 유발하는 공간은 환상과 뒤섞이고, 아자니는 마치 유령처럼 현실에 출몰했다. 갑자기 나타나고 사라지며, 또 알 수 없는 히스테리를 폭발하는 아자니는 광인처럼 보이기도 했다. 〈혐오〉에서의 카트린느 드뇌브의 강박, 〈악마의 씨〉에서의 미아 패로의 실성처럼, 〈하숙인〉에서는 아자니의 광기가 빛났다.

유령 같은 이미지는 베르너 헤어초크Werner Herzog의 〈노스페라투〉(1979)에서 다시 꽃핀다. 무르나우Friedrich Wilhelm Murnau, 1888~1931의 표현주의 걸작인 〈노스페라투〉(1922)를 리메이크한 이 작품에서, 아자니는 드라큘라 백작과 시공을 초월한 사랑을 나누는 창백한 희생자가 된다. 미친 연기라면 한두 손가락 안에 꼽히는 클라우스 킨스키Klaus Kinski, 1926~991가 드라큘라 백작이었는데, 뱀파이어보다 더욱 창백한 아자니의 존재는 결코 드라큘라에 뒤지지 않는 것이었다. 트뤼포, 폴란스키, 헤어초크의 작품을 거치며 아자니의 '광기'는 그녀의 개성으로 각인됐다.

알제리인 아버지, 독일인 어머니

아자니는 경력 초기에는 부친이 알제리인
이라는 사실을 공개하지 않았다. 부친은 제
2차 세계대전 당시 알제리 출신의 프랑스
군인이었다. 독일에서 아내를 만나 파리로
돌아온 뒤 결혼했다. 아자니는 집에서는 독
일어를, 바깥에서는 프랑스어를 말하며 자
랐다. 그런데 학교에 진학하며, 부친은 숨어
있어야 차라리 나은 '어두운' 존재라는 걸 알기 시작했다. 어머니는 남편의 신
분을 부끄러워했고 숨기려 했다. 그녀는 남편이 미국인인 것처럼, 또는 터키
인인 것처럼 행세했다. 자동차 정비공인 부친은 남들 앞에 나서기를 주저했
고, 종종 프랑스인들에게 무시당하기도 했다. 딸은 그런 모습을 모두 보며 성
장했다. 10대 때부터 연기에 소질을 보인 아자니는 불과 열일곱 살에 명성과
권위를 지닌 극단 '코미디 프랑세스'의 단원이 됐다. 집안의 경사였고, 곧이어
아자니는 트뤼포를 만나며 영화계의 신성으로 우뚝 선다. 프랑스 최고의 국내
영화상인 세자르영화제에서 주연상 후보에 단골로 올랐다(아자니는 현재까지
주연상을 5회 수상했다). 1981년에는 심리 스릴러 〈이자벨 아자니의 퍼제션〉(감
독 안드레이 줄랍스키Andrzej Zulawski)으로 칸영화제에서 여우주연상을 받았다. 아
자니는 프랑스의 대표 배우로 거칠 게 없어 보였다.

　아자니의 스타성이 위협받은 것은 부친이 알제리인이라고 밝힌 뒤부터다.
그전부터 말하고 싶었지만 부친이 원하지 않았다. 1985년 부친이 죽은 뒤 아
자니는 이 사실을 공개했고, 그러자 많은 사람들이 등을 돌렸다. 그리고 아자
니가 당시에 세를 불려가던 프랑스 사회 내의 반이민주의와 인종차별을 공개

적으로 비판하기 시작하자 온갖 악소문까지 나돌았다. 아자니가 에이즈에 감염돼 죽었다는 말까지 나왔다.

이런 위기를 돌파한 작품이 〈카미유 클로델〉(감독 브루노 뉘탕Bruno Nuytten, 1988)이다. 오귀스트 로댕Auguste Rodin, 1840~1917의 연인이자 조각가인 카미유 클로델Camille Claudel, 1864~1943의 전기영화다. 아자니는 앙드레 테시네의 〈브론테 자매〉(1979)에 이어 다시 여성 예술가를 연기했는데, 여성 조각가의 존재 자체를 무시하던 당시에, 사회의 편견을 극복하기 위해 분투하는 클로델의 모습은 아자니의 당시의 모습과 크게 다르지 않았다. 아자니는 전통과 통념에 맞설 때 빛났다. 〈브론테 자매〉에서 아자니가 맡은 역할도 세 자매 중 가장 야성적이고 반전통적인, 〈폭풍의 언덕〉의 저자 에밀리 브론테Emily Bronte, 1818~1848였다. 아자니는 〈카미유 클로델〉로 베를린영화제에서 여우주연상을 받으며, 다시 영화계의 중심으로 돌아왔다.

스타가 사회의 민감한 문제를 대변하며, 여론과 맞서는 건 쉬운 일이 아니다. 아자니는 더 이상 배우를 못할 수도 있었다. 그런 휘발성은 지금도 잠재돼 있다. 프랑스의 반이슬람주의와 반외국인정서는 극우 정치가들의 단골 메뉴이고, 최근에는 그 세를 더욱 불려가고 있기 때문이다. 그럴 때마다 아자니는 '상식'을 환기하는 소중한 스타로 소환된다.

The Only One
〈아델 H 이야기〉

인명 찾아보기

• 가나다 순

|가, 나, 다|

게리 쿠퍼 Gary Cooper ·········· 77, 137, 156
게오르그 팝스트 Georg Pabst ·········· 131
구로사와 아키라 ·········· 184
구스타보 알라트리스테 Gustavo Alatriste ···· 218
권영순 ·········· 270
귄터 그라스 Gunter Grass ·········· 159
그레고리 펙 Gregory Peck ·········· 106, 135
그레그 톨랜드 Gregg Toland ·········· 27
그레이스 켈리 Grace Kelly ···· 106, 107, 125, 153
그레이엄 그린 Graham Greene ·········· 60
그레타 가르보 Greta Garbo
·········· 25, 29, 37, 149, 180, 187
글렌 포드 Glenn Ford ·········· 73, 75
글로리아 그레이엄 Gloria Grahame ·········· 51
김옥빈 ·········· 144
김진규 ·········· 264, 265, 270
나루세 미키오 ·········· 186
내털리 우드 Natalie Wood ·········· 203, 292
노마 시어러 Norma Shearer ·········· 37
노먼 주이슨 Norman Jewison ·········· 291
니콜라스 레이 Nicholas Ray
·········· 35, 51, 133, 203, 205
니콜라스 뢰그 Nicolas Roeg ·········· 287
니키타 미할코프 Nikita Mikhalkov ·········· 121
니키타 흐루시초프 Nikita Khrushchyov ···· 145

다니엘 오테이유 Daniel Auteuil ·········· 243
다리오 아르젠토 Dario Argento ·········· 69, 241
대니얼 만 Daniel Mann ·········· 127
대시엘 해밋 Dashiell Hammett ·········· 61
댄 더리야 Dan Duryea ·········· 66
더글러스 서크 Douglas Sirk ·········· 51, 115
더글러스 페어뱅크스 주니어
    Douglas Fairbanks Jr. ·········· 37
데보라 커 Deborah Kerr ·········· 199
데이비드 니번 David Niven ·········· 199
데이비드 린 David Lean ·········· 285
데이비드 셀즈닉 David O. Selznick ··· 31, 79, 148
데이비드 크로넨버그 David Cronenberg
·········· 126, 178
데이비드 톰슨 David Thompson ·········· 37
델핀 세리그 Delphine Seyrig ·········· 301
도널드 서덜런드 Donald Sutherland ·········· 287
돌로레스 델 리오 Dolores del Rio ·········· 217
디노 데 라우렌티스 Dino de Laurentiis ·········· 119

|라|

라나 터너 Lana Turner ·········· 111
라울 루이즈 Raul Ruiz ·········· 243
라이너 베르너 파스빈더
    Rainer Werner Fassbinder ·········· 213, 313
라이자 미넬리 Liza Minnelli ·········· 43

라프 발로네 Raf Vallone …………… 144

레이 밀런드 Ray Milland ………… 154

레이먼드 챈들러 Raymond Chandler ……… 61

로널드 콜먼 Ronald Colman ………… 83

로드 스테이거 Rod Steiger ……………… 285

로라 멀비 Laura Mulvey ………… 258

로렌 바콜 Lauren Bacall ………… 47, 156

로렌스 올리비에 Laurence Olivier ………… 84

로만 폴란스키 Roman Polanski

………………… 239, 279, 292, 319, 321

로맹 가리 Romain Gary ………… 200

로버트 드니로 Robert De Niro ………… 113

로버트 라이언 Robert Ryan ………… 67

로버트 레드포드 Robert Redford ……… 279

로버트 로슨 Robert Rossen ………… 200

로버트 시오드막 Robert Siodmak ………… 105

로버트 알드리치 Robert Aldrich ……… 175

로버트 알트먼 Robert Altman ………… 286

로버트 와그너 Robert Wagner ………… 207

로버트 와이즈 Robert Wise ………… 206

로버트 저메키스 Robert Zemeckis ……… 63

로버트 커밍스 Robert Cummings ……… 155

로버트 테일러 Robert Taylor ………… 133

로베르 브레송 Robert Bresson ……… 193, 247

로베르 오셍 Robert Hossein ……… 254

로베르토 로셀리니 Roberto Rossellini

……… 77, 89, 117, 154, 160, 165, 219, 272

로베르토 베니니 Roberto Benigni ……… 151

로제 바딤 Roger Vadim ………… 241, 308

록 허드슨 Rock Hudson ………… 125

롤랑 바르트 Roland Barthes ………… 183

루벤 마물리언 Rouben Mamoulian ……… 72, 133

루이 말 Louis Malle ………… 221

루이스 메이어 Louis B. Mayer ………… 37, 43

루이스 브뉘엘 Luis Bunuel ………… 215, 303

루이즈 브룩스 Louise Brooks ………… 131

루이지 잠파 Luigi Zampa ………… 166

루이지 코멘치니 Luigi Comencini · 161, 167, 168

루치아 보제 Lucia Bose ………… 168

루치아노 엠메르 Luciano Emmer ………… 253

루키노 비스콘티 Luchino Visconti

……… 26, 117, 121, 150, 156, 213, 231, 233, 286

르네 클레어 Rene Clair ………… 62

리브 울만 Liv Ullmann ………… 228, 245

리처드 다이어 Richard Dyer ……… 35, 281

리처드 버튼 Richard Burton ………… 126

리처드 브룩스 Richard Brooks ………… 127

리타 헤이워스 Rita Hayworth ……… 59, 71, 111

리하르트 바그너 Richard Wagner …… 121

| 마 |

마노엘 데 올리베이라 Manoel De Oliveira … 243

마돈나 Madonna ………… 130

마르그리트 뒤라스 Marguerite Duras ……… 302

마르셀 카르네 Marcel Carne ………… 143

마르첼로 마스트로이안니 Marcello Mastroianni

………………… 119, 163, 181, 193, 241, 292

마르코 페레리 Marco Ferreri ……… 242, 253, 317

마를레네 디트리히 Marlene Dietrich ………… 316

마리나 블라디 Marina Vlady ………… 251

마리오 모니첼리 Mario Monicelli ………… 237

마리오 솔다티 Mario Soldati ………… 149

마릴린 먼로 Marilyn Monroe ·· 97, 113, 153, 178

마이크 니콜스 Mike Nichols ………… 127

마이클 커티스 Michael Curtiz ………… 38

마일스 데이비스 Miles Davis ………… 222

마틴 스코시즈 Martin Scorsese ………… 113

막스 오퓔스 Max Ophuls ………… 142

막스 폰 시도 Max Von Sydow …… 229, 245, 247

말론 브랜도 Marlon Brando ·········· 85, 93, 205

매들린 캐럴 Madeleine Carroll ··········· 154

머빈 르로이 Mervyn LeRoy ·················· 113

모니카 벨루치 Monica Bellucc ············· 117

모니카 비티 Monica Vitti ············· 191, 252

몰리 해스켈 Molly Haskell ··················· 24

몽고메리 클리프트 Montgomery Clift ··· 124, 127

문정복 ······························· 272

문정숙 ······························· 269

미셸 부케 Michel Bouquet ··················· 260

미아 패로 Mia Farrow ··········· 272, 277, 321

미켈란젤로 안토니오니 Michelangelo Antonioni

················ 150, 168, 193, 194, 222, 252

미키 루니 Mickey Rooney ····················· 43

미하엘 하네케 Michael Haneke ·············· 249

| 바 |

바네사 레드그레이브 Vanessa Redgrave

························· 195, 310

바버라 스탠윅 Barbara Stanwycsk

························· 17, 38, 59, 111

박찬욱 ······························· 144

발레리오 추를리니 Valerio Zurlini ·············· 234

버나드 허먼 Bernard Herrmann ·············· 172

버스비 버클리 Busby Berkeley ················· 43

버트 랭커스터 Burt Lancaster ······ 93, 105, 235

베니토 무솔리니 Benito Mussolini ······· 143, 149

베로니카 레이크 Veronica Lake ················· 59

베르나르도 베르톨루치 Bernardo Bertolucci

························· 147, 150

베르톨트 브레히트 Bertolt Brecht ··· 69, 315, 316

베티 데이비스 Bette Davis ········· 23, 29, 38, 49

벤 가자라 Ben Gazzara ······················· 298

브루노 뉘탕 Bruno Nuytten ·················· 323

브루노 무솔리니 Bruno Mussolini ············· 149

브리지트 바르도 Brigitte Bardot ·············· 308

블레이크 에드워즈 Blake Edwards ············· 137

블루버티고 Blue Vertigo ······················ 241

블라디미르 비소츠키 Vladimir Vysotsky ······ 254

비비 안데르손 Bibi Andersson ······ 228, 245, 246

비비안 리 Vivien Leigh ··················· 83, 198

비욘세 Beyonce ································ 130

비토리오 데 시카 Vittorio De Sica

························· 166, 178, 193, 292

비틀스 Beatles ································· 283

빅터 플레밍 Victor Fleming ····················· 84

빅토르 시외스트롬 Victor Seastrom ············ 229

빅토르 위고 Victor Hugo ······················ 320

빈센트 미넬리 Vincente Minnelli

························· 43, 114, 126, 131

빌리 와일더 Billy Wilder

························· 17, 66, 100, 102, 137, 175

| 사 |

사라 폴리 Sarah Polley ························· 287

산드로 보티첼리 Sandro Botticelli ············· 192

샤를 드골 Charles De Gaulle ·················· 143

샹탈 애커만 Chantal Anne Akerman ··········· 304

서머싯 몸 Somerset Maugham ············ 25, 30

세르지오 레오네 Sergio Leone ················· 237

소포클레스 Sophoklës ························· 315

소피아 로렌 Sophia Loren

··········· 117, 150, 153, 177, 191, 193, 194, 237

스콧 브래디 Scott Brady ························· 35

스탠리 도넌 Stanley Donen ···················· 131

스털링 헤이든 Sterling Hayden ················· 35

스테판 오드랑 Stephane Audran ··············· 257

스튜어트 헤이슬러 Stuart Heisler ··············· 61

스펜서 트레이시 Spencer Tracy ·········· 32, 50

시드 채리스 Cyd Charisse ·········· 41, 129, 308

시드니 루멧 Sidney Lumet ·············· 93, 292

시드니 폴락 Sydney Pollack ··················309

시몬느 드 보부아르 Simone de Beauvoir ····· 303

시몬느 시뇨레 Simone Signoret··············141

시어도어 드라이저 Theodore Dreise ········124

신경균 ··266

신상옥 ·····························263, 267, 272

신성일 ··272

신하균 ··144

실바나 망가노 Silvana Mangano ·················117

실비아 피날 Silvia Pinal ························215

앙드레 프레빈 Andre Previn ·····················279

앤서니 퍼킨스 Anthony Perkins ····· 179, 224, 307

앨런 래드 Alan Ladd ························· 60, 177

앨프리드 히치콕 Alfred Hitchcock

·············· 56, 68, 79, 106, 148, 153, 171

어니스트 헤밍웨이 Ernest Hemingway ·······105

어빙 탈버그 Irving Thalberg ·····················37

에드워드 G. 로빈슨 Edward G. Robinson ····· 66

에디트 피아프 Edith Piaf ·····················91, 143

에를란드 요셉슨 Erland Josephson ···············248

에릭 로메르 Eric Rohmer ·······················249

에릭 사티 Eric Satie ························ 222, 225

에밀 졸라 Emile Zola ···························144

에밀리 브론테 Emily Bronte ······················323

에바 가드너 Ava Gardner ············· 59, 105, 157

에토레 스콜라 Ettore Scola ·········· 181, 195

엘리아 카잔 Elia Kazan ·············· 85, 205

엘리자베스 테일러 Elizabeth Taylor

························· 123, 137, 204

엘튼 존 Elton John ······························42

오귀스트 로댕 Auguste Rodin ··················323

오드리 헵번 Audrey Hepburn ······· 29, 125, 135

오마 샤리프 Omar Sharif·························285

오스카 와일드 Oscar Wilde····················199

오슨 웰스 Orson Welles ·········· 71, 74, 223, 254

오즈 야스지로 ··································184

오토 프레민저 Otto Preminger ··········· 197, 292

요하네스 브람스 Johannes Brahms··············222

요한 볼프강 폰 괴테

   Johann Wolfgang von Goethe ··········321

요한 세바스티안 바흐 Johann Sebastian Bach

···································216

우디 앨런 Woody Allen

······ 86, 124, 178, 249, 272, 277, 280, 299

워런 비티 Warren Beatty······ 200, 205, 286, 289

|아|

아녜스 바르다 Agnes Varda ·····················302

아니타 에크베르크 Anita Ekberg ···············119

아르노 데스플레생 Arnaud Desplechin ·······243

아메데오 모딜리아니 Amedeo Modigliani ···· 192

아서 밀러 Arthur Miller·····················98, 102

아서 펜 Arthur Penn ····························289

아서 프리드 Arthur Freed ······················132

아시아 아르젠토 Asia Argento ·················241

안나 마냐니 Anna Magnani ····· 79, 89, 163, 219

안나 카리나 Anna Karina ········· 209, 261, 313

안드레이 줄랍스키 Andrzej Zulawski ········322

안톤 카라스 Anton Karas ·····················148

알랭 들롱 Alain Delon ·····················60, 235

알랭 레네 Alain Resnais ························301

알랭 로브그리예 Alain Robbe-Grillet ·········302

알리다 발리 Alida Valli ·························147

알베르토 라투아다 Alberto Lattuada ··········161

앙드레 바쟁 Andre Bazin ·······················297

앙드레 테시네 Andre Techine ····· 242, 319, 323

월터 웽어 Walter Wanger·············· 68

위베르 드 지방시 Hubert De Givenchy······· 137

윌리엄 셰익스피어 William Shakespeare······ 83

윌리엄 와일러 William Wyler·········25, 50, 135

윌리엄 워즈워스 William Wordsworth········207

윌리엄 웰먼 William A. Wellman ················ 19

윌리엄 홀덴 William Holden ··········· 137, 174

유현목·················· 269

윤용규·················· 266

이강천·················· 269

이마무라 쇼헤이·················· 185

이만희·················· 269, 272

이브 몽탕 Yves Montand ················ 143

이브 생 로랑 Yves Saint-Laurent ··············240

이브 알레그레 Yves Allegret·················142

이사벨라 로셀리니 Isabella Rossellini ·········· 80

이영일·················· 273

이예춘·················· 265

이자벨 아자니 Isabelle Adjani·················319

이자벨 위페르 Isabelle Huppert········· 261, 317

잉그리드 버그먼 Ingrid Bergman

·················· 29, 77, 92, 148, 154, 258, 272

잉그리드 툴린 Ingrid Thulin ········· 227, 245

잉그마르 베리만 Ingmar Bergman

·················· 227, 245, 278

|자|

자크 뒤비 Jacques Duby ················ 144

자크 드미 Jacques Demy ················ 239

자크 베케르 Jacques Becker················ 141

자크 프레베르 Jacques Prevert ················ 143

자클린 로크 Jacqueline Roque·················227

자클린 사사르 Jacqueline Sassard ·············259

잔 다르크 Jeanne d'Arc·················197

잔 모로 Jeanne Moreau·············· 221, 261, 313

장 들라누아 Jean Delannoy················169

장 루이 트랭티냥 Jean Louis Trintignant·······259

장 뤽 고다르 Jean Luc Godard

·················· 197, 200, 209, 251, 261, 289, 315

장 르누아르 Jean Renoir ················ 56, 67

장 보드리야르 Jean Baudrillard·················253

장 자크 루소 Jean Jacques Rousseau ·········303

장 콕토 Jean Cocteau ················ 91

장 폴 벨몽도 Jean-Paul Belmondo ············· 200

장 피에르 레오 Jean Pierre Leaud ·············301

장일·················· 271

잭 니콜슨 Jack Nicholson·················292

잭 케루악 Jack Kerouac ················ 304

잭 클레이턴 Jack Claton·················144

제라르 드파르디유 Gerard Depardieu········241

제시카 텐디 Jessica Tandy ··················· 85

제인 러셀 Jane Russell ················ 100

제인 폰다 Jane Fonda ················ 145, 292, 307

제임스 딘 James Dean ················ 47, 203, 205

제임스 메이슨 James Mason ················ 45

제임스 스튜어트 James Stewart ···· 106, 155, 172

조셉 로지 Joseph Losey ················ 285

조셉 루이스 Joseph Lewis·················291

조셉 맨케비츠 Joseph L. Mankiewicz

·················· 101, 108, 127, 205

조셉 케네디 Joseph Kennedy················ 37

조셉 코튼 Joseph Cotten ················148

조슈아 로건 Joshua Logan ·········· 102, 174, 308

조앤 베넷 Joan Bennett ················ 65

조앤 크로퍼드 Joan Crawford ················ 35

조앤 폰테인 Joan Fontaine ················ 68

조지 마셜 George E. Marshall ················ 61

조지 버나드 쇼 George Bernard Shaw········ 85

조지 부시 George W. Bush·················309

조지 샌더스 George Sanders ·············· 101

조지 스티븐스 George Stevens ········ 123, 125

조지 시드니 George Sidney ·············· 108

조지 쿠커 George Cukor

···················· 30, 32, 45, 83, 93, 109

존 가필드 John Garfield ·············· 112

존 슐레진저 John Schlesinger ·············· 283

존 업다이크 John Updike ·············· 296

존 오스본 John Osborne ·············· 283

존 웨인 John Wayne ······ 53, 183, 204, 221, 313

존 카사베츠 John Cassavetes ·············· 295

존 컨스터블 John Constable ·············· 286

존 케리 John Kerry ·············· 309

존 포드 John Ford ········ 53, 107, 154, 204, 221

존 휴스턴 John Huston ·········· 50, 97, 101, 109

존 F. 케네디 John F. Kennedy ·············· 37, 99

주디 갈런드 Judy Garland ·············· 41, 129

주세페 데 산티스 Giuseppe De Santis ······· 117

주세페 베르톨루치 Giuseppe Bertolucci ····· 151

줄리 앤드루스 Julie Andrews ·············· 129

줄리 크리스티 Julie Christie ·············· 283

줄리에타 마시나 Giulietta Masina ·············· 159

쥘리앙 뒤비비에 Julien Duvivier ·············· 163

지그문트 프로이트 Sigmund Freud

···················· 48, 69, 126, 173

지나 롤랜즈 Gena Rowlands ·············· 295

지나 롤로브리지다 Gina Lollobrigida

···················· 150, 161, 163, 191, 237

진 세버그 Jean Seberg ·············· 197

진 켈리 Gene Kelly ·············· 44, 129

진 할로 Jean Harlow ·············· 25, 112

진저 로저스 Ginger Rogers ······ 41, 44, 73, 163

질 들뢰즈 Gilles Deleuze ·············· 193

| 차, 카, 타 |

찰리 채플린 Charlie Chaplin ·············· 62

찰스 로튼 Charles Laughton ·············· 56

찰스 비더 Charles Vidor ·············· 73, 75

최은희 ·············· 263, 272

카렐 라이스 Karel Reisz ·············· 283

카를로 폰티 Carlo Ponti ·············· 179

카미유 클로델 Camille Claudel ·············· 323

카트린느 드뇌브 Catherine Deneuve

···················· 239, 308, 321

칼 테오도르 드레이어 Carl Theodor Dreyer 194

캐리 그랜트 Cary Grant ···· 31, 32, 157, 179, 180

캐서린 헵번 Katharine Hepburn ·········· 29, 50

캐시 모리아티 Cathy Moriarty ·············· 113

커크 더글러스 Kirk Douglas ·············· 156

커티스 핸슨 Curtis Hanson ·············· 63

케이트 블란쳇 Cate Blanchett ·············· 87

켄 로치 Ken Loach ·············· 284

코코 샤넬 Coco Chanel ·············· 212, 302

콜린 매케이브 Colin MacCave ·············· 213

클라우디아 카르디날레 Claudia Cardinale ···· 233

클라우스 킨스키 Klaus Kinski ·············· 321

클라크 게이블 Clark Gable

···················· 37, 97, 107, 111, 157, 179

클로드 샤브롤 Claude Chabrol ·········· 257, 261

클린트 이스트우드 Clint Eastwood ·············· 201

키아라 마스트로이안니 Kiara Mastroianni ···· 241

킴 노박 Kim Novak ·············· 113, 171

킴 베이싱어 Kim Basinger ·············· 63

킴 칸스 Kim Carnes ·············· 25

킹 비더 King Vidor ·············· 21, 167

타이론 파워 Tyrone Power ·············· 109

탭 헌터 Tab Hunter ·············· 204

테네시 윌리엄스 Tennessee Williams ····· 85, 92

테오도르 폰타네 Theodor Fontane ·············· 316

테이 가넷 Tay Garnett ······························· 111

토니 리처드슨 Tony Richardson ················· 283

톰 코트니 Tom Courtenay ························· 284

티피 헤드렌 Tippi Hedren ························· 157

| 파, 하 |

파블로 피카소 Pablo Picasso ···················· 227

패트릭 맥길리건 Patrick McGilligan ············ 155

페데리코 펠리니 Federico Fellini ·· 119, 160, 236

페르디낭 드 소쉬르 Ferdinand de Saussure

··· 303

페이 더너웨이 Faye Dunaway ···················· 289

폴린 카엘 Pauline Kael ··························· 287

표도르 도스토예프스키

Fyodor Mikhailovich Dostoevskii

··· 107

표트르 일리치 차이코프스키

Pyotr Il'yich Tchaikovsky ·············· 42, 298

프란시스코 아란다 Francisco Aranda ··········· 218

프란시스코 프랑코 Francisco Franco ··········· 217

프란츠 카프카 Franz Kafka ······················ 224

프랑수아 도를레악 Francoise Dorleac ········· 239

프랑수아 사강 Francoise Sagan ················· 199

프랑수아 트뤼포 Francois Truffau

·········· 153, 172, 199, 223, 261, 301, 319

프랑코 크리스탈디 Franco Cristaldi ············ 236

프랭크 시내트라 Frank Sinatra ········· 109, 278

프랭크 카프라 Frank Capra ········· 17, 135, 174

프랭크 터틀 Frank Tuttle ·························· 60

프랭클린 루스벨트 Franklin Roosevelt ······· 156

프레드 아스테어 Fred Astaire

···························· 44, 72, 131, 163

프레드 진네만 Fred Zinnemann ·········· 156, 310

프레스턴 스터지스 Edmund Preston Biden ··· 62

프리드리히 빌헬름 무르나우

Friedrich Wilhelm Murnau ····················· 321

프리츠 랑 Fritz Lang ···················· 65, 67, 68

피에르 가르뎅 Pierre Cardin ····················· 212

피에르 파올로 파졸리니 Pier Paolo Pasolini

·· 120, 150

피에트로 재르미 Pietro Germi ··················· 234

피터 브룩스 Peter Brooks ························· 264

피터 포크 Peter Falk ······························ 296

하라 세쓰코 ···································· 183

하리에트 안데르손 Harriet Andersson ········· 228

하워드 혹스 Howard Hawks

························ 21, 31, 47, 49, 99

하워드 휴스 Howard Hughes ··················· 167

한나 쉬굴라 Hanna Schygulla ··················· 313

한형모 ······································· 270

할 애시비 Hal Ashby ····························· 310

해리 샤인 Harry Schein ··························· 229

해리 콘 Harry Cohn ······························· 174

해리엣 안데르손 Harriet Andersson ············ 246

험프리 보가트 Humphrey Bogart

············· 38, 47, 77, 137, 144, 213

헤르만 브로흐 Hermann Broch ·················· 194

헤르베르트 마르쿠제 Herbert Marcuse

·· 307, 311

헨리 킹 Henry King ····················· 106, 109

헨리 폰다 Henry Fonda ·········· 26, 39, 53, 307

헨리크 입센 Henrik Ibsen ························ 245

호르헤 루이스 보르헤스 Jorge Luis Borges

·· 147

황철 ··· 271

작품 찾아보기

|가, 나|

가방을 든 여인 ································ 234, 237
가족초상화 ·· 121
거미의 계략 ··································· 147, 151
거짓말쟁이 빌리 ···································· 284
건 크레이지 ·· 291
검은 눈동자 ·· 121
겨울의 시작 ·· 33
결혼의 풍경 ·· 248
고독한 영혼 ·· 51
고하 ·· 236
공공의 적 ··· 19
교수와 미녀 ··· 21
교회의 종 ··· 166
국외자들 ·· 213
군번 없는 용사 ····································· 272
귀로 ·· 272
귀향 ·· 309
그가 떠났던 소녀 ··································· 203
그녀에 대해 알고 있는 두세 가지 것들
·· 251, 252
그들은 말을 쏘았다 ································· 309
그들은 잊지 않을 것이다 ···························· 113
그들이 수군대는 여자들 ······························ 19
그랜드 호텔 ··· 38
길 ··· 159, 161
길다 ·· 71, 73, 111
꼭대기 방 ··· 144

나는 결백하다 ····································· 157
나는 날개를 원했다 ································· 62
나는 마녀와 결혼했다 ······························· 62
나의 계곡은 푸르렀다 ·························· 53, 57
나의 청춘에 후회는 없다 ···························· 184
나이아가라 ·· 102
내가 좋아하는 계절 ································· 243
네 멋대로 해라 ································ 197, 200
네트워크 ·· 293
노스페라투 ··· 321
노틀담의 꼽추 ····································· 169
누가 로저 래빗을 모함했나 ··························· 63
누가 버지니아 울프를 두려워하랴 ··················· 127
누구를 위하여 좋은 울리나 ··························· 77
늑대의 시간 ··································· 231, 247
님포 매니악 ·· 287

|다, 라|

다이얼 112를 돌려라 ······························· 272
다이얼 M을 돌려라 ······························· 154
다크 패시지 ··· 50
닥터 지바고 ·· 285
달 ·· 150
달링 ·· 285
달콤한 인생 ·· 119
당신은 부자가 될 수 없어 ···························· 73
당신은 이렇게 사랑스런 적이 없어 ··················· 73
데카메론 ·· 120

도깨비불 ································ 222
도망자 ································ 93
도박꾼 ································ 107
도살자 ································ 260
도쿄 이야기 ························ 185
독수리 날개 ························ 57
동정도 없이 ························ 161
두 번째 여인 ······················ 299
디아볼릭 ···························· 145
또 다른 여인 ················ 280, 299
뜨거운 것이 좋아 ················ 102
뜨거운 양철 지붕 위의 고양이 ···· 127
라일라 클레어의 전설 ············ 175
레베카 ······························ 68
레오파드 ······················ 26, 233
로마 위드 러브 ···················· 281
로마의 휴일 ························ 135
로맨스 그레이 ······················ 265
로미오와 줄리엣 ··············· 85, 206
로코와 그의 형제들 ················ 235
롱 그레이 라인 ···················· 57
루드비히 ···························· 121
리오 그란데 ························ 56
릴리스 ······························ 200

| 마, 바 |

마돈나 거리의 한탕 ················ 237
마리아 브라운의 결혼 ············ 315
마술사 ······························ 229
마음에는 국경이 없다 ············ 166
마음의 고향 ························ 266
마의 계단 ·························· 269
마지막 지하철 ······················ 241
만추 ································ 272
만춘 ································ 184

매치 포인트 ························ 124
맥케이브와 밀러 부인 ············ 286
맨 허트 ······························ 65
맨발의 백작부인 ···················· 108
맵 투 더 스타 ···················· 126
메이드 인 유에스에이 ············ 213
모감보 ························ 107, 154
모니카와의 여름 ············· 228, 246
모닝 글로리 ························ 29
모호크족의 북소리 ················ 54
몽유병자들 ·························· 194
무방비 도시 ·········· 78, 89, 165, 219
뮤리엘 ······························ 303
미국의 비극 ························ 124
미남 세르주 ························ 259
미치광이 피에로 ···················· 213
밀드레드 피어스 ···················· 38
바람과 함께 사라지다 ···· 31, 79, 84, 198
바람에 쓴 편지 ···················· 51
바람은 강하게 불고 ················ 93
바로코 ······························ 319
박쥐 ································ 144
밤 ······························ 194, 223
밥 ································ 186
배신자와 영웅에 관한 주제 ········ 147
백사부인 ···························· 265
백인여성에 손대지 마라 ············ 242
백인추장 ···························· 161
백조의 호수 ························ 298
백주의 탈출 ························ 59
밴드 웨건 ·························· 131
버라이어티 쇼 ······················ 161
버스 정류장 ························ 102
범죄 현장 ·························· 243
법과 질서 ·························· 109
벙어리 삼룡 ························ 265

베니스에서의 죽음 ·················· 121
베르링게르, 당신을 사랑해 ·········· 197
베이비 길들이기 ··················· 31
벨리시마 ························· 92
보니와 클라이드 ················· 290
보와니 분기점 ··················· 109
부드러운 살결 ··················· 239
부르주아의 은밀한 매력 ······· 215, 303
부정한 여인 ····················· 260
분노의 주먹 ····················· 113
분노의 포도 ······················ 54
불멸의 이야기 ··················· 224
불타는 언덕 ····················· 204
붉은 사막 ······················· 194
브로드웨이의 대니 로즈 ··········· 280
브론테 자매 ····················· 323
브리가둔 ························ 132
블루 달리아 ······················ 61
블루 재스민 ······················ 86
비련의 신부 ····················· 225
비리디아나 ····················· 215
비밀의 문 ························· 68
비브르 사 비 ···················· 211
비올렛 노지에 ··················· 261
빅 슬립 ·························· 49
빵, 사랑, 상상 ············· 161, 167
빵, 사랑, 질투 ··················· 168

|사|

사라방드 ························· 249
사랑 ···························· 91
사랑방 손님과 어머니 ············· 265
사랑은 비를 타고 ················· 129
사랑은 죽음보다 차갑다 ··········· 315
사랑의 메신저 ··················· 286

사막의 시몬 ················· 218, 219
사무라이의 딸 ··················· 186
사브리나 ························ 137
사촌들 ·························· 259
사형대의 엘리베이터 ············· 221
산딸기 ·························· 229
산의 소리 ······················· 186
살인자들 ························ 105
상하이에서 온 여인 ··············· 74
새 ····························· 157
새로운 맹서 ····················· 266
생명 ··························· 269
서스페리아 ······················ 69
설리반의 여행 ···················· 62
성인 잔 ························· 197
성춘향 ·························· 263
세브린느 ························ 240
세인트루이스에서 만나요 ·········· 43
센소 ························ 92, 150
셀부르의 우산 ··················· 239
소금 ··························· 267
소유와 무소유 ···················· 47
솔로몬과 시바 여왕 ·········· 167, 169
쇼 보트 ························· 108
쇼생크 탈출 ······················ 74
수색자 ·························· 204
수치 ··························· 247
스타 탄생 ··················· 41, 45
스텔라 댈러스 ···················· 21
스트롬볼리 ·················· 79, 81
스펠바운드 ······················ 79
슬리퍼 ·························· 86
슬픔은 그대 가슴에 ·············· 115
슬픔이여 안녕 ··················· 199
시민 케인 ··················· 72, 171
시장 ··························· 272

신부의 아버지 ·················· 126
신사는 금발을 좋아해 ·········· 99
실비아 스칼렛 ·················· 31
실크 스타킹 ···················· 133
심야의 종소리 ·············· 224, 254
심판 ·························· 224
싸리골의 신화 ················· 272
씁쓸한 쌀 ····················· 117

| 아 |

아기 얼굴 ······················ 19
아담의 갈비뼈 ·················· 32
아델 H 이야기 ·············· 319, 320
아메리카 호텔 ·················· 242
아무르 ························· 249
아스팔트 정글 ·················· 101
아일랜드 연풍 ·················· 55
아주 큰! ······················ 19
아파치 요새 ···················· 56
아프리카의 여왕 ················ 29
악당과 미녀 ···················· 114
악마의 씨 ·················· 279, 321
악야 ·························· 272
악의 손길 ····················· 223
안티고네 ······················ 315
알파빌 ························· 213
암사슴 ························· 259
암캐 ·························· 242
애수 ·························· 85
야간 간호사 ···················· 19
양철북 ························· 159
어느 날 밤에 생긴 일 ············ 135
어두워질 때까지 ················ 139
어울리지 않는 사람들 ········ 97, 103
어웨이 프롬 허 ·················· 287

어제, 오늘, 그리고 내일 ······ 181, 193
언니는 말괄량이 ················ 271
에덴의 동쪽 ···················· 205
에피 브리스트 ·················· 316
여왕벌 ························· 253
여자가 고백할 때 ··············· 272
여자는 여자다 ·················· 209
역마차 ························· 54
연인들 ························· 222
연인의 장소 ···················· 292
열녀문 ························· 265
열정 ·························· 247
염소좌 아래에서 ················ 79
영향 아래 있는 여자 ············· 296
옛날 옛적 서부에서 ············· 237
오래된 작은 세상 ··············· 149
오셀로 ························· 83
오염 ·························· 79
오이디푸스 왕 ·············· 120, 150
오즈의 마법사 ··············· 41, 45
오프닝 나이트 ·················· 298
올해의 여성 ···················· 32
외침 ······················ 150, 193
외침과 속삭임 ·················· 231
욕망 ·························· 193
욕망이라는 이름의 전차 ···· 83, 85, 205
우디 앨런의 부부일기 ······· 249, 281
우리는 여자다 ·················· 92
우리에게 내일은 없다 ··········· 289
워터프론트 ···················· 205
웨스트사이드 스토리 ············ 205
위대한 개츠비 ·················· 279
위대한 범죄자 ·················· 106
위대한 삶 ····················· 163
위대한 앰버슨가 ················ 72
위험한 ························· 23

유럽'51 ·············· 81, 161
유령과 뮤어 부인 ·············· 205
유리열쇠 ·············· 61
유리창의 여자 ·············· 253
유전의 애수 ·············· 269
윤무 ·············· 142,
은하수 ·············· 303
의식 ·············· 231
이 땅은 나의 땅 ·············· 56
이구아나의 밤 ·············· 109
이방인 ·············· 213
이브의 모든 것 ·············· 49, 101
이상한 화물 ·············· 38
이유 없는 반항 ·············· 203
이자벨 아자니의 퍼제션 ·············· 322
이중배상 ·············· 17, 67, 111
이중생활 ·············· 83
이지라이더 ·············· 47
이창 ·············· 153, 155
이탈리아 기행 ·············· 81
인간의 굴레 ·············· 25
인디아 송 ·············· 304
인터멧조 ·············· 79
인형의 집 ·············· 245
일식 ·············· 194

| 자, 차 |

자기 앞의 생 ·············· 200
자니 기타 ·············· 35, 39
자메이카인 ·············· 56
자브리스키 포인트 ·············· 194
자유의 환영 ·············· 303
자이언트 ·············· 125
자전거 도둑 ·············· 119, 297
작은 병정 ·············· 210

작은 아씨들 ·············· 29
작은 여우들 ·············· 27
잔 다르크 ·············· 77
잔느 딜망 ·············· 304
장미문신 ·············· 92
저주받은 자들 ·············· 231
전화의 저편 ·············· 78
절멸의 천사 ·············· 218
젊은 그들 ·············· 267
젊은 날의 링컨 ·············· 54
젊은이의 양지 ·············· 123
정사 ·············· 193
제3의 사나이 ·············· 147
제7의 봉인 ·············· 246
제저벨 ·············· 25
존 도를 만나요 ·············· 21
줄리아 ·············· 309
중국식 룰렛 ·············· 213
쥴 앤 짐 ·············· 223
지난 여름 갑자기 ·············· 127
지난해 마리앙바드에서 ·············· 301
지옥화 ·············· 265
진저와 프레드 ·············· 163
진홍의 거리 ·············· 67
질투 ·············· 271
질투의 드라마 ·············· 195
차이나타운 ·············· 292
착한 여자들 ·············· 257
창가의 여인 ·············· 65
천지창조 ·············· 109
청춘극장 ·············· 266
쳐다보지 마라 ·············· 287
초대받지 않은 손님 ·············· 32
초원의 빛 ·············· 205, 206, 289
침묵 ·············· 229

| 카, 타 |

카르멘의 연인들 ·················· 75
카미유 클로델 ·················· 323
카비리아의 밤 ·················· 162
카사블랑카 ·················· 73, 77
카이로의 붉은 장미 ·················· 280
카쳴마허 ·················· 315
캣 벌루 ·················· 308
클레오파트라 ·················· 127
클루트 ·················· 309
키 큰 이야기 ·················· 307
키 라르고 ·················· 50
키스 미 스투피드 ·················· 175
킬리만자로의 눈 ·················· 106
타잔 ·················· 278
태양은 다시 떠오른다 ·················· 109
테레즈 라캥 ·················· 143, 144
테오레마 ·················· 120
토마스 크라운 어페어 ·················· 291
트리니다드의 정사 ·················· 75
티파니에서 아침을 ·················· 137

| 파, 하 |

파티 걸 ·················· 133
판도라의 상자 ·················· 131
패러딘 부인의 재판 ·················· 148
페르소나 ·················· 245, 246
페이튼 플레이스 ·················· 278
편지 ·················· 26
포스트맨은 벨을 두 번 울린다 ·················· 111
포획된 ·················· 38
폭풍의 언덕 ·················· 323
표류도 ·················· 271
풀 마이 데이지 ·················· 304

피에라의 이야기 ·················· 317
피크닉 ·················· 174, 307
필라델피아 스토리 ·················· 32
하숙인 ·················· 319, 321
하오의 연정 ·················· 137
하이눈 ·················· 156
한가한 여성들 ·················· 18
한나와 그 자매들 ·················· 280
한여름 밤의 미소 ·················· 228
항상 맑음 ·················· 133
해변의 여인 ·················· 67
해적 ·················· 44
허리 선다운 ·················· 292
현기증 ·················· 171, 174
혈과 사 ·················· 72
혐오 ·················· 321
형사 ·················· 234
화니와 알렉산더 ·················· 248
황금 투구 ·················· 141, 145
황금시대 ·················· 218
황금연못 ·················· 33
황색 리본을 한 여인 ·················· 56
훔친 키스 ·················· 301
흙 ·················· 270

| 숫자, 영자 |

1900 ·················· 150
34번가의 기적 ·················· 205
39계단 ·················· 154
7년만의 외출 ·················· 100
7인의 여포로 ·················· 272
8과 1/2 ·················· 236
LA컨피덴셜 ·················· 63